NORUEGUÊS

V O C A B U L Á R I O

PORTUGUÊS BRASILEIRO

PORTUGUÊS
NORUEGUÊS

Para alargar o seu léxico e apurar
as suas competências linguísticas

9000 palavras

Vocabulário Português Brasileiro-Noruguês - 9000 palavras

Por Andrey Taranov

Os vocabulários da T&P Books destinam-se a ajudar a aprender, a memorizar, e a rever palavras estrangeiras. O dicionário é dividido em temas, cobrindo todas as principais esferas de atividades quotidianas, negócios, ciência, cultura, etc.

O processo de aprendizagem, utilizando os dicionários baseados em temáticas da T&P Books dá-lhe as seguintes vantagens:

- Informação de origem corretamente agrupada predetermina o sucesso em fases subsequentes da memorização de palavras
- Disponibilização de palavras derivadas da mesma raiz, o que permite a memorização de unidades de texto (em vez de palavras separadas)
- Pequenas unidades de palavras facilitam o processo de estabelecimento de vínculos associativos necessários para a consolidação do vocabulário
- O nível de conhecimento da língua pode ser estimado pelo número de palavras aprendidas

T&P Books Publishing
www.tpbooks.com

ISBN: 978-1-78767-291-8

Este livro também está disponível em formato E-book.
Por favor visite www.tpbooks.com ou as principais livrarias on-line.

VOCABULÁRIO NORUEGUÊS
palavras mais úteis

Os vocabulários da T&P Books destinam-se a ajudar a aprender, a memorizar, e a rever palavras estrangeiras. O vocabulário contém mais de 9000 palavras de uso comum organizadas tematicamente.

O vocabulário contém as palavras mais comummente usadas
Recomendado como adicional para qualquer curso de línguas
Satisfaz as necessidades dos iniciados e dos alunos avançados de línguas estrangeiras
Conveniente para o uso diário, sessões de revisão e atividades de auto-teste
Permite avaliar o seu vocabulário

Características especias do vocabulário

*   As palavras estão organizadas de acordo com o seu significado, e não por ordem alfabética
*   As palavras são apresentadas em três colunas para facilitar os processos de revisão e auto-teste
*   As palavras compostas são divididas em pequenos blocos para facilitar o processo de aprendizagem
*   O vocabulário oferece uma transcrição simples e adequada de cada palavra estrangeira

O vocabulário contém 256 tópicos incluindo:

Conceitos básicos, Números, Cores, Meses, Estações do ano, Unidades de medida, Roupas & Acessórios, Alimentos & Nutrição, Restaurante, Membros da Família, Parentes, Caráter, Sentimentos, Emoções, Doenças, Cidade, Passeios, Compras, Dinheiro, Casa, Lar, Escritório, Trabalho no Escritório, Importação & Exportação, Marketing, Pesquisa de Emprego, Esportes, Educação, Computador, Internet, Ferramentas, Natureza, Países, Nacionalidades e muito mais ...

TABELA DE CONTEÚDOS

GUIA DE PRONUNCIAÇÃO

Letra	Exemplo Norueguês	Alfabeto fonético T&P	Exemplo Português
Aa	plass	[ɑ], [ɑ:]	amar
Bb	bøtte, albue	[b]	barril
Cc [1]	centimeter	[s]	sanita
Cc [2]	Canada	[k]	aquilo
Dd	radius	[d]	dentista
Ee	rett	[e:]	plateia
Ee [3]	begå	[ɛ]	mesquita
Ff	fattig	[f]	safári
Gg [4]	golf	[g]	gosto
Gg [5]	gyllen	[j]	Vietnã
Gg [6]	regnbue	[ŋ]	alcançar
Hh	hektar	[h]	[h] suave
Ii	kilometer	[ɪ], [i]	sinônimo
Kk	konge	[k]	aquilo
Kk [7]	kirke	[h]	[h] suave
Jj	fjerde	[j]	Vietnã
kj	bikkje	[h]	[h] suave
Ll	halvår	[l]	libra
Mm	middag	[m]	magnólia
Nn	november	[n]	natureza
ng	id_langt	[ŋ]	alcançar
Oo [8]	honning	[ɔ]	emboço
Oo [9]	fot, krone	[u]	bonita
Pp	plomme	[p]	presente
Qq	sequoia	[k]	aquilo
Rr	sverge	[r]	riscar
Ss	appelsin	[s]	sanita
sk [10]	skikk, skyte	[ʃ]	mês
Tt	stør, torsk	[t]	tulipa
Uu	brudd	[y]	questionar
Vv	kraftverk	[v]	fava
Ww	webside	[v]	fava
Xx	mexicaner	[ks]	perplexo
Yy	nytte	[ɪ], [i]	sinônimo
Zz [11]	New Zealand	[s]	spitz alemão
Ææ	vær, stær	[æ]	semana
Øø	ørn, gjø	[ø]	orgulhoso
Åå	gås, værhår	[o:]	albatroz

Comentários

[1] antes de e, i
[2] noutras situações
[3] não acentuado
[4] antes de a, o, u, å
[5] antes de i e y
[6] em combinação gn
[7] antes de i e y
[8] antes de duas consoantes
[9] antes de uma consoante
[10] antes de i e y
[11] apenas em estrangeirismos

ABREVIATURAS
usadas no vocabulário

Abreviaturas do Português

adj	-	adjetivo
adv	-	advérbio
anim.	-	animado
conj.	-	conjunção
desp.	-	esporte
etc.	-	Etcetera
ex.	-	por exemplo
f	-	nome feminino
f pl	-	feminino plural
fem.	-	feminino
inanim.	-	inanimado
m	-	nome masculino
m pl	-	masculino plural
m, f	-	masculino, feminino
masc.	-	masculino
mat.	-	matemática
mil.	-	militar
pl	-	plural
prep.	-	preposição
pron.	-	pronome
sb.	-	sobre
sing.	-	singular
v aux	-	verbo auxiliar
vi	-	verbo intransitivo
vi, vt	-	verbo intransitivo, transitivo
vr	-	verbo reflexivo
vt	-	verbo transitivo

Abreviaturas do Norueguês

f	-	nome feminino
f pl	-	feminino plural
m	-	nome masculino
m pl	-	masculino plural
m/f	-	masculino, neutro
m/f pl	-	masculino/feminino plural
m/f/n	-	masculino/feminino/neutro
m/n	-	masculino, feminino

n	-	neutro
n pl	-	neutro plural
pl	-	plural

CONCEITOS BÁSICOS

Conceitos básicos. Parte 1

1. Pronomes

eu	jeg	['jæj]
você	du	[dʉ]
ele	han	['hɑn]
ela	hun	['hʉn]
ele, ela (neutro)	det, den	['de], ['den]
nós	vi	['vi]
vocês	dere	['derə]
eles, elas	de	['de]

2. Cumprimentos. Saudações. Despedidas

Oi!	Hei!	['hæj]
Olá!	Hallo! God dag!	[hɑ'lʉ], [gʉ 'dɑ]
Bom dia!	God morn!	[gʉ 'mɔːn̩]
Boa tarde!	God dag!	[gʉ'dɑ]
Boa noite!	God kveld!	[gʉ 'kvɛl]
cumprimentar (vt)	å hilse	[ɔ 'hilsə]
Oi!	Hei!	['hæj]
saudação (f)	hilsen (m)	['hilsən]
saudar (vt)	å hilse	[ɔ 'hilsə]
Como você está?	Hvordan står det til?	['vʊːdɑn stoːr de til]
Como vai?	Hvordan går det?	['vʊːdɑn gor de]
E aí, novidades?	Hva nytt?	[vɑ 'nʏt]
Tchau!	Ha det bra!	[hɑ de 'brɑ]
Até logo!	Ha det!	[hɑ 'de]
Até breve!	Vi ses!	[vi sɛs]
Adeus!	Farvel!	[fɑr'vɛl]
despedir-se (dizer adeus)	å si farvel	[ɔ 'si fɑr'vɛl]
Até mais!	Ha det!	[hɑ 'de]
Obrigado! -a! ↓	Takk!	['tɑk]
Muito obrigado! -a!	Tusen takk!	['tʉsən tɑk]
De nada	Bare hyggelig	['bɑrə 'hʏgeli]
Não tem de quê	Ikke noe å takke for!	['ikə 'nʉe ɔ 'takə fɔr]
Não foi nada!	Ingen årsak!	['iŋən 'oːsɑk]
Desculpa!	Unnskyld, ...	['ʉn‚sʏl ...]
Desculpe!	Unnskyld meg, ...	['ʉn‚sʏl me ...]

desculpar (vt)	å unnskylde	[ɔ 'ʉnˌsylə]
desculpar-se (vr)	å unnskylde seg	[ɔ 'ʉnˌsylə sæj]
Me desculpe	Jeg ber om unnskyldning	[jæj ber ɔm 'ʉnˌsyldniŋ]
Desculpe!	Unnskyld!	['ʉnˌsyl]
perdoar (vt)	å tilgi	[ɔ 'tilˌji]
Não faz mal	Ikke noe problem	['ikə 'nʉe prʉ'blem]
por favor	vær så snill	['vær ʂɔ 'snil]
Não se esqueça!	Ikke glem!	['ikə 'glem]
Com certeza!	Selvfølgelig!	[sɛl'følgəli]
Claro que não!	Selvfølgelig ikke!	[sɛl'følgəli 'ikə]
Está bem! De acordo!	OK! Enig!	[ɔ'kɛj], ['ɛni]
Chega!	Det er nok!	[de ær 'nɔk]

3. Como se dirigir a alguém

Desculpe ...	Unnskyld, ...	['ʉnˌsyl ...]
senhor	Herr	['hær]
senhora	Fru	['frʉ]
senhorita	Frøken	['frøkən]
jovem	unge mann	['ʉŋə ˌman]
menino	guttunge	['gʉtˌʉŋə]
menina	frøken	['frøkən]

4. Números cardinais. Parte 1

zero	null	['nʉl]
um	en	['en]
dois	to	['tʉ]
três	tre	['tre]
quatro	fire	['fire]
cinco	fem	['fɛm]
seis	seks	['sɛks]
sete	sju	['ʂʉ]
oito	åtte	['ɔtə]
nove	ni	['ni]
dez	ti	['ti]
onze	elleve	['ɛlvə]
doze	tolv	['tɔl]
treze	tretten	['trɛtən]
catorze	fjorten	['fjɔːʈən]
quinze	femten	['fɛmtən]
dezesseis	seksten	['sæjstən]
dezessete	sytten	['sʏtən]
dezoito	atten	['atən]
dezenove	nitten	['nitən]
vinte	tjue	['çʉe]
vinte e um	tjueen	['çʉe en]

vinte e dois	tjueto	['çʉe tʊ]
vinte e três	tjuetre	['çʉe tre]
trinta	tretti	['trɛti]
trinta e um	trettien	['trɛti en]
trinta e dois	trettito	['trɛti tʊ]
trinta e três	trettitre	['trɛti tre]
quarenta	førti	['fœ:ţi]
quarenta e um	førtien	['fœ:ţi en]
quarenta e dois	førtito	['fœ:ţi tʊ]
quarenta e três	førtitre	['fœ:ţi tre]
cinquenta	femti	['fɛmti]
cinquenta e um	femtien	['fɛmti en]
cinquenta e dois	femtito	['fɛmti tʊ]
cinquenta e três	femtitre	['fɛmti tre]
sessenta	seksti	['sɛksti]
sessenta e um	sekstien	['sɛksti en]
sessenta e dois	sekstito	['sɛksti tʊ]
sessenta e três	sekstitre	['sɛksti tre]
setenta	sytti	['sʏti]
setenta e um	syttien	['sʏti en]
setenta e dois	syttito	['sʏti tʊ]
setenta e três	syttitre	['sʏti tre]
oitenta	åtti	['ɔti]
oitenta e um	åttien	['ɔti en]
oitenta e dois	åttito	['ɔti tʊ]
oitenta e três	åttitre	['ɔti tre]
noventa	nitti	['niti]
noventa e um	nittien	['niti en]
noventa e dois	nittito	['niti tʊ]
noventa e três	nittitre	['niti tre]

5. Números cardinais. Parte 2

cem	hundre	['hʉndrə]
duzentos	to hundre	['tʊ ˌhʉndrə]
trezentos	tre hundre	['tre ˌhʉndrə]
quatrocentos	fire hundre	['fire ˌhʉndrə]
quinhentos	fem hundre	['fɛm ˌhʉndrə]
seiscentos	seks hundre	['sɛks ˌhʉndrə]
setecentos	syv hundre	['syv ˌhʉndrə]
oitocentos	åtte hundre	['ɔtə ˌhʉndrə]
novecentos	ni hundre	['ni ˌhʉndrə]
mil	tusen	['tʉsən]
dois mil	to tusen	['tʊ ˌtʉsən]
três mil	tre tusen	['tre ˌtʉsən]

dez mil	ti tusen	['ti ˌtʉsən]
cem mil	hundre tusen	['hʉndrə ˌtʉsən]
um milhão	million (m)	[mi'ljun]
um bilhão	milliard (m)	[mi'lja:d]

6. Números ordinais

primeiro (adj)	første	['fœʂtə]
segundo (adj)	annen	['ɑnən]
terceiro (adj)	tredje	['trɛdjə]
quarto (adj)	fjerde	['fjærə]
quinto (adj)	femte	['fɛmtə]

sexto (adj)	sjette	['ʂɛtə]
sétimo (adj)	sjuende	['ʂʉenə]
oitavo (adj)	åttende	['ɔtenə]
nono (adj)	niende	['nienə]
décimo (adj)	tiende	['tienə]

7. Números. Frações

fração (f)	brøk (m)	['brøk]
um meio	en halv	[en 'hɑl]
um terço	en tredjedel	[en 'trɛdjəˌdel]
um quarto	en fjerdedel	[en 'fjærəˌdel]

um oitavo	en åttendedel	[en 'ɔtenəˌdel]
um décimo	en tiendedel	[en 'tienəˌdel]
dois terços	to tredjedeler	['tʉ 'trɛdjəˌdelər]
três quartos	tre fjerdedeler	['tre 'fjærˌdelər]

8. Números. Operações básicas

subtração (f)	subtraksjon (m)	[sʉbtrɑk'ʂʉn]
subtrair (vi, vt)	å subtrahere	[ɔ 'sʉbtrɑˌherə]
divisão (f)	divisjon (m)	[divi'ʂʉn]
dividir (vt)	å dividere	[ɔ divi'derə]

adição (f)	addisjon (m)	[ɑdi'ʂʉn]
somar (vt)	å addere	[ɔ a'derə]
adicionar (vt)	å addere	[ɔ a'derə]
multiplicação (f)	multiplikasjon (m)	[mʉltiplikɑ'ʂʉn]
multiplicar (vt)	å multiplisere	[ɔ mʉltipli'serə]

9. Números. Diversos

algarismo, dígito (m)	siffer (n)	['sifər]
número (m)	tall (n)	['tɑl]

numeral (m)	tallord (n)	['tal‚u:r]
menos (m)	minus (n)	['minʉs]
mais (m)	pluss (n)	['plʉs]
fórmula (f)	formel (m)	['fɔrmǝl]
cálculo (m)	beregning (m/f)	[be'rɛjniŋ]
contar (vt)	å telle	[ɔ 'tɛlǝ]
calcular (vt)	å telle opp	[ɔ 'tɛlǝ ɔp]
comparar (vt)	å sammenlikne	[ɔ 'samǝn‚liknǝ]
Quanto?	Hvor mye?	[vʉr 'mye]
Quantos? -as?	Hvor mange?	[vʉr 'maŋǝ]
soma (f)	sum (m)	['sʉm]
resultado (m)	resultat (n)	[resʉl'tat]
resto (m)	rest (m)	['rɛst]
alguns, algumas ...	noen	['nʉǝn]
poucos, poucas	få, ikke mange	['fɔ], ['ikǝ ‚maŋǝ]
um pouco de ...	lite	['litǝ]
resto (m)	rest (m)	['rɛst]
um e meio	halvannen	[hal'anǝn]
dúzia (f)	dusin (n)	[dʉ'sin]
ao meio	i 2 halvdeler	[i tʉ hal'delǝr]
em partes iguais	jevnt	['jɛvnt]
metade (f)	halvdel (m)	['haldel]
vez (f)	gang (m)	['gaŋ]

10. Os verbos mais importantes. Parte 1

abrir (vt)	å åpne	[ɔ 'ɔpnǝ]
acabar, terminar (vt)	å slutte	[ɔ 'şlʉtǝ]
aconselhar (vt)	å råde	[ɔ 'rɔ:dǝ]
adivinhar (vt)	å gjette	[ɔ 'jɛtǝ]
advertir (vt)	å varsle	[ɔ 'vaşlǝ]
ajudar (vt)	å hjelpe	[ɔ 'jɛlpǝ]
almoçar (vi)	å spise lunsj	[ɔ 'spisǝ ‚lʉnş]
alugar (~ um apartamento)	å leie	[ɔ 'læjǝ]
amar (pessoa)	å elske	[ɔ 'ɛlskǝ]
ameaçar (vt)	å true	[ɔ 'trʉǝ]
anotar (escrever)	å skrive ned	[ɔ 'skrivǝ ne]
apressar-se (vr)	å skynde seg	[ɔ 'şynǝ sæj]
arrepender-se (vr)	å beklage	[ɔ be'klagǝ]
assinar (vt)	å underskrive	[ɔ 'ʉnǝ‚şkrivǝ]
brincar (vi)	å spøke	[ɔ 'spøkǝ]
brincar, jogar (vi, vt)	å leke	[ɔ 'lekǝ]
buscar (vt)	å søke ...	[ɔ 'søkǝ ...]
caçar (vi)	å jage	[ɔ 'jagǝ]
cair (vi)	å falle	[ɔ 'falǝ]
cavar (vt)	å grave	[ɔ 'gravǝ]

chamar (~ por socorro)	å tilkalle	[ɔ 'til̩kalə]
chegar (vi)	å ankomme	[ɔ 'an̩kɔmə]
chorar (vi)	å gråte	[ɔ 'groːtə]
começar (vt)	å begynne	[ɔ be'jinə]
comparar (vt)	å sammenlikne	[ɔ 'samən̩liknə]
concordar (dizer "sim")	å samtykke	[ɔ 'sam̩tʏkə]

confiar (vt)	å stole på	[ɔ 'stʉlə pɔ]
confundir (equivocar-se)	å forveksle	[ɔ fɔr'vɛkşlə]
conhecer (vt)	å kjenne	[ɔ 'çɛnə]
contar (fazer contas)	å telle	[ɔ 'tɛlə]
contar com ...	å regne med ...	[ɔ 'rɛjnə me ...]
continuar (vt)	å fortsette	[ɔ 'fɔrt̩şɛtə]

controlar (vt)	å kontrollere	[ɔ kʉntrɔ'lerə]
convidar (vt)	å innby, å invitere	[ɔ 'inby], [ɔ invi'terə]
correr (vi)	å løpe	[ɔ 'løpə]
criar (vt)	å opprette	[ɔ 'ɔp̩rɛtə]
custar (vt)	å koste	[ɔ 'kɔstə]

11. Os verbos mais importantes. Parte 2

dar (vt)	å gi	[ɔ 'ji]
dar uma dica	å gi et vink	[ɔ 'ji et 'vink]
decorar (enfeitar)	å pryde	[ɔ 'prydə]
defender (vt)	å forsvare	[ɔ fɔ'şvarə]
deixar cair (vt)	å tappe	[ɔ 'tapə]

descer (para baixo)	å gå ned	[ɔ 'gɔ ne]
desculpar (vt)	å unnskylde	[ɔ 'ʉn̩şylə]
desculpar-se (vr)	å unnskylde seg	[ɔ 'ʉn̩şylə sæj]
dirigir (~ uma empresa)	å styre, å lede	[ɔ 'styrə], [ɔ 'ledə]
discutir (notícias, etc.)	å diskutere	[ɔ diskʉ'terə]

disparar, atirar (vi)	å skyte	[ɔ 'şytə]
dizer (vt)	å si	[ɔ 'si]
duvidar (vt)	å tvile	[ɔ 'tvilə]
encontrar (achar)	å finne	[ɔ 'finə]
enganar (vt)	å fuske	[ɔ 'fʉskə]

entender (vt)	å forstå	[ɔ fɔ'ştɔ]
entrar (na sala, etc.)	å komme inn	[ɔ 'kɔmə in]
enviar (uma carta)	å sende	[ɔ 'sɛnə]
errar (enganar-se)	å gjøre feil	[ɔ 'jørə ˌfæjl]
escolher (vt)	å velge	[ɔ 'vɛlgə]

esconder (vt)	å gjemme	[ɔ 'jɛmə]
escrever (vt)	å skrive	[ɔ 'skrivə]
esperar (aguardar)	å vente	[ɔ 'vɛntə]
esperar (ter esperança)	å håpe	[ɔ 'hoːpə]
esquecer (vt)	å glemme	[ɔ 'glemə]

estudar (vt)	å studere	[ɔ stʉ'derə]
exigir (vt)	å kreve	[ɔ 'krevə]

existir (vi)	å eksistere	[ɔ ɛksi'sterə]
explicar (vt)	å forklare	[ɔ fɔr'klɑrə]
falar (vi)	å tale	[ɔ 'tɑlə]
faltar (a la escuela, etc.)	å skulke	[ɔ 'skʉlkə]
fazer (vt)	å gjøre	[ɔ 'jørə]
ficar em silêncio	å tie	[ɔ 'tie]
gabar-se (vr)	å prale	[ɔ 'prɑlə]
gostar (apreciar)	å like	[ɔ 'likə]
gritar (vi)	å skrike	[ɔ 'skrikə]
guardar (fotos, etc.)	å beholde	[ɔ be'hɔlə]
informar (vt)	å informere	[ɔ infɔr'merə]
insistir (vi)	å insistere	[ɔ insi'sterə]
insultar (vt)	å fornærme	[ɔ fɔː'nærmə]
interessar-se (vr)	å interessere seg	[ɔ intəre'serə sæj]
ir (a pé)	å gå	[ɔ 'gɔ]
ir nadar	å bade	[ɔ 'bɑdə]
jantar (vi)	å spise middag	[ɔ 'spisə 'mi‚dɑ]

12. Os verbos mais importantes. Parte 3

ler (vt)	å lese	[ɔ 'lesə]
libertar, liberar (vt)	å befri	[ɔ be'fri]
matar (vt)	å døde, å myrde	[ɔ 'dødə], [ɔ 'mʏːdə]
mencionar (vt)	å omtale, å nevne	[ɔ 'ɔm‚tɑlə], [ɔ 'nɛvnə]
mostrar (vt)	å vise	[ɔ 'visə]
mudar (modificar)	å endre	[ɔ 'ɛndrə]
nadar (vi)	å svømme	[ɔ 'svœmə]
negar-se a … (vr)	å vegre seg	[ɔ 'vɛgrə sæj]
objetar (vt)	å innvende	[ɔ 'in‚vɛnə]
observar (vt)	å observere	[ɔ ɔbsɛr'verə]
ordenar (mil.)	å beordre	[ɔ be'ɔrdrə]
ouvir (vt)	å høre	[ɔ 'hørə]
pagar (vt)	å betale	[ɔ be'tɑlə]
parar (vi)	å stoppe	[ɔ 'stɔpə]
parar, cessar (vt)	å slutte	[ɔ 'ʂlʉtə]
participar (vi)	å delta	[ɔ 'dɛltɑ]
pedir (comida, etc.)	å bestille	[ɔ be'stilə]
pedir (um favor, etc.)	å be	[ɔ 'be]
pegar (tomar)	å ta	[ɔ 'tɑ]
pegar (uma bola)	å fange	[ɔ 'fɑŋə]
pensar (vi, vt)	å tenke	[ɔ 'tɛnkə]
perceber (ver)	å bemerke	[ɔ be'mærkə]
perdoar (vt)	å tilgi	[ɔ 'til‚ji]
perguntar (vt)	å spørre	[ɔ 'spørə]
permitir (vt)	å tillate	[ɔ 'ti‚lɑtə]
pertencer a … (vi)	å tilhøre …	[ɔ 'til‚hørə …]

planejar (vt)	à planlegge	[ɔ 'plan,legə]
poder (~ fazer algo)	à kunne	[ɔ 'kʉnə]
possuir (uma casa, etc.)	à besidde, à eie	[ɔ bɛ'sidə], [ɔ 'æjə]

preferir (vt)	à foretrekke	[ɔ 'fɔrə,trɛkə]
preparar (vt)	à lage	[ɔ 'lagə]
prever (vt)	à forutse	[ɔ 'fɔrʉt,se]
prometer (vt)	à love	[ɔ 'lɔve]
pronunciar (vt)	à uttale	[ɔ 'ʉt,talə]

propor (vt)	à foreslå	[ɔ 'fɔrə,ʂlɔ]
punir (castigar)	à straffe	[ɔ 'strafə]
quebrar (vt)	à bryte	[ɔ 'brytə]
queixar-se de ...	à klage	[ɔ 'klagə]
querer (desejar)	à ville	[ɔ 'vilə]

13. Os verbos mais importantes. Parte 4

ralhar, repreender (vt)	à skjelle	[ɔ 'ʂɛ:lə]
recomendar (vt)	à anbefale	[ɔ 'anbe,falə]
repetir (dizer outra vez)	à gjenta	[ɔ 'jɛnta]
reservar (~ um quarto)	à reservere	[ɔ resɛr'verə]
responder (vt)	à svare	[ɔ 'svarə]

rezar, orar (vi)	à be	[ɔ 'be]
rir (vi)	à le, à skratte	[ɔ 'le], [ɔ 'skratə]
roubar (vt)	à stjele	[ɔ 'stjelə]
saber (vt)	à vite	[ɔ 'vitə]
sair (~ de casa)	à gå ut	[ɔ 'gɔ ʉt]

salvar (resgatar)	à redde	[ɔ 'rɛdə]
seguir (~ alguém)	à følge etter ...	[ɔ 'følə 'ɛtər ...]
sentar-se (vr)	à sette seg	[ɔ 'sɛtə sæj]
ser necessário	à være behøv	[ɔ 'værə bə'høv]

ser, estar	à være	[ɔ 'værə]
significar (vt)	à bety	[ɔ 'bety]
sorrir (vi)	à smile	[ɔ 'smilə]
subestimar (vt)	à undervurdere	[ɔ 'ʉnərvʉ:,derə]
surpreender-se (vr)	à bli forundret	[ɔ 'bli fɔ'rʉndrət]

tentar (~ fazer)	à prøve	[ɔ 'prøvə]
ter (vt)	à ha	[ɔ 'ha]
ter fome	à være sulten	[ɔ 'værə 'sʉltən]

ter medo	à frykte	[ɔ 'frʏktə]
ter sede	à være tørst	[ɔ 'værə 'tœʂt]
tocar (com as mãos)	à røre	[ɔ 'rørə]
tomar café da manhã	à spise frokost	[ɔ 'spisə ,frʉkɔst]
trabalhar (vi)	à arbeide	[ɔ 'ar,bæjdə]
traduzir (vt)	à oversette	[ɔ 'ɔvə,ʂɛtə]

| unir (vt) | à forene | [ɔ fɔ'renə] |
| vender (vt) | à selge | [ɔ 'sɛlə] |

ver (vt)	å se	[ɔ 'se]
virar (~ para a direita)	å svinge	[ɔ 'sviŋə]
voar (vi)	å fly	[ɔ 'fly]

14. Cores

cor (f)	farge (m)	['fargə]
tom (m)	nyanse (m)	[ny'anse]
tonalidade (m)	fargetone (m)	['fargə͵tunə]
arco-íris (m)	regnbue (m)	['ræjn͵buːə]
branco (adj)	hvit	['vit]
preto (adj)	svart	['svaːʈ]
cinza (adj)	grå	['grɔ]
verde (adj)	grønn	['grœn]
amarelo (adj)	gul	['gʉl]
vermelho (adj)	rød	['rø]
azul (adj)	blå	['blɔ]
azul claro (adj)	lyseblå	['lysə͵blɔ]
rosa (adj)	rosa	['rɔsa]
laranja (adj)	oransje	[ɔ'ranʂɛ]
violeta (adj)	fiolett	[fiʊ'lət]
marrom (adj)	brun	['brʉn]
dourado (adj)	gullgul	['gʉl]
prateado (adj)	sølv-	['søl-]
bege (adj)	beige	['bɛːʂ]
creme (adj)	kremfarget	['krɛm͵fargət]
turquesa (adj)	turkis	[tʉr'kis]
vermelho cereja (adj)	kirsebærrød	['çiʂəbær͵rød]
lilás (adj)	lilla	['lila]
carmim (adj)	karminrød	['karmʊ'sin͵rød]
claro (adj)	lys	['lys]
escuro (adj)	mørk	['mœrk]
vivo (adj)	klar	['klar]
de cor	farge-	['fargə-]
a cores	farge-	['fargə-]
preto e branco (adj)	svart-hvit	['svaːʈ vit]
unicolor (de uma só cor)	ensfarget	['ɛns͵fargət]
multicolor (adj)	mangefarget	['maŋə͵fargət]

15. Questões

Quem?	Hvem?	['vɛm]
O que?	Hva?	['va]
Onde?	Hvor?	['vʊr]
Para onde?	Hvorhen?	['vʊrhen]

De onde?	Hvorfra?	['vʊrfrɑ]
Quando?	Når?	[nɔr]
Para quê?	Hvorfor?	['vʊrfʊr]
Por quê?	Hvorfor?	['vʊrfʊr]

Para quê?	Hvorfor?	['vʊrfʊr]
Como?	Hvordan?	['vʊːdɑn]
Qual (~ é o problema?)	Hvilken?	['vilkən]
Qual (~ deles?)	Hvilken?	['vilkən]

A quem?	Til hvem?	[til 'vɛm]
De quem?	Om hvem?	[ɔm 'vɛm]
Do quê?	Om hva?	[ɔm 'vɑ]
Com quem?	Med hvem?	[me 'vɛm]

Quantos? -as?	Hvor mange?	[vʊr 'mɑŋə]
Quanto?	Hvor mye?	[vʊr 'mye]
De quem? (masc.)	Hvis?	['vis]

16. Preposições

com (prep.)	med	[me]
sem (prep.)	uten	['ʉtən]
a, para (exprime lugar)	til	['til]
sobre (ex. falar ~)	om	['ɔm]
antes de ...	før	['før]
em frente de ...	foran, framfor	['fɔrɑn], ['frɑmfɔr]

debaixo de ...	under	['ʉnər]
sobre (em cima de)	over	['ɔvər]
em ..., sobre ...	på	['pɔ]
de, do (sou ~ Rio de Janeiro)	fra	['frɑ]
de (feito ~ pedra)	av	[ɑː]

| em (~ 3 dias) | om | ['ɔm] |
| por cima de ... | over | ['ɔvər] |

17. Palavras funcionais. Advérbios. Parte 1

Onde?	Hvor?	['vʊr]
aqui	her	['hɛr]
lá, ali	der	['dɛr]

| em algum lugar | et sted | [et 'sted] |
| em lugar nenhum | ingensteds | ['iŋənˌstɛts] |

| perto de ... | ved | ['ve] |
| perto da janela | ved vinduet | [ve 'vindʉə] |

Para onde?	Hvorhen?	['vʊrhen]
aqui	hit	['hit]
para lá	dit	['dit]

daqui	herfra	['hɛrˌfrɑ]
de lá, dali	derfra	['dɛrˌfrɑ]

perto	nær	['nær]
longe	langt	['lɑŋt]

perto de ...	nær	['nær]
à mão, perto	i nærheten	[i 'nærˌhetən]
não fica longe	ikke langt	['ikə 'lɑŋt]

esquerdo (adj)	venstre	['vɛnstrə]
à esquerda	til venstre	[til 'vɛnstrə]
para a esquerda	til venstre	[til 'vɛnstrə]

direito (adj)	høyre	['højrə]
à direita	til høyre	[til 'højrə]
para a direita	til høyre	[til 'højrə]

em frente	foran	['fɔrɑn]
da frente	fremre	['frɛmrə]
adiante (para a frente)	fram	['frɑm]

atrás de ...	bakom	['bɑkɔm]
de trás	bakfra	['bɑkˌfrɑ]
para trás	tilbake	[til'bɑkə]

meio (m), metade (f)	midt (m)	['mit]
no meio	i midten	[i 'mitən]

do lado	fra siden	[frɑ 'sidən]
em todo lugar	overalt	[ɔvər'ɑlt]
por todos os lados	rundt omkring	['runt ɔm'kriŋ]

de dentro	innefra	['inəˌfrɑ]
para algum lugar	et sted	[et 'sted]
diretamente	rett, direkte	['rɛt], ['di'rɛktə]
de volta	tilbake	[til'bɑkə]

de algum lugar	et eller annet steds fra	[et 'elər ˌɑ:nt 'stɛts frɑ]
de algum lugar	et eller annet steds fra	[et 'elər ˌɑ:nt 'stɛts frɑ]

em primeiro lugar	for det første	[for de 'fœʂtə]
em segundo lugar	for det annet	[for de 'ɑ:nt]
em terceiro lugar	for det tredje	[for de 'trɛdje]

de repente	plutselig	['plutseli]
no início	i begynnelsen	[i be'jinəlsən]
pela primeira vez	for første gang	[for 'fœʂtə ˌgɑŋ]
muito antes de ...	lenge før ...	['leŋə 'før ...]
de novo	på nytt	[pɔ 'nʏt]
para sempre	for godt	[for 'gɔt]

nunca	aldri	['ɑldri]
de novo	igjen	[i'jɛn]
agora	nå	['nɔ]
frequentemente	ofte	['ɔftə]

então	da	['dɑ]
urgentemente	omgående	['ɔmˌɡɔːnə]
normalmente	vanligvis	['vɑnliˌvis]

a propósito, …	forresten, …	[fɔ'rɛstən …]
é possível	mulig, kanskje	['mʉli], ['kɑnʂə]
provavelmente	sannsynligvis	[san'sʏnliˌvis]
talvez	kanskje	['kɑnʂə]
além disso, …	dessuten, …	[des'ʉtən …]
por isso …	derfor …	['dɛrfɔr …]
apesar de …	på tross av …	['pɔ 'trɔs ɑː …]
graças a …	takket være …	['tɑkət ˌvæːrə …]

que (pron.)	hva	['vɑ]
que (conj.)	at	[ɑt]
algo	noe	['nʉe]
alguma coisa	noe	['nʉe]
nada	ingenting	['iŋəntiŋ]

quem	hvem	['vɛm]
alguém (~ que …)	noen	['nʉən]
alguém (com ~)	noen	['nʉən]

ninguém	ingen	['iŋən]
para lugar nenhum	ingensteds	['iŋənˌstɛts]
de ninguém	ingens	['iŋəns]
de alguém	noens	['nʉəns]

tão	så	['sɔː]
também (gostaria ~ de …)	også	['ɔsɔ]
também (~ eu)	også	['ɔsɔ]

18. Palavras funcionais. Advérbios. Parte 2

Por quê?	Hvorfor?	['vʉrfʊr]
por alguma razão	av en eller annen grunn	[ɑː en elər 'ɑnən ˌɡrʉn]
porque …	fordi …	[fɔ'di …]
por qualquer razão	av en eller annen grunn	[ɑː en elər 'ɑnən ˌɡrʉn]

e (tu ~ eu)	og	['ɔ]
ou (ser ~ não ser)	eller	['elər]
mas (porém)	men	['men]
para (~ a minha mãe)	for, til	[fɔr], [til]

muito, demais	for, altfor	['fɔr], ['ɑltfɔr]
só, somente	bare	['bɑrə]
exatamente	presis, eksakt	[prɛ'sis], [ɛk'sɑkt]
cerca de (~ 10 kg)	cirka	['sirkɑ]

aproximadamente	omtrent	[ɔm'trɛnt]
aproximado (adj)	omtrentlig	[ɔm'trɛntli]
quase	nesten	['nɛstən]
resto (m)	rest (m)	['rɛst]
o outro (segundo)	den annen	[den 'ɑnən]

outro (adj)	andre	['ɑndrə]
cada (adj)	hver	['vɛr]
qualquer (adj)	hvilken som helst	['vilkən sɔm 'hɛlst]
muito, muitos, muitas	mye	['mye]
muitas pessoas	mange	['mɑŋə]
todos	alle	['ɑlə]

em troca de ...	til gjengjeld for ...	[til 'jɛnjɛl for ...]
em troca	istedenfor	[i'steden,for]
à mão	for hånd	[for 'hɔn]
pouco provável	neppe	['nepə]

provavelmente	sannsynligvis	[sɑn'sʏnli,vis]
de propósito	med vilje	[me 'vilje]
por acidente	tilfeldigvis	[til'fɛldivis]

muito	meget	['megət]
por exemplo	for eksempel	[for ɛk'sɛmpəl]
entre	mellom	['mɛlɔm]
entre (no meio de)	blant	['blɑnt]
tanto	så mye	['sɔ: mye]
especialmente	særlig	['sæ:[i]

Conceitos básicos. Parte 2

19. Opostos

rico (adj)	rik	['rik]
pobre (adj)	fattig	['fɑti]
doente (adj)	syk	['syk]
bem (adj)	frisk	['frisk]
grande (adj)	stor	['stʊr]
pequeno (adj)	liten	['litən]
rapidamente	fort	['fʊːʈ]
lentamente	langsomt	['lɑŋsɔmt]
rápido (adj)	hurtig	['høːʈi]
lento (adj)	langsom	['lɑŋsɔm]
alegre (adj)	glad	['glɑ]
triste (adj)	sørgmodig	[sør'mʊdi]
juntos (ir ~)	sammen	['samən]
separadamente	separat	[sepɑ'rɑt]
em voz alta (ler ~)	høyt	['højt]
para si (em silêncio)	for seg selv	[fɔr sæj 'sɛl]
alto (adj)	høy	['høj]
baixo (adj)	lav	['lɑv]
profundo (adj)	dyp	['dyp]
raso (adj)	grunn	['grʉn]
sim	ja	['ja]
não	nei	['næj]
distante (adj)	fjern	['fjæːn̩]
próximo (adj)	nær	['nær]
longe	langt	['lɑŋt]
à mão, perto	i nærheten	[i 'nær‚hetən]
longo (adj)	lang	['lɑŋ]
curto (adj)	kort	['kʊːʈ]
bom (bondoso)	god	['gʊ]
mal (adj)	ond	['ʊn]
casado (adj)	gift	['jift]

solteiro (adj)	ugift	[ʉːˈjift]
proibir (vt)	å forby	[ɔ fɔrˈby]
permitir (vt)	å tillate	[ɔ ˈtiˌlɑtə]
fim (m)	slutt (m)	[ˈʂlʉt]
início (m)	begynnelse (m)	[beˈjinəlsə]
esquerdo (adj)	venstre	[ˈvɛnstrə]
direito (adj)	høyre	[ˈhøjrə]
primeiro (adj)	første	[ˈfœʂtə]
último (adj)	sist	[ˈsist]
crime (m)	forbrytelse (m)	[fɔrˈbrytəlsə]
castigo (m)	straff (m)	[ˈstrɑf]
ordenar (vt)	å beordre	[ɔ beˈɔrdrə]
obedecer (vt)	å underordne seg	[ɔ ˈʉnərˌɔrdnə sæj]
reto (adj)	rett	[ˈrɛt]
curvo (adj)	kroket	[ˈkrɔkət]
paraíso (m)	paradis (n)	[ˈpɑrɑˌdis]
inferno (m)	helvete (n)	[ˈhɛlvetə]
nascer (vi)	å fødes	[ɔ ˈfødə]
morrer (vi)	å dø	[ɔ ˈdø]
forte (adj)	sterk	[ˈstærk]
fraco, débil (adj)	svak	[ˈsvɑk]
velho, idoso (adj)	gammel	[ˈgaməl]
jovem (adj)	ung	[ˈʉŋ]
velho (adj)	gammel	[ˈgaməl]
novo (adj)	ny	[ˈny]
duro (adj)	hard	[ˈhɑr]
macio (adj)	bløt	[ˈbløt]
quente (adj)	varm	[ˈvɑrm]
frio (adj)	kald	[ˈkɑl]
gordo (adj)	tykk	[ˈtʏk]
magro (adj)	tynn	[ˈtʏn]
estreito (adj)	smal	[ˈsmɑl]
largo (adj)	bred	[ˈbre]
bom (adj)	bra	[ˈbrɑ]
mau (adj)	dårlig	[ˈdoːli]
valente, corajoso (adj)	tapper	[ˈtɑpər]
covarde (adj)	feig	[ˈfæjg]

20. Dias da semana

segunda-feira (f)	**mandag** (m)	['man,da]
terça-feira (f)	**tirsdag** (m)	['tiş,da]
quarta-feira (f)	**onsdag** (m)	['ʊns,da]
quinta-feira (f)	**torsdag** (m)	['toş,da]
sexta-feira (f)	**fredag** (m)	['frɛ,da]
sábado (m)	**lørdag** (m)	['lør,da]
domingo (m)	**søndag** (m)	['søn,da]
hoje	**i dag**	[i 'da]
amanhã	**i morgen**	[i 'mɔːən]
depois de amanhã	**i overmorgen**	[i 'ɔvər,mɔːən]
ontem	**i går**	[i 'gɔr]
anteontem	**i forgårs**	[i 'for,gɔş]
dia (m)	**dag** (m)	['da]
dia (m) de trabalho	**arbeidsdag** (m)	['arbæjds,da]
feriado (m)	**festdag** (m)	['fɛst,da]
dia (m) de folga	**fridag** (m)	['fri,da]
fim (m) de semana	**ukeslutt** (m), **helg** (f)	['ʉkə,slʉt], ['hɛlg]
o dia todo	**hele dagen**	['helə 'dagən]
no dia seguinte	**neste dag**	['nɛstə ,da]
há dois dias	**for to dager siden**	[for tʊ 'dagər ,sidən]
na véspera	**dagen før**	['dagən 'før]
diário (adj)	**daglig**	['dagli]
todos os dias	**hver dag**	['vɛr da]
semana (f)	**uke** (m/f)	['ʉkə]
na semana passada	**siste uke**	['sistə 'ʉkə]
semana que vem	**i neste uke**	[i 'nɛstə 'ʉkə]
semanal (adj)	**ukentlig**	['ʉkəntli]
toda semana	**hver uke**	['vɛr 'ʉkə]
duas vezes por semana	**to ganger per uke**	['tʊ 'gaŋər per 'ʉkə]
toda terça-feira	**hver tirsdag**	['vɛr 'tişda]

21. Horas. Dia e noite

manhã (f)	**morgen** (m)	['mɔːən]
de manhã	**om morgenen**	[ɔm 'mɔːenən]
meio-dia (m)	**middag** (m)	['mi,da]
à tarde	**om ettermiddagen**	[ɔm 'ɛtər,midagən]
tardinha (f)	**kveld** (m)	['kvɛl]
à tardinha	**om kvelden**	[ɔm 'kvɛlən]
noite (f)	**natt** (m/f)	['nat]
à noite	**om natta**	[ɔm 'nata]
meia-noite (f)	**midnatt** (m/f)	['mid,nat]
segundo (m)	**sekund** (m/n)	[se'kʉn]
minuto (m)	**minutt** (n)	[mi'nʉt]
hora (f)	**time** (m)	['timə]

meia hora (f)	halvtime (m)	['hɑl‚timə]
quarto (m) de hora	kvarter (n)	[kvɑːʈer]
quinze minutos	femten minutter	['fɛmtən mi'nʉtər]
vinte e quatro horas	døgn (n)	['døjn]

nascer (m) do sol	soloppgang (m)	['sʉlɔp‚gɑŋ]
amanhecer (m)	daggry (n)	['dɑg‚gry]
madrugada (f)	tidlig morgen (m)	['tili 'mɔːən]
pôr-do-sol (m)	solnedgang (m)	['sʉlned‚gɑŋ]

de madrugada	tidlig om morgenen	['tili ɔm 'mɔːenən]
esta manhã	i morges	[i 'mɔrəs]
amanhã de manhã	i morgen tidlig	[i 'mɔːən 'tili]

esta tarde	i formiddag	[i 'fɔrmi‚dɑ]
à tarde	om ettermiddagen	[ɔm 'ɛtər‚midagən]
amanhã à tarde	i morgen ettermiddag	[i 'mɔːən 'ɛtər‚mida]

esta noite, hoje à noite	i kveld	[i 'kvɛl]
amanhã à noite	i morgen kveld	[i 'mɔːən ‚kvɛl]

às três horas em ponto	presis klokka tre	[prɛ'sis 'klɔkɑ tre]
por volta das quatro	ved fire-tiden	[ve 'fire ‚tidən]
às doze	innen klokken tolv	['inən 'klɔkən tɔl]

em vinte minutos	om tjue minutter	[ɔm 'çʉə mi'nʉtər]
em uma hora	om en time	[ɔm en 'timə]
a tempo	i tide	[i 'tidə]

... um quarto para	kvart på ...	['kvɑːʈ pɔ ...]
dentro de uma hora	innen en time	['inən en 'time]
a cada quinze minutos	hvert kvarter	['vɛːʈ kvɑːʈer]
as vinte e quatro horas	døgnet rundt	['døjne ‚rʉnt]

22. Meses. Estações

janeiro (m)	januar (m)	['janʉ‚ar]
fevereiro (m)	februar (m)	['febrʉ‚ar]
março (m)	mars (m)	['mɑʂ]
abril (m)	april (m)	[a'pril]
maio (m)	mai (m)	['mɑj]
junho (m)	juni (m)	['jʉni]

julho (m)	juli (m)	['jʉli]
agosto (m)	august (m)	[aʉ'gʉst]
setembro (m)	september (m)	[sep'tɛmbər]
outubro (m)	oktober (m)	[ɔk'tʉbər]
novembro (m)	november (m)	[nʉ'vɛmbər]
dezembro (m)	desember (m)	[de'sɛmbər]

primavera (f)	vår (m)	['vɔːr]
na primavera	om våren	[ɔm 'voːrən]
primaveril (adj)	vår-, vårlig	['vɔːr-], ['vɔːli]
verão (m)	sommer (m)	['sɔmər]

| no verão | om sommeren | [ɔm 'sɔmerən] |
| de verão | sommer- | ['sɔmər-] |

outono (m)	høst (m)	['høst]
no outono	om høsten	[ɔm 'høstən]
outonal (adj)	høst-, høstlig	['høst-], ['høstli]

inverno (m)	vinter (m)	['vintər]
no inverno	om vinteren	[ɔm 'vinterən]
de inverno	vinter-	['vintər-]
mês (m)	måned (m)	['moːnət]
este mês	denne måneden	['dɛnə 'moːnedən]
mês que vem	neste måned	['nɛstə 'moːnət]
no mês passado	forrige måned	['fɔriə ˌmoːnət]

um mês atrás	for en måned siden	[fɔr en 'moːnət ˌsidən]
em um mês	om en måned	[ɔm en 'moːnət]
em dois meses	om to måneder	[ɔm 'tʊ 'moːnedər]
todo o mês	en hel måned	[en 'hel 'moːnət]
um mês inteiro	hele måned	['helə 'moːnət]

mensal (adj)	månedlig	['moːnədli]
mensalmente	månedligt	['moːnedlət]
todo mês	hver måned	[ˌver 'moːnət]
duas vezes por mês	to ganger per måned	['tʊ 'gaŋər per 'moːnət]

ano (m)	år (n)	['ɔr]
este ano	i år	[i 'oːr]
ano que vem	neste år	['nɛstə ˌoːr]
no ano passado	i fjor	[i 'fjor]
há um ano	for et år siden	[fɔr et 'oːr ˌsidən]
em um ano	om et år	[ɔm et 'oːr]
dentro de dois anos	om to år	[ɔm 'tʊ 'oːr]
todo o ano	hele året	['helə 'oːre]
um ano inteiro	hele året	['helə 'oːre]

cada ano	hvert år	['vɛːʈ 'oːr]
anual (adj)	årlig	['oːlji]
anualmente	årlig, hvert år	['oːlji], ['vɛːʈ 'ɔr]
quatro vezes por ano	fire ganger per år	['fire 'gaŋər per 'oːr]

data (~ de hoje)	dato (m)	['datʊ]
data (ex. ~ de nascimento)	dato (m)	['datʊ]
calendário (m)	kalender (m)	[ka'lendər]

meio ano	halvår (n)	['halˌoːr]
seis meses	halvår (n)	['halˌoːr]
estação (f)	årstid (m/f)	['oːsˌtid]
século (m)	århundre (n)	['ɔrˌhʊndrə]

23. Tempo. Diversos

| tempo (m) | tid (m/f) | ['tid] |
| momento (m) | øyeblikk (n) | ['øjeˌblik] |

instante (m)	øyeblikk (n)	['øjə‚blik]
instantâneo (adj)	øyeblikkelig	['øjə‚blikəli]
lapso (m) de tempo	tidsavsnitt (n)	['tids‚afsnit]
vida (f)	liv (n)	['liv]
eternidade (f)	evighet (m)	['ɛvi‚het]

época (f)	epoke (m)	[ɛ'pʊkə]
era (f)	æra (m)	['æra]
ciclo (m)	syklus (m)	['syklʉs]
período (m)	periode (m)	[pæri'ʊdə]
prazo (m)	sikt (m)	['sikt]

futuro (m)	framtid (m/f)	['fram‚tid]
futuro (adj)	framtidig, fremtidig	['fram‚tidi], ['frɛm‚tidi]
da próxima vez	neste gang	['nɛstə ‚gaŋ]
passado (m)	fortid (m/f)	['fo:‚tid]
passado (adj)	forrige	['foriə]
na última vez	siste gang	['sistə ‚gaŋ]
mais tarde	senere	['senerə]
depois de ...	etterpå	['ɛtər‚po]
atualmente	for nærværende	[for 'nær‚værnə]
agora	nå	['nɔ]
imediatamente	umiddelbart	['ʉmidəl‚ba:t]
em breve	snart	['sna:t]
de antemão	på forhånd	[po 'fo:r‚hon]

há muito tempo	for lenge siden	[for 'leŋə ‚sidən]
recentemente	nylig	['nyli]
destino (m)	skjebne (m)	['ʂɛbnə]
recordações (f pl)	minner (n pl)	['minər]
arquivo (m)	arkiv (n)	[ar'kiv]
durante ...	under ...	['ʉnər ...]
durante muito tempo	lenge	['leŋə]
pouco tempo	ikke lenge	['ikə 'leŋə]
cedo (levantar-se ~)	tidlig	['tili]
tarde (deitar-se ~)	sent	['sɛnt]

para sempre	for alltid	[for 'al‚tid]
começar (vt)	å begynne	[ɔ be'jinə]
adiar (vt)	å utsette	[ɔ 'ʉt‚sɛtə]

ao mesmo tempo	samtidig	['sam‚tidi]
permanentemente	alltid, stadig	['al‚tid], ['stadi]
constante (~ ruído, etc.)	konstant	[kʊn'stant]
temporário (adj)	midlertidig, temporær	['midlə‚tidi], ['tɛmpo‚rær]

às vezes	av og til	['av ɔ ‚til]
raras vezes, raramente	sjelden	['ʂɛlən]
frequentemente	ofte	['ɔftə]

24. Linhas e formas

| quadrado (m) | kvadrat (n) | [kva'drat] |
| quadrado (adj) | kvadratisk | [kva'dratisk] |

círculo (m)	sirkel (m)	['sirkəl]
redondo (adj)	rund	['rʉn]
triângulo (m)	trekant (m)	['tre‚kant]
triangular (adj)	trekantet	['tre‚kantət]

oval (f)	oval (m)	[ʊ'val]
oval (adj)	oval	[ʊ'val]
retângulo (m)	rektangel (n)	['rɛk‚taŋəl]
retangular (adj)	rettvinklet	['rɛt‚vinklət]

pirâmide (f)	pyramide (m)	[pyra'midə]
losango (m)	rombe (m)	['rʊmbə]
trapézio (m)	trapes (m/n)	[tra'pes]
cubo (m)	kube, terning (m)	['kʉbə], ['tæ:n̩iŋ]
prisma (m)	prisme (n)	['prismə]

circunferência (f)	omkrets (m)	['ɔm‚krɛts]
esfera (f)	sfære (f)	['sfærə]
globo (m)	kule (m/f)	['kʉ:lə]
diâmetro (m)	diameter (m)	['dia‚metər]
raio (m)	radius (m)	['radiʉs]
perímetro (m)	perimeter (n)	[peri'metər]
centro (m)	midtpunkt (n)	['mit‚pʉnkt]

horizontal (adj)	horisontal	[hʉrisɔn'tal]
vertical (adj)	loddrett, lodd-	['lɔd‚rɛt], ['lɔd-]
paralela (f)	parallell (m)	[para'lel]
paralelo (adj)	parallell	[para'lel]

linha (f)	linje (m)	['linjə]
traço (m)	strek (m)	['strek]
reta (f)	rett linje (m/f)	['rɛt 'linjə]
curva (f)	kurve (m)	['kʉrvə]
fino (linha ~a)	tynn	['tyn]
contorno (m)	kontur (m)	[kʉn'tʉr]

interseção (f)	skjæringspunkt (n)	['ʂæriŋs‚pʉnkt]
ângulo (m) reto	rett vinkel (m)	['rɛt 'vinkəl]
segmento (m)	segment (n)	[seg'mɛnt]
setor (m)	sektor (m)	['sɛktʉr]
lado (de um triângulo, etc.)	side (m/f)	['sidə]
ângulo (m)	vinkel (m)	['vinkəl]

25. Unidades de medida

peso (m)	vekt (m)	['vɛkt]
comprimento (m)	lengde (m/f)	['leŋdə]
largura (f)	bredde (m)	['brɛdə]
altura (f)	høyde (m)	['højdə]
profundidade (f)	dybde (m)	['dybdə]
volume (m)	volum (n)	[vɔ'lʉm]
área (f)	areal (n)	[‚are'al]
grama (m)	gram (n)	['gram]
miligrama (m)	milligram (n)	['mili‚gram]

quilograma (m)	kilogram (n)	['çilu͜gram]
tonelada (f)	tonn (m/n)	['tɔn]
libra (453,6 gramas)	pund (n)	['pʉn]
onça (f)	unse (m)	['ʉnsə]

metro (m)	meter (m)	['metər]
milímetro (m)	millimeter (m)	['mili͜metər]
centímetro (m)	centimeter (m)	['sɛnti͜metər]
quilômetro (m)	kilometer (m)	['çilu͜metər]
milha (f)	mil (m/f)	['mil]

polegada (f)	tomme (m)	['tɔmə]
pé (304,74 mm)	fot (m)	['fʊt]
jarda (914,383 mm)	yard (m)	['ja:rd]

| metro (m) quadrado | kvadratmeter (m) | [kva'drɑt͜metər] |
| hectare (m) | hektar (n) | ['hɛktɑr] |

litro (m)	liter (m)	['litər]
grau (m)	grad (m)	['grɑd]
volt (m)	volt (m)	['vɔlt]
ampère (m)	ampere (m)	[ɑm'pɛr]
cavalo (m) de potência	hestekraft (m/f)	['hɛstə͜krɑft]

quantidade (f)	mengde (m)	['mɛŋdə]
um pouco de ...	få ...	['fɔ ...]
metade (f)	halvdel (m)	['hɑldel]
dúzia (f)	dusin (n)	[dʉ'sin]
peça (f)	stykke (n)	['stʏkə]

| tamanho (m), dimensão (f) | størrelse (m) | ['stœrəlsə] |
| escala (f) | målestokk (m) | ['mo:lə͜stɔk] |

mínimo (adj)	minimal	[mini'mɑl]
menor, mais pequeno	minste	['minstə]
médio (adj)	middel-	['midəl-]
máximo (adj)	maksimal	[mɑksi'mɑl]
maior, mais grande	største	['stœʂtə]

26. Recipientes

pote (m) de vidro	glaskrukke (m/f)	['glɑs͜krʉkə]
lata (~ de cerveja)	boks (m)	['bɔks]
balde (m)	bøtte (m/f)	['bœtə]
barril (m)	tønne (m)	['tœnə]

bacia (~ de plástico)	vaskefat (n)	['vɑskə͜fɑt]
tanque (m)	tank (m)	['tɑnk]
cantil (m) de bolso	lommelerke (m/f)	['lʊmə͜lærkə]
galão (m) de gasolina	bensinkanne (m/f)	[bɛn'sin͜kɑnə]
cisterna (f)	tank (m)	['tɑnk]

| caneca (f) | krus (n) | ['krʉs] |
| xícara (f) | kopp (m) | ['kɔp] |

pires (m)	**tefat** (n)	['te̞fat]
copo (m)	**glass** (n)	['glɑs]
taça (f) de vinho	**vinglass** (n)	['vin̩glɑs]
panela (f)	**gryte** (m/f)	['grytə]

garrafa (f)	**flaske** (m)	['flɑskə]
gargalo (m)	**flaskehals** (m)	['flɑskə̩hɑls]

jarra (f)	**karaffel** (m)	[kɑ'rɑfəl]
jarro (m)	**mugge** (m/f)	['mʉgə]
recipiente (m)	**beholder** (m)	[be'hɔlər]
pote (m)	**pott, potte** (m)	['pɔt], ['pɔtə]
vaso (m)	**vase** (m)	['vɑsə]

frasco (~ de perfume)	**flakong** (m)	[flɑ'kɔŋ]
frasquinho (m)	**flaske** (m/f)	['flɑskə]
tubo (m)	**tube** (m)	['tʉbə]

saco (ex. ~ de açúcar)	**sekk** (m)	['sɛk]
sacola (~ plastica)	**pose** (m)	['pʉsə]
maço (de cigarros, etc.)	**pakke** (m/f)	['pɑkə]

caixa (~ de sapatos, etc.)	**eske** (m/f)	['ɛskə]
caixote (~ de madeira)	**kasse** (m/f)	['kɑsə]
cesto (m)	**kurv** (m)	['kʉrv]

27. Materiais

material (m)	**materiale** (n)	[mɑteri'ɑlə]
madeira (f)	**tre** (n)	['trɛ]
de madeira	**tre-, av tre**	['trɛ-], [ɑː 'trɛ]

vidro (m)	**glass** (n)	['glɑs]
de vidro	**glass-**	['glɑs-]

pedra (f)	**stein** (m)	['stæjn]
de pedra	**stein-**	['stæjn-]

plástico (m)	**plast** (m)	['plɑst]
plástico (adj)	**plast-**	['plɑst-]

borracha (f)	**gummi** (m)	['gʉmi]
de borracha	**gummi-**	['gʉmi-]

tecido, pano (m)	**tøy** (n)	['tøj]
de tecido	**tøy-**	['tøj-]

papel (m)	**papir** (n)	[pɑ'pir]
de papel	**papir-**	[pɑ'pir-]

papelão (m)	**papp, kartong** (m)	['pɑp], [kɑː'tɔŋ]
de papelão	**papp-, kartong-**	['pɑp-], [kɑː'tɔŋ-]
polietileno (m)	**polyetylen** (n)	['pʉlyɛty̩len]
celofane (m)	**cellofan** (m)	[sɛlu'fɑn]

| linóleo (m) | linoleum (m) | [li'nɔleum] |
| madeira (f) compensada | kryssfiner (m) | ['krʏsfi̩nɛr] |

porcelana (f)	porselen (n)	[pɔʂə'len]
de porcelana	porselens-	[pɔʂə'lens-]
argila (f), barro (m)	leir (n)	['læjr]
de barro	leir-	['læjr-]
cerâmica (f)	keramikk (m)	[çera'mik]
de cerâmica	keramisk	[çe'ramisk]

28. Metais

metal (m)	metall (n)	[me'tal]
metálico (adj)	metall-	[me'tal-]
liga (f)	legering (m/f)	[le'geriŋ]

ouro (m)	gull (n)	['gʉl]
de ouro	av gull, gull-	[ɑ: 'gʉl], ['gʉl-]
prata (f)	sølv (n)	['søl]
de prata	sølv-, av sølv	['søl-], [ɑ: 'søl]

ferro (m)	jern (n)	['jæ:ɳ]
de ferro	jern-	['jæ:ɳ-]
aço (m)	stål (n)	['stɔl]
de aço (adj)	stål-	['stɔl-]
cobre (m)	kobber (n)	['kɔbər]
de cobre	kobber-	['kɔbər-]

alumínio (m)	aluminium (n)	[ɑlu'minium]
de alumínio	aluminium-	[ɑlu'minium-]
bronze (m)	bronse (m)	['brɔnsə]
de bronze	bronse-	['brɔnsə-]

latão (m)	messing (m)	['mɛsiŋ]
níquel (m)	nikkel (m)	['nikəl]
platina (f)	platina (m/n)	['platina]
mercúrio (m)	kvikksølv (n)	['kvik̩søl]
estanho (m)	tinn (n)	['tin]
chumbo (m)	bly (n)	['bly]
zinco (m)	sink (m/n)	['sink]

O SER HUMANO

O ser humano. O corpo

29. Humanos. Conceitos básicos

ser (m) humano	menneske (n)	['mɛnəskə]
homem (m)	mann (m)	['man]
mulher (f)	kvinne (m/f)	['kvinə]
criança (f)	barn (n)	['bɑːɳ]
menina (f)	jente (m/f)	['jɛntə]
menino (m)	gutt (m)	['gʉt]
adolescente (m)	tenåring (m)	['tɛnoːriŋ]
velho (m)	eldre mann (m)	['ɛldrə ˌman]
velha (f)	eldre kvinne (m/f)	['ɛldrə ˌkvinə]

30. Anatomia humana

organismo (m)	organisme (m)	[ɔrgaˈnismə]
coração (m)	hjerte (n)	['jæːʈə]
sangue (m)	blod (n)	['blʉ]
artéria (f)	arterie (m)	[ɑːˈʈeriə]
veia (f)	vene (m)	['veːnə]
cérebro (m)	hjerne (m)	['jæːɳə]
nervo (m)	nerve (m)	['nærvə]
nervos (m pl)	nerver (m pl)	['nærvər]
vértebra (f)	ryggvirvel (m)	['ryɡˌvirvəl]
coluna (f) vertebral	ryggrad (m)	['ryɡˌrad]
estômago (m)	magesekk (m)	['maɡəˌsɛk]
intestinos (m pl)	innvoller, tarmer (m pl)	['inˌvolər], ['tarmər]
intestino (m)	tarm (m)	['tarm]
fígado (m)	lever (m)	['levər]
rim (m)	nyre (m/n)	['nyrə]
osso (m)	bein (n)	['bæjn]
esqueleto (m)	skjelett (n)	[ʂeˈlet]
costela (f)	ribbein (n)	['ribˌbæjn]
crânio (m)	hodeskalle (m)	['hʉdəˌskalə]
músculo (m)	muskel (m)	['mʉskəl]
bíceps (m)	biceps (m)	['bisɛps]
tríceps (m)	triceps (m)	['trisɛps]
tendão (m)	sene (m/f)	['seːnə]
articulação (f)	ledd (n)	['led]

pulmões (m pl)	lunger (m pl)	['lʉŋər]
órgãos (m pl) genitais	kjønnsorganer (n pl)	['çœnsˌɔr'ganər]
pele (f)	hud (m/f)	['hʉd]

31. Cabeça

cabeça (f)	hode (n)	['hʉdə]
rosto, cara (f)	ansikt (n)	['ansikt]
nariz (m)	nese (m/f)	['nese]
boca (f)	munn (m)	['mʉn]

olho (m)	øye (n)	['øjə]
olhos (m pl)	øyne (n pl)	['øjnə]
pupila (f)	pupill (m)	[pʉ'pil]
sobrancelha (f)	øyenbryn (n)	['øjənˌbryn]
cílio (f)	øyenvipp (m)	['øjənˌvip]
pálpebra (f)	øyelokk (m)	['øjəˌlɔk]

língua (f)	tunge (m/f)	['tʉŋə]
dente (m)	tann (m/f)	['tan]
lábios (m pl)	lepper (m/f pl)	['lepər]
maçãs (f pl) do rosto	kinnbein (n pl)	['çinˌbæjn]
gengiva (f)	tannkjøtt (n)	['tanˌçœt]
palato (m)	gane (m)	['ganə]

narinas (f pl)	nesebor (n pl)	['nesəˌbʉr]
queixo (m)	hake (m/f)	['hakə]
mandíbula (f)	kjeve (m)	['çɛvə]
bochecha (f)	kinn (n)	['çin]

testa (f)	panne (m/f)	['panə]
têmpora (f)	tinning (m)	['tiniŋ]
orelha (f)	øre (n)	['ørə]
costas (f pl) da cabeça	bakhode (n)	['bakˌhodə]
pescoço (m)	hals (m)	['hals]
garganta (f)	strupe, hals (m)	['strʉpə], ['hals]

cabelo (m)	hår (n pl)	['hɔr]
penteado (m)	frisyre (m)	[fri'syrə]
corte (m) de cabelo	hårfasong (m)	['hoːrfaˌsɔŋ]
peruca (f)	parykk (m)	[pa'rʏk]

bigode (m)	mustasje (m)	[mʉ'staʂə]
barba (f)	skjegg (n)	['ʂɛg]
ter (~ barba, etc.)	å ha	[ɔ 'ha]
trança (f)	flette (m/f)	['fletə]
suíças (f pl)	bakkenbarter (pl)	['bakənˌbaːʈər]

ruivo (adj)	rødhåret	['røˌhoːrət]
grisalho (adj)	grå	['grɔ]
careca (adj)	skallet	['skalət]
calva (f)	skallet flekk (m)	['skalətˌflek]
rabo-de-cavalo (m)	hestehale (m)	['hɛstəˌhalə]
franja (f)	pannelugg (m)	['panəˌlʉg]

32. Corpo humano

| mão (f) | hånd (m/f) | ['hɔn] |
| braço (m) | arm (m) | ['arm] |

dedo (m)	finger (m)	['fiŋər]
dedo (m) do pé	tå (m/f)	['tɔ]
polegar (m)	tommel (m)	['tɔmǝl]
dedo (m) mindinho	lillefinger (m)	['lilǝˌfiŋǝr]
unha (f)	negl (m)	['nɛjl]

punho (m)	knyttneve (m)	['knʏtˌnevǝ]
palma (f)	håndflate (m/f)	['hɔnˌflatǝ]
pulso (m)	håndledd (n)	['hɔnˌled]
antebraço (m)	underarm (m)	['ʉnǝrˌarm]
cotovelo (m)	albue (m)	['alˌbʉǝ]
ombro (m)	skulder (m)	['skʉldǝr]

perna (f)	bein (n)	['bæjn]
pé (m)	fot (m)	['fʊt]
joelho (m)	kne (n)	['knɛ]
panturrilha (f)	legg (m)	['leg]
quadril (m)	hofte (m)	['hɔftǝ]
calcanhar (m)	hæl (m)	['hæl]

corpo (m)	kropp (m)	['krɔp]
barriga (f), ventre (m)	mage (m)	['magǝ]
peito (m)	bryst (n)	['brʏst]
seio (m)	bryst (n)	['brʏst]
lado (m)	side (m/f)	['sidǝ]
costas (dorso)	rygg (m)	['rʏg]
região (f) lombar	korsrygg (m)	['kɔːʂˌrʏg]
cintura (f)	liv (n), midje (m/f)	['liv], ['midjǝ]

umbigo (m)	navle (m)	['navlǝ]
nádegas (f pl)	rumpeballer (m pl)	['rʉmpǝˌbalǝr]
traseiro (m)	bak (m)	['bak]

sinal (m), pinta (f)	føflekk (m)	['føˌflek]
sinal (m) de nascença	fødselsmerke (n)	['føtsǝlsˌmærke]
tatuagem (f)	tatovering (m/f)	[tatu'vɛriŋ]
cicatriz (f)	arr (n)	['ar]

Vestuário & Acessórios

33. Roupa exterior. Casacos

roupa (f)	klær (n)	['klær]
roupa (f) exterior	yttertøy (n)	['ytə‚tøj]
roupa (f) de inverno	vinterklær (n pl)	['vintər‚klær]
sobretudo (m)	frakk (m), kåpe (m/f)	['frɑk], ['ko:pə]
casaco (m) de pele	pels (m), pelskåpe (m/f)	['pɛls], ['pɛls‚ko:pə]
jaqueta (f) de pele	pelsjakke (m/f)	['pɛls‚jakə]
casaco (m) acolchoado	dunjakke (m/f)	['dʉn‚jakə]
casaco (m), jaqueta (f)	jakke (m/f)	['jakə]
impermeável (m)	regnfrakk (m)	['ræjn‚frɑk]
a prova d'água	vanntett	['vɑn‚tɛt]

34. Vestuário de homem & mulher

camisa (f)	skjorte (m/f)	['ʂœ:ʈə]
calça (f)	bukse (m)	['bʉksə]
jeans (m)	jeans (m)	['dʒins]
paletó, terno (m)	dressjakke (m/f)	['drɛs‚jakə]
terno (m)	dress (m)	['drɛs]
vestido (ex. ~ de noiva)	kjole (m)	['çulə]
saia (f)	skjørt (n)	['ʂø:ʈ]
blusa (f)	bluse (m)	['blʉsə]
casaco (m) de malha	strikket trøye (m/f)	['strikə 'trøjə]
casaco, blazer (m)	blazer (m)	['blæsər]
camiseta (f)	T-skjorte (m/f)	['te‚ʂœ:ʈə]
short (m)	shorts (m)	['ʂɔ:ʈs]
training (m)	treningsdrakt (m/f)	['treniŋs‚drɑkt]
roupão (m) de banho	badekåpe (m/f)	['badə‚ko:pə]
pijama (m)	pyjamas (m)	[py'ʂɑmɑs]
suéter (m)	sweater (m)	['svɛtər]
pulôver (m)	pullover (m)	[pʉ'lovər]
colete (m)	vest (m)	['vɛst]
fraque (m)	livkjole (m)	['liv‚çulə]
smoking (m)	smoking (m)	['smokiŋ]
uniforme (m)	uniform (m)	[ʉni'form]
roupa (f) de trabalho	arbeidsklær (n pl)	['arbæjds‚klær]
macacão (m)	kjeledress, overall (m)	['çelə‚drɛs], ['ovɛr‚ɔl]
jaleco (m), bata (f)	kittel (m)	['çitəl]

35. Vestuário. Roupa interior

roupa (f) íntima	undertøy (n)	['ʉnəˌtøj]
cueca boxer (f)	underbukse (m/f)	['ʉnərˌbʉksə]
calcinha (f)	truse (m/f)	['trʉsə]
camiseta (f)	undertrøye (m/f)	['ʉnəˌtrøjə]
meias (f pl)	sokker (m pl)	['sɔkər]
camisola (f)	nattkjole (m)	['natˌçulə]
sutiã (m)	behå (m)	['beˌhɔ]
meias longas (f pl)	knestrømper (m/f pl)	['knɛˌstrømpər]
meias-calças (f pl)	strømpebukse (m/f)	['strømpəˌbʉksə]
meias (~ de nylon)	strømper (m/f pl)	['strømpər]
maiô (m)	badedrakt (m/f)	['badəˌdrakt]

36. Adereços de cabeça

chapéu (m), touca (f)	hatt (m)	['hat]
chapéu (m) de feltro	hatt (m)	['hat]
boné (m) de beisebol	baseball cap (m)	['bɛjsbɔl kɛp]
boina (~ italiana)	sikspens (m)	['sikspens]
boina (ex. ~ basca)	alpelue, baskerlue (m/f)	['alpəˌlʉə], ['baskəˌlʉə]
capuz (m)	hette (m/f)	['hɛtə]
chapéu panamá (m)	panamahatt (m)	['panamaˌhat]
touca (f)	strikket lue (m/f)	['strikəˌlʉə]
lenço (m)	skaut (n)	['skaʊt]
chapéu (m) feminino	hatt (m)	['hat]
capacete (m) de proteção	hjelm (m)	['jɛlm]
bibico (m)	båtlue (m/f)	['bɔtˌlʉə]
capacete (m)	hjelm (m)	['jɛlm]
chapéu-coco (m)	bowlerhatt, skalk (m)	['boʊlerˌhat], ['skalk]
cartola (f)	flosshatt (m)	['flɔsˌhat]

37. Calçado

calçado (m)	skotøy (n)	['skʉtøj]
botinas (f pl), sapatos (m pl)	skor (m pl)	['skʉr]
sapatos (de salto alto, etc.)	pumps (m pl)	['pʉmps]
botas (f pl)	støvler (m pl)	['støvlər]
pantufas (f pl)	tøfler (m pl)	['tøflər]
tênis (~ Nike, etc.)	tennissko (m pl)	['tɛnisˌskʉ]
tênis (~ Converse)	canvas sko (m pl)	['kanvas ˌskʉ]
sandálias (f pl)	sandaler (m pl)	[san'dalər]
sapateiro (m)	skomaker (m)	['skʉˌmakər]
salto (m)	hæl (m)	['hæl]

par (m)	par (n)	['par]
cadarço (m)	skolisse (m/f)	['skʊˌlisə]
amarrar os cadarços	å snøre	[ɔ 'snørə]
calçadeira (f)	skohorn (n)	['skʊˌhʊːŋ]
graxa (f) para calçado	skokrem (m)	['skʊˌkrɛm]

38. Têxtil. Tecidos

algodão (m)	bomull (m/f)	['bʊˌmʉl]
de algodão	bomulls-	['bʊˌmʉls-]
linho (m)	lin (n)	['lin]
de linho	lin-	['lin-]
seda (f)	silke (m)	['silkə]
de seda	silke-	['silkə-]
lã (f)	ull (m/f)	['ʉl]
de lã	ull-, av ull	['ʉl-], ['ɑː ʉl]
veludo (m)	fløyel (m)	['fløjəl]
camurça (f)	semsket skinn (n)	['sɛmsket ˌʂin]
veludo (m) cotelê	kordfløyel (m/n)	['kɔːɖˌfløjəl]
nylon (m)	nylon (n)	['nyˌlɔn]
de nylon	nylon-	['nyˌlɔn-]
poliéster (m)	polyester (m)	[pʊly'ɛstər]
de poliéster	polyester-	[pʊly'ɛstər-]
couro (m)	lær, skinn (n)	['lær], ['ʂin]
de couro	lær-, av lær	['lær-], ['ɑː lær]
pele (f)	pels (m)	['pɛls]
de pele	pels-	['pɛls-]

39. Acessórios pessoais

luva (f)	hansker (m pl)	['hanskər]
mitenes (f pl)	votter (m pl)	['vɔtər]
cachecol (m)	skjerf (n)	['ʂærf]
óculos (m pl)	briller (m pl)	['brilər]
armação (f)	innfatning (m/f)	['inˌfatniŋ]
guarda-chuva (m)	paraply (m)	[parɑ'ply]
bengala (f)	stokk (m)	['stɔk]
escova (f) para o cabelo	hårbørste (m)	['hɔrˌbœʂtə]
leque (m)	vifte (m/f)	['viftə]
gravata (f)	slips (n)	['slips]
gravata-borboleta (f)	sløyfe (m/f)	['ʂløjfə]
suspensórios (m pl)	bukseseler (m pl)	['bʉksəˈselər]
lenço (m)	lommetørkle (n)	['lʊməˌtœrklə]
pente (m)	kam (m)	['kam]
fivela (f) para cabelo	hårspenne (m/f/n)	['hɔːrˌspɛnə]

grampo (m)	hårnål (m/f)	['ho:r‚nol]
fivela (f)	spenne (m/f/n)	['spɛnə]

cinto (m)	belte (m)	['bɛltə]
alça (f) de ombro	skulderreim, rem (m/f)	['skʉldə‚ræjm], ['rem]

bolsa (f)	veske (m/f)	['vɛskə]
bolsa (feminina)	håndveske (m/f)	['hɔn‚vɛskə]
mochila (f)	ryggsekk (m)	['rʏg‚sɛk]

40. Vestuário. Diversos

moda (f)	mote (m)	['mʊtə]
na moda (adj)	moteriktig	['mʊtə‚rikti]
estilista (m)	moteskaper (m)	['mʊtə‚skapər]

colarinho (m)	krage (m)	['kragə]
bolso (m)	lomme (m/f)	['lʊmə]
de bolso	lomme-	['lʊmə-]
manga (f)	erme (n)	['ærmə]
ganchinho (m)	hempe (m)	['hɛmpə]
bragueta (f)	gylf, buksesmekk (m)	['gylf], ['bʉksə‚smɛk]

zíper (m)	glidelås (m/n)	['glidə‚lɔs]
colchete (m)	hekte (m/f), knepping (m)	['hɛktə], ['knɛpiŋ]
botão (m)	knapp (m)	['knap]
botoeira (casa de botão)	klapphull (n)	['klap‚hʉl]
soltar-se (vr)	å falle av	[ɔ 'falə a:]

costurar (vi)	å sy	[ɔ 'sy]
bordar (vt)	å brodere	[ɔ brʉ'derə]
bordado (m)	broderi (n)	[brʉde'ri]
agulha (f)	synål (m/f)	['sy‚nɔl]
fio, linha (f)	tråd (m)	['trɔ]
costura (f)	søm (m)	['søm]

sujar-se (vr)	å skitne seg til	[ɔ 'ʂitnə sæj til]
mancha (f)	flekk (m)	['flek]
amarrotar-se (vr)	å bli skrukkete	[ɔ 'bli 'skrʉketə]
rasgar (vt)	å rive	[ɔ 'rivə]
traça (f)	møll (m/n)	['møl]

41. Cuidados pessoais. Cosméticos

pasta (f) de dente	tannpasta (m)	['tan‚pasta]
escova (f) de dente	tannbørste (m)	['tan‚bœʂtə]
escovar os dentes	å pusse tennene	[ɔ 'pʉsə 'tɛnənə]

gilete (f)	høvel (m)	['høvəl]
creme (m) de barbear	barberkrem (m)	[bar'bɛr‚krɛm]
barbear-se (vr)	å barbere seg	[ɔ bar'berə sæj]
sabonete (m)	såpe (m/f)	['so:pə]

xampu (m)	sjampo (m)	['ʂɑmˌpʉ]
tesoura (f)	saks (m/f)	['sɑks]
lixa (f) de unhas	neglefil (m/f)	['nɛjləˌfil]
corta-unhas (m)	negleklipper (m)	['nɛjləˌklipər]
pinça (f)	pinsett (m)	[pin'sɛt]

cosméticos (m pl)	kosmetikk (m)	[kʉsme'tik]
máscara (f)	ansiktsmaske (m/f)	['ɑnsiktsˌmɑskə]
manicure (f)	manikyr (m)	[mɑni'kyr]
fazer as unhas	å få manikyr	[ɔ 'fɔ mɑni'kyr]
pedicure (f)	pedikyr (m)	[pedi'kyr]

bolsa (f) de maquiagem	sminkeveske (m/f)	['sminkəˌvɛskə]
pó (de arroz)	pudder (n)	['pʉdər]
pó (m) compacto	pudderdåse (m)	['pʉdərˌdoːsə]
blush (m)	rouge (m)	['ruːʂ]

perfume (m)	parfyme (m)	[par'fymə]
água-de-colônia (f)	eau de toilette (m)	['ɔː də twa'let]
loção (f)	lotion (m)	['loʉʂɛn]
colônia (f)	eau de cologne (m)	['ɔː də kɔ'lɔŋ]

sombra (f) de olhos	øyeskygge (m)	['øjəˌsygə]
delineador (m)	eyeliner (m)	['aːjˌlɑjnər]
máscara (f), rímel (m)	maskara (m)	[mɑ'skɑrɑ]

batom (m)	leppestift (m)	['lepəˌstift]
esmalte (m)	neglelakk (m)	['nɛjləˌlɑk]
laquê (m), spray fixador (m)	hårlakk (m)	['hoːrˌlɑk]
desodorante (m)	deodorant (m)	[deudʉ'rɑnt]

creme (m)	krem (m)	['krɛm]
creme (m) de rosto	ansiktskrem (m)	['ɑnsiktsˌkrɛm]
creme (m) de mãos	håndkrem (m)	['hɔnˌkrɛm]
creme (m) antirrugas	antirynkekrem (m)	[anti'rʏnkəˌkrɛm]
creme (m) de dia	dagkrem (m)	['dɑgˌkrɛm]
creme (m) de noite	nattkrem (m)	['nɑtˌkrɛm]
de dia	dag-	['dɑg-]
da noite	natt-	['nɑt-]

absorvente (m) interno	tampong (m)	[tam'pɔŋ]
papel (m) higiênico	toalettpapir (n)	[tʉa'let pa'pir]
secador (m) de cabelo	hårføner (m)	['hoːrˌfønər]

42. Joalheria

joias (f pl)	smykker (n pl)	['smʏkər]
precioso (adj)	edel-	['ɛdəl-]
marca (f) de contraste	stempel (n)	['stɛmpəl]

anel (m)	ring (m)	['riŋ]
aliança (f)	giftering (m)	['jiftəˌriŋ]
pulseira (f)	armbånd (n)	['armˌbɔn]
brincos (m pl)	øreringer (m pl)	['ørəˌriŋər]

colar (m)	**halssmykke** (n)	['hals,smʏkə]
coroa (f)	**krone** (m/f)	['krʊnə]
colar (m) de contas	**perlekjede** (m/n)	['pærlə,çɛ:də]

diamante (m)	**diamant** (m)	[dia'mant]
esmeralda (f)	**smaragd** (m)	[sma'ragd]
rubi (m)	**rubin** (m)	[rʉ'bin]
safira (f)	**safir** (m)	[sa'fir]
pérola (f)	**perler** (m pl)	['pærlər]
âmbar (m)	**rav** (n)	['rav]

43. Relógios de pulso. Relógios

relógio (m) de pulso	**armbåndsur** (n)	['armbɔns,ʉr]
mostrador (m)	**urskive** (m/f)	['ʉ:,ʂivə]
ponteiro (m)	**viser** (m)	['visər]
bracelete (em aço)	**armbånd** (n)	['arm,bɔn]
bracelete (em couro)	**rem** (m/f)	['rem]

pilha (f)	**batteri** (n)	[batɛ'ri]
acabar (vi)	**å bli utladet**	[ɔ 'bli 'ʉt,ladət]
trocar a pilha	**å skifte batteriene**	[ɔ 'ʂiftə batɛ'riene]
estar adiantado	**å gå for fort**	[ɔ 'gɔ fɔ 'fɔ:ʈ]
estar atrasado	**å gå for sakte**	[ɔ 'gɔ fɔ 'saktə]

relógio (m) de parede	**veggur** (n)	['vɛg,ʉr]
ampulheta (f)	**timeglass** (n)	['timə,glas]
relógio (m) de sol	**solur** (n)	['sʊl,ʉr]
despertador (m)	**vekkerklokka** (m/f)	['vɛkər,klɔka]
relojoeiro (m)	**urmaker** (m)	['ʉr,makər]
reparar (vt)	**å reparere**	[ɔ repa'rerə]

Alimentação. Nutrição

44. Comida

carne (f)	kjøtt (n)	['çœt]
galinha (f)	høne (m/f)	['hønə]
frango (m)	kylling (m)	['çyliŋ]
pato (m)	and (m/f)	['an]
ganso (m)	gås (m/f)	['gɔs]
caça (f)	vilt (n)	['vilt]
peru (m)	kalkun (m)	[kɑl'kʉn]
carne (f) de porco	svinekjøtt (n)	['svinə‚çœt]
carne (f) de vitela	kalvekjøtt (n)	['kalvə‚çœt]
carne (f) de carneiro	fårekjøtt (n)	['foːrə‚çœt]
carne (f) de vaca	oksekjøtt (n)	['ɔksə‚çœt]
carne (f) de coelho	kanin (m)	[kɑ'nin]
linguiça (f), salsichão (m)	pølse (m/f)	['pølsə]
salsicha (f)	wienerpølse (m/f)	['vinər‚pølsə]
bacon (m)	bacon (n)	['bɛjkən]
presunto (m)	skinke (m)	['şinkə]
pernil (m) de porco	skinke (m)	['şinkə]
patê (m)	pate, paté (m)	[pɑ'te]
fígado (m)	lever (m)	['levər]
guisado (m)	kjøttfarse (m)	['çœt‚farşə]
língua (f)	tunge (m/f)	['tʉŋə]
ovo (m)	egg (n)	['ɛg]
ovos (m pl)	egg (n pl)	['ɛg]
clara (f) de ovo	eggehvite (m)	['ɛgə‚vitə]
gema (f) de ovo	plomme (m/f)	['plʉmə]
peixe (m)	fisk (m)	['fisk]
mariscos (m pl)	sjømat (m)	['şø‚mɑt]
crustáceos (m pl)	krepsdyr (n pl)	['krɛps‚dyr]
caviar (m)	kaviar (m)	['kɑvi‚ɑr]
caranguejo (m)	krabbe (m)	['krɑbə]
camarão (m)	reke (m/f)	['rekə]
ostra (f)	østers (m)	['østəş]
lagosta (f)	langust (m)	[lɑŋ'gʉst]
polvo (m)	blekksprut (m)	['blek‚sprʉt]
lula (f)	blekksprut (m)	['blek‚sprʉt]
esturjão (m)	stør (m)	['stør]
salmão (m)	laks (m)	['lɑks]
halibute (m)	kveite (m/f)	['kvæjtə]
bacalhau (m)	torsk (m)	['tɔşk]

cavala, sarda (f)	makrell (m)	[maˈkrɛl]
atum (m)	tunfisk (m)	[ˈtʉnˌfisk]
enguia (f)	ål (m)	[ˈɔl]

truta (f)	ørret (m)	[ˈøret]
sardinha (f)	sardin (m)	[sɑːˈdin]
lúcio (m)	gjedde (m/f)	[ˈjɛdə]
arenque (m)	sild (m/f)	[ˈsil]

pão (m)	brød (n)	[ˈbrø]
queijo (m)	ost (m)	[ˈʊst]
açúcar (m)	sukker (n)	[ˈsʉkər]
sal (m)	salt (n)	[ˈsalt]

arroz (m)	ris (m)	[ˈris]
massas (f pl)	pasta, makaroni (m)	[ˈpasta], [makaˈrʊni]
talharim, miojo (m)	nudler (m pl)	[ˈnʉdlər]

manteiga (f)	smør (n)	[ˈsmør]
óleo (m) vegetal	vegetabilsk olje (m)	[vegetaˈbilsk ˌɔljə]
óleo (m) de girassol	solsikkeolje (m)	[ˈsʊlsikəˌɔljə]
margarina (f)	margarin (m)	[margaˈrin]

azeitonas (f pl)	olivener (m pl)	[ʊˈlivenər]
azeite (m)	olivenolje (m)	[ʊˈlivənˌɔljə]

leite (m)	melk (m/f)	[ˈmɛlk]
leite (m) condensado	kondensert melk (m/f)	[kʊndənˈseːt ˌmɛlk]
iogurte (m)	jogurt (m)	[ˈjɔgʉːt]
creme (m) azedo	rømme, syrnet fløte (m)	[ˈrœmə], [ˈsyːɳet ˈfløtə]
creme (m) de leite	fløte (m)	[ˈfløtə]

maionese (f)	majones (m)	[majɔˈnɛs]
creme (m)	krem (m)	[ˈkrɛm]

grãos (m pl) de cereais	gryn (n)	[ˈgryn]
farinha (f)	mel (n)	[ˈmel]
enlatados (m pl)	hermetikk (m)	[hɛrmeˈtik]

flocos (m pl) de milho	cornflakes (m)	[ˈkɔːɳˌflejks]
mel (m)	honning (m)	[ˈhɔniŋ]
geleia (m)	syltetøy (n)	[ˈsyltəˌtøj]
chiclete (m)	tyggegummi (m)	[ˈtygəˌgʉmi]

45. Bebidas

água (f)	vann (n)	[ˈvan]
água (f) potável	drikkevann (n)	[ˈdrikəˌvan]
água (f) mineral	mineralvann (n)	[minəˈralˌvan]

sem gás (adj)	uten kullsyre	[ˈʉtən kʉlˈsyrə]
gaseificada (adj)	kullsyret	[kʉlˈsyrət]
com gás	med kullsyre	[me kʉlˈsyrə]
gelo (m)	is (m)	[ˈis]

com gelo	med is	[me 'is]
não alcoólico (adj)	alkoholfri	['alkʊhʊlˌfri]
refrigerante (m)	alkoholfri drikk (m)	['alkʊhʊlˌfri drik]
refresco (m)	leskedrikk (m)	['leskeˌdrik]
limonada (f)	limonade (m)	[limɔ'nadə]

bebidas (f pl) alcoólicas	rusdrikker (m pl)	['rʉsˌdrikər]
vinho (m)	vin (m)	['vin]
vinho (m) branco	hvitvin (m)	['vitˌvin]
vinho (m) tinto	rødvin (m)	['røˌvin]

licor (m)	likør (m)	[li'kør]
champanhe (m)	champagne (m)	[ʂam'panjə]
vermute (m)	vermut (m)	['værmʉt]

uísque (m)	whisky (m)	['viski]
vodca (f)	vodka (m)	['vɔdka]
gim (m)	gin (m)	['dʒin]
conhaque (m)	konjakk (m)	['kʊnjak]
rum (m)	rom (m)	['rʊm]

café (m)	kaffe (m)	['kafə]
café (m) preto	svart kaffe (m)	['sva:ʈ 'kafə]
café (m) com leite	kaffe (m) med melk	['kafə me 'mɛlk]
cappuccino (m)	cappuccino (m)	[kapʊ'tʃinɔ]
café (m) solúvel	pulverkaffe (m)	['pʉlvərˌkafə]

leite (m)	melk (m/f)	['mɛlk]
coquetel (m)	cocktail (m)	['kɔkˌtɛjl]
batida (f), milkshake (m)	milkshake (m)	['milkˌʂɛjk]

suco (m)	jus, juice (m)	['dʒʉs]
suco (m) de tomate	tomatjuice (m)	[tʊ'matˌdʒʉs]
suco (m) de laranja	appelsinjuice (m)	[apel'sinˌdʒʉs]
suco (m) fresco	nypresset juice (m)	['nyˌprɛsə 'dʒʉs]

cerveja (f)	øl (m/n)	['øl]
cerveja (f) clara	lettøl (n)	['letˌøl]
cerveja (f) preta	mørkt øl (n)	['mœrktˌøl]

chá (m)	te (m)	['te]
chá (m) preto	svart te (m)	['sva:ʈ ˌte]
chá (m) verde	grønn te (m)	['grœn ˌte]

46. Vegetais

vegetais (m pl)	grønnsaker (m pl)	['grœnˌsakər]
verdura (f)	grønnsaker (m pl)	['grœnˌsakər]

tomate (m)	tomat (m)	[tʊ'mat]
pepino (m)	agurk (m)	[a'gʉrk]
cenoura (f)	gulrot (m/f)	['gʉlˌrʊt]
batata (f)	potet (m/f)	[pʊ'tet]
cebola (f)	løk (m)	['løk]

alho (m)	hvitløk (m)	['vit,løk]
couve (f)	kål (m)	['kɔl]
couve-flor (f)	blomkål (m)	['blɔm,kɔl]
couve-de-bruxelas (f)	rosenkål (m)	['rusən,kɔl]
brócolis (m pl)	brokkoli (m)	['brɔkɔli]
beterraba (f)	rødbete (m/f)	['rø,betə]
berinjela (f)	aubergine (m)	[ɔbɛr'şin]
abobrinha (f)	squash (m)	['skvɔş]
abóbora (f)	gresskar (n)	['grɛskar]
nabo (m)	nepe (m/f)	['nepə]
salsa (f)	persille (m/f)	[pæ'şilə]
endro, aneto (m)	dill (m)	['dil]
alface (f)	salat (m)	[sɑ'lat]
aipo (m)	selleri (m/n)	[sɛle,ri]
aspargo (m)	asparges (m)	[ɑ'sparşəs]
espinafre (m)	spinat (m)	[spi'nat]
ervilha (f)	erter (m pl)	['æ:ţər]
feijão (~ soja, etc.)	bønner (m/f pl)	['bœnər]
milho (m)	mais (m)	['mɑis]
feijão (m) roxo	bønne (m/f)	['bœnə]
pimentão (m)	pepper (m)	['pɛpər]
rabanete (m)	reddik (m)	['rɛdik]
alcachofra (f)	artisjokk (m)	[,ɑ:ţi'şɔk]

47. Frutos. Nozes

fruta (f)	frukt (m/f)	['frʉkt]
maçã (f)	eple (n)	['ɛplə]
pera (f)	pære (m/f)	['pærə]
limão (m)	sitron (m)	[si'trʊn]
laranja (f)	appelsin (m)	[ɑpel'sin]
morango (m)	jordbær (n)	['ju:r,bær]
tangerina (f)	mandarin (m)	[mɑndɑ'rin]
ameixa (f)	plomme (m/f)	['plʊmə]
pêssego (m)	fersken (m)	['fæşkən]
damasco (m)	aprikos (m)	[ɑpri'kʊs]
framboesa (f)	bringebær (n)	['briŋə,bær]
abacaxi (m)	ananas (m)	['ɑnɑnɑs]
banana (f)	banan (m)	[bɑ'nɑn]
melancia (f)	vannmelon (m)	['vɑnme,lʊn]
uva (f)	drue (m)	['drʉə]
ginja (f)	kirsebær (n)	['çişə,bær]
cereja (f)	morell (m)	[mʊ'rɛl]
melão (m)	melon (m)	[me'lʊn]
toranja (f)	grapefrukt (m/f)	['grɛjp,frʉkt]
abacate (m)	avokado (m)	[ɑvɔ'kɑdɔ]
mamão (m)	papaya (m)	[pɑ'pɑjɑ]

| manga (f) | mango (m) | ['maŋu] |
| romã (f) | granateple (n) | [gra'nat,ɛplə] |

groselha (f) vermelha	rips (m)	['rips]
groselha (f) negra	solbær (n)	['sʊl,bær]
groselha (f) espinhosa	stikkelsbær (n)	['stikəls,bær]
mirtilo (m)	blåbær (n)	['blɔ,bær]
amora (f) silvestre	bjørnebær (m)	['bjœːŋə,bær]

passa (f)	rosin (m)	[rʊ'sin]
figo (m)	fiken (m)	['fikən]
tâmara (f)	daddel (m)	['dadəl]

amendoim (m)	jordnøtt (m)	['juːr,nœt]
amêndoa (f)	mandel (m)	['mandəl]
noz (f)	valnøtt (m/f)	['val,nœt]
avelã (f)	hasselnøtt (m/f)	['hasəl,nœt]
coco (m)	kokosnøtt (m/f)	['kʊkʊs,nœt]
pistaches (m pl)	pistasier (m pl)	[pi'staʂiər]

48. Pão. Bolaria

pastelaria (f)	bakevarer (m/f pl)	['bakə,varər]
pão (m)	brød (n)	['brø]
biscoito (m), bolacha (f)	kjeks (m)	['çɛks]

chocolate (m)	sjokolade (m)	[ʂʊkʊ'ladə]
de chocolate	sjokolade-	[ʂʊkʊ'ladə-]
bala (f)	sukkertøy (n), karamell (m)	['sʉkeːʈøj], [kara'mɛl]
doce (bolo pequeno)	kake (m/f)	['kakə]
bolo (m) de aniversário	bløtkake (m/f)	['bløt,kakə]

| torta (f) | pai (m) | ['paj] |
| recheio (m) | fyll (m/n) | ['fʏl] |

geleia (m)	syltetøy (n)	['syltə,tøj]
marmelada (f)	marmelade (m)	[marme'ladə]
wafers (m pl)	vaffel (m)	['vafəl]
sorvete (m)	iskrem (m)	['iskrɛm]
pudim (m)	pudding (m)	['pʉdiŋ]

49. Pratos cozinhados

prato (m)	rett (m)	['rɛt]
cozinha (~ portuguesa)	kjøkken (n)	['çœkən]
receita (f)	oppskrift (m)	['ɔp,skrift]
porção (f)	porsjon (m)	[pɔ'ʂʊn]

salada (f)	salat (m)	[sɑ'lat]
sopa (f)	suppe (m/f)	['sʉpə]
caldo (m)	buljong (m)	[bu'ljɔŋ]
sanduíche (m)	smørbrød (n)	['smør,brø]

ovos (m pl) fritos	speilegg (n)	['spæjl,ɛg]
hambúrguer (m)	hamburger (m)	['hamburgər]
bife (m)	biff (m)	['bif]

acompanhamento (m)	tilbehør (n)	['tilbə,hør]
espaguete (m)	spagetti (m)	[spa'gɛti]
purê (m) de batata	potetmos (m)	[pu'tet,mus]
pizza (f)	pizza (m)	['pitsa]
mingau (m)	grøt (m)	['grøt]
omelete (f)	omelett (m)	[ɔmə'let]

fervido (adj)	kokt	['kukt]
defumado (adj)	røkt	['røkt]
frito (adj)	stekt	['stɛkt]
seco (adj)	tørket	['tœrkət]
congelado (adj)	frossen, dypfryst	['frɔsən], ['dyp,frʏst]
em conserva (adj)	syltet	['sʏltət]

doce (adj)	søt	['søt]
salgado (adj)	salt	['salt]
frio (adj)	kald	['kal]
quente (adj)	het, varm	['het], ['varm]
amargo (adj)	bitter	['bitər]
gostoso (adj)	lekker	['lekər]

cozinhar em água fervente	å koke	[ɔ 'kukə]
preparar (vt)	å lage	[ɔ 'lagə]
fritar (vt)	å steke	[ɔ 'stekə]
aquecer (vt)	å varme opp	[ɔ 'varmə ɔp]

salgar (vt)	å salte	[ɔ 'saltə]
apimentar (vt)	å pepre	[ɔ 'pɛprə]
ralar (vt)	å rive	[ɔ 'rivə]
casca (f)	skall (n)	['skal]
descascar (vt)	å skrelle	[ɔ 'skrɛlə]

50. Especiarias

sal (m)	salt (n)	['salt]
salgado (adj)	salt	['salt]
salgar (vt)	å salte	[ɔ 'saltə]

pimenta-do-reino (f)	svart pepper (m)	['svaːʈ 'pɛpər]
pimenta (f) vermelha	rød pepper (m)	['rø 'pɛpər]
mostarda (f)	sennep (m)	['sɛnəp]
raiz-forte (f)	pepperrot (m/f)	['pɛpər,rut]

condimento (m)	krydder (n)	['krʏdər]
especiaria (f)	krydder (n)	['krʏdər]
molho (~ inglês)	saus (m)	['saus]
vinagre (m)	eddik (m)	['ɛdik]

| anis estrelado (m) | anis (m) | ['anis] |
| manjericão (m) | basilik (m) | [basi'lik] |

cravo (m)	nellik (m)	['nɛlik]
gengibre (m)	ingefær (m)	['iŋəˌfær]
coentro (m)	koriander (m)	[kʊri'andər]
canela (f)	kanel (m)	[ka'nel]

gergelim (m)	sesam (m)	['sesam]
folha (f) de louro	laurbærblad (n)	['laʊrbærˌbla]
páprica (f)	paprika (m)	['paprika]
cominho (m)	karve, kummin (m)	['karvə], ['kʉmin]
açafrão (m)	safran (m)	[sa'fran]

51. Refeições

comida (f)	mat (m)	['mat]
comer (vt)	å spise	[ɔ 'spisə]

café (m) da manhã	frokost (m)	['frʊkɔst]
tomar café da manhã	å spise frokost	[ɔ 'spisə ˌfrʊkɔst]
almoço (m)	lunsj, lunch (m)	['lʉnʂ]
almoçar (vi)	å spise lunsj	[ɔ 'spisə ˌlʉnʂ]
jantar (m)	middag (m)	['miˌda]
jantar (vi)	å spise middag	[ɔ 'spisə 'miˌda]

apetite (m)	appetitt (m)	[ape'tit]
Bom apetite!	God appetitt!	['gʊ ape'tit]

abrir (~ uma lata, etc.)	å åpne	[ɔ 'ɔpnə]
derramar (~ líquido)	å spille	[ɔ 'spilə]
derramar-se (vr)	å bli spilt	[ɔ 'bli 'spilt]

ferver (vi)	å koke	[ɔ 'kʊkə]
ferver (vt)	å koke	[ɔ 'kʊkə]
fervido (adj)	kokt	['kʊkt]

esfriar (vt)	å svalne	[ɔ 'svalnə]
esfriar-se (vr)	å avkjøles	[ɔ 'avˌçœləs]

sabor, gosto (m)	smak (m)	['smak]
fim (m) de boca	bismak (m)	['bismak]

emagrecer (vi)	å være på diet	[ɔ 'værə pɔ di'et]
dieta (f)	diett (m)	[di'et]
vitamina (f)	vitamin (n)	[vita'min]
caloria (f)	kalori (m)	[kalʊ'ri]

vegetariano (m)	vegetarianer (m)	[vegetari'anər]
vegetariano (adj)	vegetarisk	[vege'tarisk]

gorduras (f pl)	fett (n)	['fɛt]
proteínas (f pl)	proteiner (n pl)	[prɔte'inər]
carboidratos (m pl)	kullhydrater (n pl)	['kʉlhyˌdratər]
fatia (~ de limão, etc.)	skive (m/f)	['ʂivə]
pedaço (~ de bolo)	stykke (n)	['stʏkə]
migalha (f), farelo (m)	smule (m)	['smʉlə]

52. Por a mesa

colher (f)	skje (m)	['ʂe]
faca (f)	kniv (m)	['kniv]
garfo (m)	gaffel (m)	['gafəl]
xícara (f)	kopp (m)	['kɔp]
prato (m)	tallerken (m)	[taˈlærkən]
pires (m)	tefat (n)	['teˌfat]
guardanapo (m)	serviett (m)	[sɛrviˈɛt]
palito (m)	tannpirker (m)	['tanˌpirkər]

53. Restaurante

restaurante (m)	restaurant (m)	[rɛstʊˈran]
cafeteria (f)	kafé, kaffebar (m)	[kaˈfe], ['kafəˌbar]
bar (m), cervejaria (f)	bar (m)	['bar]
salão (m) de chá	tesalong (m)	['tesaˌlɔŋ]
garçom (m)	servitør (m)	['særviˈtør]
garçonete (f)	servitrise (m/f)	[særviˈtrisə]
barman (m)	bartender (m)	['baːˌtɛndər]
cardápio (m)	meny (m)	[meˈny]
lista (f) de vinhos	vinkart (n)	['vinˌkaːt]
reservar uma mesa	å reservere bord	[ɔ rɛsɛrˈverə 'bʊr]
prato (m)	rett (m)	['rɛt]
pedir (vt)	å bestille	[ɔ beˈstilə]
fazer o pedido	å bestille	[ɔ beˈstilə]
aperitivo (m)	aperitiff (m)	[aperiˈtif]
entrada (f)	forrett (m)	['fɔrɛt]
sobremesa (f)	dessert (m)	[deˈsɛːr]
conta (f)	regning (m/f)	['rɛjniŋ]
pagar a conta	å betale regningen	[ɔ beˈtalə 'rɛjniŋən]
dar o troco	å gi tilbake veksel	[ɔ ji tilˈbakə 'vɛksəl]
gorjeta (f)	driks (m)	['driks]

Família, parentes e amigos

54. Informação pessoal. Formulários

nome (m)	navn (n)	['navn]
sobrenome (m)	etternavn (n)	['ɛtə,navn]
data (f) de nascimento	fødselsdato (m)	['føtsəls,datʊ]
local (m) de nascimento	fødested (n)	['fødə,sted]
nacionalidade (f)	nasjonalitet (m)	[naʂʊnali'tet]
lugar (m) de residência	bosted (n)	['bʊ,sted]
país (m)	land (n)	['lan]
profissão (f)	yrke (n), profesjon (m)	['yrkə], [prʊfe'ʂʊn]
sexo (m)	kjønn (n)	['çœn]
estatura (f)	høyde (m)	['højdə]
peso (m)	vekt (m)	['vɛkt]

55. Membros da família. Parentes

mãe (f)	mor (m/f)	['mʊr]
pai (m)	far (m)	['far]
filho (m)	sønn (m)	['sœn]
filha (f)	datter (m/f)	['datər]
caçula (f)	yngste datter (m/f)	['yŋstə 'datər]
caçula (m)	yngste sønn (m)	['yŋstə 'sœn]
filha (f) mais velha	eldste datter (m/f)	['ɛlstə 'datər]
filho (m) mais velho	eldste sønn (m)	['ɛlstə 'sœn]
irmão (m)	bror (m)	['brʊr]
irmão (m) mais velho	eldre bror (m)	['ɛldrə ,brʊr]
irmão (m) mais novo	lillebror (m)	['lilə,brʊr]
irmã (f)	søster (m/f)	['søstər]
irmã (f) mais velha	eldre søster (m/f)	['ɛldrə ,søstər]
irmã (f) mais nova	lillesøster (m/f)	['lilə,søstər]
primo (m)	fetter (m/f)	['fɛtər]
prima (f)	kusine (m)	[kʉ'sinə]
mamãe (f)	mamma (m)	['mama]
papai (m)	pappa (m)	['papa]
pais (pl)	foreldre (pl)	[for'ɛldrə]
criança (f)	barn (n)	['ba:n]
crianças (f pl)	barn (n pl)	['ba:n]
avó (f)	bestemor (m)	['bɛstə,mʊr]
avô (m)	bestefar (m)	['bɛstə,far]
neto (m)	barnebarn (n)	['ba:nə,ba:n]

neta (f)	barnebarn (n)	['bɑːŋəˌbɑːŋ]
netos (pl)	barnebarn (n pl)	['bɑːŋəˌbɑːŋ]

tio (m)	onkel (m)	['ʊnkəl]
tia (f)	tante (m/f)	['tɑntə]
sobrinho (m)	nevø (m)	[ne'vø]
sobrinha (f)	niese (m/f)	[ni'esə]

sogra (f)	svigermor (m/f)	['svigərˌmʊr]
sogro (m)	svigerfar (m)	['svigərˌfɑr]
genro (m)	svigersønn (m)	['svigərˌsœn]
madrasta (f)	stemor (m/f)	['steˌmʊr]
padrasto (m)	stefar (m)	['steˌfɑr]

criança (f) de colo	brystbarn (n)	['brʏstˌbɑːŋ]
bebê (m)	spedbarn (n)	['speˌbɑːŋ]
menino (m)	lite barn (n)	['litə 'bɑːŋ]

mulher (f)	kone (m/f)	['kʊnə]
marido (m)	mann (m)	['mɑn]
esposo (m)	ektemann (m)	['ɛktəˌmɑn]
esposa (f)	hustru (m)	['hʉstrʉ]

casado (adj)	gift	['jift]
casada (adj)	gift	['jift]
solteiro (adj)	ugift	[ʉ'jift]
solteirão (m)	ungkar (m)	['ʉŋˌkar]
divorciado (adj)	fraskilt	['fraˌʂilt]
viúva (f)	enke (m)	['ɛnkə]
viúvo (m)	enkemann (m)	['ɛnkəˌmɑn]

parente (m)	slektning (m)	['ʂlektniŋ]
parente (m) próximo	nær slektning (m)	['nær 'slektniŋ]
parente (m) distante	fjern slektning (m)	['fjæːŋ 'slektniŋ]
parentes (m pl)	slektninger (m pl)	['ʂlektniŋər]

órfão (m), órfã (f)	foreldreløst barn (n)	[fɔr'ɛldrələst ˌbɑːŋ]
tutor (m)	formynder (m)	['fɔrˌmʏnər]
adotar (um filho)	å adoptere	[ɔ adɔp'terə]
adotar (uma filha)	å adoptere	[ɔ adɔp'terə]

56. Amigos. Colegas de trabalho

amigo (m)	venn (m)	['vɛn]
amiga (f)	venninne (m/f)	[vɛ'ninə]
amizade (f)	vennskap (n)	['vɛnˌskap]
ser amigos	å være venner	[ɔ 'værə 'vɛnər]

amigo (m)	venn (m)	['vɛn]
amiga (f)	venninne (m/f)	[vɛ'ninə]
parceiro (m)	partner (m)	['pɑːʈnər]

chefe (m)	sjef (m)	['ʂɛf]
superior (m)	overordnet (m)	['ɔvərˌɔrdnet]

proprietário (m)	eier (m)	['æjər]
subordinado (m)	underordnet (m)	['ʉnərˌɔrdnet]
colega (m, f)	kollega (m)	[kʊ'lega]

conhecido (m)	bekjent (m)	[be'çɛnt]
companheiro (m) de viagem	medpassasjer (m)	['meˌpasa'sɛr]
colega (m) de classe	klassekamerat (m)	['klaseˌkamə'raːt]

vizinho (m)	nabo (m)	['nabʊ]
vizinha (f)	nabo (m)	['nabʊ]
vizinhos (pl)	naboer (m pl)	['nabʊər]

57. Homem. Mulher

mulher (f)	kvinne (m/f)	['kvinə]
menina (f)	jente (m/f)	['jɛntə]
noiva (f)	brud (m/f)	['brʉd]

bonita, bela (adj)	vakker	['vakər]
alta (adj)	høy	['høj]
esbelta (adj)	slank	['şlank]
baixa (adj)	liten av vekst	['litən ɑː 'vɛkst]

| loira (f) | blondine (m) | [blɔn'dinə] |
| morena (f) | brunette (m) | [brʉ'nɛtə] |

de senhora	dame-	['damə-]
virgem (f)	jomfru (m/f)	['ʉmfrʉ]
grávida (adj)	gravid	[gra'vid]

homem (m)	mann (m)	['man]
loiro (m)	blond mann (m)	['blɔn ˌman]
moreno (m)	mørkhåret mann (m)	['mœrkˌhoːret man]
alto (adj)	høy	['høj]
baixo (adj)	liten av vekst	['litən ɑː 'vɛkst]

rude (adj)	grov	['grɔv]
atarracado (adj)	undersetsig	['ʉnəˌşɛtsi]
robusto (adj)	robust	[rʊ'bʉst]
forte (adj)	sterk	['stærk]
força (f)	kraft, styrke (m)	['kraft], ['styrkə]

gordo (adj)	tykk	['tʏk]
moreno (adj)	mørkhudet	['mœrkˌhʉdət]
esbelto (adj)	slank	['şlank]
elegante (adj)	elegant	[ɛle'gant]

58. Idade

idade (f)	alder (m)	['aldər]
juventude (f)	ungdom (m)	['ʉŋˌdɔm]
jovem (adj)	ung	['ʉŋ]

mais novo (adj)	yngre	['ʏŋrə]
mais velho (adj)	eldre	['ɛldrə]

jovem (m)	unge mann (m)	['ʉŋə ˌman]
adolescente (m)	tenåring (m)	['tɛnoːriŋ]
rapaz (m)	kar (m)	['kar]

velho (m)	gammel mann (m)	['gaməl ˌman]
velha (f)	gammel kvinne (m/f)	['gaməl ˌkvinə]

adulto	voksen	['vɔksən]
de meia-idade	middelaldrende	['midəlˌaldrɛnə]
idoso, de idade (adj)	eldre	['ɛldrə]
velho (adj)	gammel	['gaməl]

aposentadoria (f)	pensjon (m)	[pan'ʂʊn]
aposentar-se (vr)	å gå av med pensjon	[ɔ 'gɔ a: me pan'ʂʊn]
aposentado (m)	pensjonist (m)	[panʂʊ'nist]

59. Crianças

criança (f)	barn (n)	['baːŋ]
crianças (f pl)	barn (n pl)	['baːŋ]
gêmeos (m pl), gêmeas (f pl)	tvillinger (m pl)	['tviliŋər]

berço (m)	vogge (m/f)	['vɔgə]
chocalho (m)	rangle (m/f)	['raŋlə]
fralda (f)	bleie (m/f)	['blæjə]

chupeta (f), bico (m)	smokk (m)	['smʊk]
carrinho (m) de bebê	barnevogn (m/f)	['baːŋəˌvɔŋn]
jardim (m) de infância	barnehage (m)	['baːŋəˌhagə]
babysitter, babá (f)	babysitter (m)	['bɛbyˌsitər]

infância (f)	barndom (m)	['baːn̩ˌdɔm]
boneca (f)	dukke (m/f)	['dʉkə]
brinquedo (m)	leketøy (n)	['lekəˌtøj]
jogo (m) de montar	byggesett (n)	['bʏgəˌsɛt]

bem-educado (adj)	veloppdragen	['velˌɔp'dragən]
malcriado (adj)	uoppdragen	[ʉop'dragən]
mimado (adj)	bortskjemt	['bʊːtʂɛmt]

ser travesso	å være stygg	[ɔ 'værə 'stʏg]
travesso, traquinas (adj)	skøyeraktig	['skøjəˌrakti]
travessura (f)	skøyeraktighet (m)	['skøjəˌraktihet]
criança (f) travessa	skøyer (m)	['skøjər]

obediente (adj)	lydig	['lydi]
desobediente (adj)	ulydig	[ʉ'lydi]

dócil (adj)	føyelig	['føjli]
inteligente (adj)	klok	['klʊk]
prodígio (m)	vidunderbarn (n)	['vidˌʉndərˌbaːŋ]

60. Casais. Vida de família

beijar (vt)	å kysse	[ɔ 'çysə]
beijar-se (vr)	å kysse hverandre	[ɔ 'çysə ˌverandrə]
família (f)	familie (m)	[fɑ'miliə]
familiar (vida ~)	familie-	[fɑ'miliə-]
casal (m)	par (n)	['par]
matrimônio (m)	ekteskap (n)	['ɛktəˌskap]
lar (m)	hjemmets arne (m)	['jɛmets 'aːŋə]
dinastia (f)	dynasti (n)	[dinɑs'ti]
encontro (m)	stevnemøte (n)	['stɛvnəˌmøtə]
beijo (m)	kyss (n)	['çys]
amor (m)	kjærlighet (m)	['çæːɭiˌhet]
amar (pessoa)	å elske	[ɔ 'ɛlskə]
amado, querido (adj)	elskling	['ɛlskliŋ]
ternura (f)	ømhet (m)	['ømˌhet]
afetuoso (adj)	øm	['øm]
fidelidade (f)	troskap (m)	['trʊˌskap]
fiel (adj)	trofast	['trʊfast]
cuidado (m)	omsorg (m)	['ɔmˌsɔrg]
carinhoso (adj)	omsorgsfull	['ɔmˌsɔrgsfʉl]
recém-casados (pl)	nygifte (n)	['nyˌjiftə]
lua (f) de mel	hvetebrødsdager (m pl)	['vetɛbrøsˌdagər]
casar-se (com um homem)	å gifte seg	[ɔ 'jiftə sæj]
casar-se (com uma mulher)	å gifte seg	[ɔ 'jiftə sæj]
casamento (m)	bryllup (n)	['brylʉp]
bodas (f pl) de ouro	gullbryllup (n)	['gʉlˌbrylʉp]
aniversário (m)	årsdag (m)	['oːʂˌda]
amante (m)	elsker (m)	['ɛlskər]
amante (f)	elskerinne (m/f)	['ɛlskəˌrinə]
adultério (m), traição (f)	utroskap (m)	['ʉˌtroskap]
cometer adultério	å være utro	[ɔ 'væːrə 'ʉˌtrʊ]
ciumento (adj)	sjalu	[ʂɑ'lʉː]
ser ciumento, -a	å være sjalu	[ɔ 'væːrə ʂɑ'lʉː]
divórcio (m)	skilsmisse (m)	['ʂilsˌmisə]
divorciar-se (vr)	å skille seg	[ɔ 'ʂilə sæj]
brigar (discutir)	å krangle	[ɔ 'kraŋlə]
fazer as pazes	å forsone seg	[ɔ fo'ʂʉnə sæj]
juntos (ir ~)	sammen	['samən]
sexo (m)	sex (m)	['sɛks]
felicidade (f)	lykke (m/f)	['lykə]
feliz (adj)	lykkelig	['lykəli]
infelicidade (f)	ulykke (m/f)	['ʉˌlykə]
infeliz (adj)	ulykkelig	['ʉˌlykəli]

Caráter. Sentimentos. Emoções

61. Sentimentos. Emoções

sentimento (m)	følelse (m)	['føləlsə]
sentimentos (m pl)	følelser (m pl)	['føləlsər]
sentir (vt)	å kjenne	[ɔ 'çɛnə]
fome (f)	sult (m)	['sʉlt]
ter fome	å være sulten	[ɔ 'værə 'sʉltən]
sede (f)	tørst (m)	['tœʂt]
ter sede	å være tørst	[ɔ 'værə 'tœʂt]
sonolência (f)	søvnighet (m)	['sœvni‚het]
estar sonolento	å være søvnig	[ɔ 'værə 'sœvni]
cansaço (m)	tretthet (m)	['trɛt‚het]
cansado (adj)	trett	['trɛt]
ficar cansado	å bli trett	[ɔ 'bli 'trɛt]
humor (m)	humør (n)	[hʉ'mør]
tédio (m)	kjedsomhet (m/f)	['çɛdsɔm‚het]
entediar-se (vr)	å kjede seg	[ɔ 'çedə sæj]
reclusão (isolamento)	avsondrethet (m/f)	['afsɔndrɛt‚het]
isolar-se (vr)	å isolere seg	[ɔ isʉ'lerə sæj]
preocupar (vt)	å bekymre, å uroe	[ɔ be'çymrə], [ɔ 'ʉːrʊə]
estar preocupado	å bekymre seg	[ɔ be'çymrə sæj]
preocupação (f)	bekymring (m/f)	[be'çymriŋ]
ansiedade (f)	uro (m/f)	['ʉrʊ]
preocupado (adj)	bekymret	[be'çymrət]
estar nervoso	å være nervøs	[ɔ 'værə nær'vøs]
entrar em pânico	å få panikk	[ɔ 'fɔ pa'nik]
esperança (f)	håp (n)	['hɔp]
esperar (vt)	å håpe	[ɔ 'hoːpə]
certeza (f)	sikkerhet (m/f)	['sikər‚het]
certo, seguro de ...	sikker	['sikər]
indecisão (f)	usikkerhet (m)	['ʉsikər‚het]
indeciso (adj)	usikker	['ʉ‚sikər]
bêbado (adj)	beruset, full	[be'rʉsət], ['fʉl]
sóbrio (adj)	edru	['ɛdrʉ]
fraco (adj)	svak	['svɑk]
feliz (adj)	lykkelig	['lʏkəli]
assustar (vt)	å skremme	[ɔ 'skrɛmə]
fúria (f)	raseri (n)	[rɑsɛ'ri]
ira, raiva (f)	raseri (n)	[rɑsɛ'ri]
depressão (f)	depresjon (m)	[dɛpre'ʂʉn]
desconforto (m)	ubehag (n)	['ʉbe‚hɑg]

conforto (m)	komfort (m)	[kʊm'fɔːr]
arrepender-se (vr)	å beklage	[ɔ be'klɑgə]
arrependimento (m)	beklagelse (m)	[be'klɑgəlsə]
azar (m), má sorte (f)	uhell (n)	['ʉˌhɛl]
tristeza (f)	sorg (m/f)	['sɔr]

vergonha (f)	skam (m/f)	['skɑm]
alegria (f)	glede (m/f)	['glede]
entusiasmo (m)	entusiasme (m)	[ɛntʉsi'ɑsmə]
entusiasta (m)	entusiast (m)	[ɛntʉsi'ɑst]
mostrar entusiasmo	å vise entusiasme	[ɔ 'visə ɛntʉsi'ɑsmə]

62. Caráter. Personalidade

caráter (m)	karakter (m)	[kɑrɑk'ter]
falha (f) de caráter	karakterbrist (m/f)	[kɑrɑk'terˌbrist]
mente (f)	sinn (n)	['sin]
razão (f)	forstand (m)	[fo'ʂtɑn]

consciência (f)	samvittighet (m)	[sɑm'vitiˌhet]
hábito, costume (m)	vane (m)	['vɑnə]
habilidade (f)	evne (m/f)	['ɛvnə]
saber (~ nadar, etc.)	å kunne	[ɔ 'kʉnə]

paciente (adj)	tålmodig	[tɔl'mʊdi]
impaciente (adj)	utålmodig	['ʉtɔlˌmʊdi]
curioso (adj)	nysgjerrig	['nyˌʂæri]
curiosidade (f)	nysgjerrighet (m)	['nyˌʂæriˌhet]

modéstia (f)	beskjedenhet (m)	[be'ʂedenˌhet]
modesto (adj)	beskjeden	[be'ʂedən]
imodesto (adj)	ubeskjeden	['ʉbeˌʂedən]

preguiça (f)	lathet (m)	['lɑtˌhet]
preguiçoso (adj)	doven	['dʊvən]
preguiçoso (m)	dovendyr (n)	['dʊvənˌdyr]

astúcia (f)	list (m/f)	['list]
astuto (adj)	listig	['listi]
desconfiança (f)	mistro (m/f)	['misˌtrɔ]
desconfiado (adj)	mistroende	['misˌtrʊenə]

generosidade (f)	gavmildhet (m)	['gɑvmilˌhet]
generoso (adj)	generøs	[ʂenə'røs]
talentoso (adj)	talentfull	[tɑ'lentˌfʉl]
talento (m)	talent (n)	[tɑ'lent]

corajoso (adj)	modig	['mʊdi]
coragem (f)	mot (n)	['mʊt]
honesto (adj)	ærlig	['æːli]
honestidade (f)	ærlighet (m)	['æːliˌhet]

prudente, cuidadoso (adj)	forsiktig	[fo'ʂikti]
valoroso (adj)	modig	['mʊdi]

sério (adj)	alvorlig	[al'vɔːｌi]
severo (adj)	streng	['strɛŋ]

decidido (adj)	besluttsom	[be'sｌʉt,sɔm]
indeciso (adj)	ubesluttsom	[ʉbe'sｌʉt,sɔm]
tímido (adj)	forsagt	['fɔ,sakt]
timidez (f)	forsagthet (m)	['fɔsakt,het]

confiança (f)	tillit (m)	['tilit]
confiar (vt)	å tro	[ɔ 'trʉ]
crédulo (adj)	tillitsfull	['tilits,fʉl]

sinceramente	oppriktig	[ɔp'rikti]
sincero (adj)	oppriktig	[ɔp'rikti]
sinceridade (f)	oppriktighet (m)	[ɔp'rikti,het]
aberto (adj)	åpen	['ɔpən]

calmo (adj)	stille	['stilə]
franco (adj)	oppriktig	[ɔp'rikti]
ingênuo (adj)	naiv	[na'iv]
distraído (adj)	forstrødd	['fʉ,strød]
engraçado (adj)	morsom	['mʉsɔm]

ganância (f)	grådighet (m)	['groːdi,het]
ganancioso (adj)	grådig	['groːdi]
avarento, sovina (adj)	gjerrig	['jæri]
mal (adj)	ond	['ʊn]
teimoso (adj)	hårdnakket	['hɔːr,nakət]
desagradável (adj)	ubehagelig	[ʉbe'hageli]

egoísta (m)	egoist (m)	[ɛgʉ'ist]
egoísta (adj)	egoistisk	[ɛgʉ'istisk]
covarde (m)	feiging (m)	['fæjgiŋ]
covarde (adj)	feig	['fæjg]

63. O sono. Sonhos

dormir (vi)	å sove	[ɔ 'sɔvə]
sono (m)	søvn (m)	['sœvn]
sonho (m)	drøm (m)	['drøm]
sonhar (ver sonhos)	å drømme	[ɔ 'drœmə]
sonolento (adj)	søvnig	['sœvni]

cama (f)	seng (m/f)	['sɛŋ]
colchão (m)	madrass (m)	[ma'dras]
cobertor (m)	dyne (m/f)	['dynə]
travesseiro (m)	pute (m/f)	['pʉtə]
lençol (m)	laken (n)	['lakən]

insônia (f)	søvnløshet (m)	['sœvnløs,het]
sem sono (adj)	søvnløs	['sœvn,løs]
sonífero (m)	sovetablett (n)	['sɔve,tab'let]
tomar um sonífero	å ta en sovetablett	[ɔ 'ta en 'sɔve,tab'let]
estar sonolento	å være søvnig	[ɔ 'værə 'sœvni]

bocejar (vi)	å gjespe	[ɔ 'jɛspə]
ir para a cama	å gå til sengs	[ɔ 'gɔ til 'sɛŋs]
fazer a cama	å re opp sengen	[ɔ 're ɔp 'sɛŋən]
adormecer (vi)	å falle i søvn	[ɔ 'falə i 'sœvn]

pesadelo (m)	mareritt (n)	['marə,rit]
ronco (m)	snork (m)	['snɔrk]
roncar (vi)	å snorke	[ɔ 'snɔrkə]

despertador (m)	vekkerklokka (m/f)	['vɛkər,klɔka]
acordar, despertar (vt)	å vekke	[ɔ 'vɛkə]
acordar (vi)	å våkne	[ɔ 'vɔknə]
levantar-se (vr)	å stå opp	[ɔ 'stɔ: ɔp]
lavar-se (vr)	å vaske seg	[ɔ 'vaskə sæj]

64. Humor. Riso. Alegria

humor (m)	humor (m/n)	['hʉmʊr]
senso (m) de humor	sans (m) for humor	['sans fɔr 'hʉmʊr]
divertir-se (vr)	å more seg	[ɔ 'mʊrə sæj]
alegre (adj)	glad, munter	['gla], ['mʉntər]
diversão (f)	munterhet (m)	['mʉntər,het]

sorriso (m)	smil (m/n)	['smil]
sorrir (vi)	å smile	[ɔ 'smilə]
começar a rir	å begynne å skratte	[ɔ be'jinə ɔ 'skratə]
rir (vi)	å le, å skratte	[ɔ 'le], [ɔ 'skratə]
riso (m)	latter (m), skratt (m/n)	['latər], ['skrat]

anedota (f)	anekdote (m)	[anek'dɔtə]
engraçado (adj)	morsom	['mʊʂɔm]
ridículo, cômico (adj)	morsom	['mʊʂɔm]

brincar (vi)	å spøke	[ɔ 'spøkə]
piada (f)	skjemt, spøk (m)	['ʂɛmt], ['spøk]
alegria (f)	glede (m/f)	['gledə]
regozijar-se (vr)	å glede seg	[ɔ 'gledə sæj]
alegre (adj)	glad	['gla]

65. Discussão, conversação. Parte 1

| comunicação (f) | kommunikasjon (m) | [kʊmʉnika'ʂʊn] |
| comunicar-se (vr) | å kommunisere | [ɔ kʊmʉni'serə] |

conversa (f)	samtale (m)	['sam,talə]
diálogo (m)	dialog (m)	[dia'lɔg]
discussão (f)	diskusjon (m)	[diskʉ'ʂʊn]
debate (m)	debatt (m)	[de'bat]
debater (vt)	å diskutere	[ɔ diskʉ'terə]

| interlocutor (m) | samtalepartner (m) | ['sam,talə 'pa:[nər] |
| tema (m) | emne (n) | ['ɛmnə] |

ponto (m) de vista	synspunkt (n)	['sʏns̟ˌpʉnt]
opinião (f)	mening (m/f)	['meniŋ]
discurso (m)	tale (m)	['talə]

discussão (f)	diskusjon (m)	[diskʉ's̟ʉn]
discutir (vt)	å drøfte, å diskutere	[ɔ 'drœftə], [ɔ diskʉ'terə]
conversa (f)	samtale (m)	['samˌtalə]
conversar (vi)	å snakke, å samtale	[ɔ 'snakə], [ɔ 'samˌtalə]
reunião (f)	møte (n)	['møtə]
encontrar-se (vr)	å møtes	[ɔ 'møtəs]

provérbio (m)	ordspråk (n)	['uːrˌsprɔk]
ditado, provérbio (m)	ordstev (n)	['uːrˌstev]
adivinha (f)	gåte (m)	['goːtə]
dizer uma adivinha	å utgjøre en gåte	[ɔ ʉt'jørə en 'goːtə]
senha (f)	passord (n)	['pasˌuːr]
segredo (m)	hemmelighet (m/f)	['hɛməliˌhet]

juramento (m)	ed (m)	['ɛd]
jurar (vi)	å sverge	[ɔ 'sværgə]
promessa (f)	løfte (n), loven (m)	['lœftə], ['lɔvən]
prometer (vt)	å love	[ɔ 'lovə]

conselho (m)	råd (n)	['rɔd]
aconselhar (vt)	å råde	[ɔ 'roːdə]
seguir o conselho	å følge råd	[ɔ 'følə 'roːd]
escutar (~ os conselhos)	å adlyde	[ɔ 'adˌlydə]

novidade, notícia (f)	nyhet (m)	['nyhet]
sensação (f)	sensasjon (m)	[sɛnsa'ʂʉn]
informação (f)	opplysninger (m/f pl)	['ɔpˌlʏsniŋər]
conclusão (f)	slutning (m)	['ʂlʉtniŋ]
voz (f)	røst (m/f), stemme (m)	['røst], ['stɛmə]
elogio (m)	kompliment (m)	[kʉmpli'man]
amável, querido (adj)	elskverdig	[ɛlsk'værdi]

palavra (f)	ord (n)	['uːr]
frase (f)	frase (m)	['frasə]
resposta (f)	svar (n)	['svar]
verdade (f)	sannhet (m)	['sanˌhet]
mentira (f)	løgn (m/f)	['løjn]

pensamento (m)	tanke (m)	['tankə]
ideia (f)	ide (m)	[i'de]
fantasia (f)	fantasi (m)	[fanta'si]

66. Discussão, conversação. Parte 2

estimado, respeitado (adj)	respektert	[rɛspɛk'tɛːt]
respeitar (vt)	å respektere	[ɔ rɛspɛk'terə]
respeito (m)	respekt (m)	[rɛ'spɛkt]
Estimado ..., Caro ...	Kjære ...	['çærə ...]
apresentar (alguém a alguém)	å introdusere	[ɔ introdʉ'serə]

conhecer (vt)	å stifte bekjentskap med ...	[ɔ 'stiftə be'çɛnˌskap me ...]
intenção (f)	hensikt (m)	['hɛnˌsikt]
tencionar (~ fazer algo)	å ha til hensikt	[ɔ 'ha til 'hɛnˌsikt]
desejo (de boa sorte)	ønske (n)	['ønskə]
desejar (ex. ~ boa sorte)	å ønske	[ɔ 'ønskə]

surpresa (f)	overraskelse (m/f)	['ɔvəˌraskəlsə]
surpreender (vt)	å forundre	[ɔ fo'rʉndrə]
surpreender-se (vr)	å bli forundret	[ɔ 'bli fo'rʉndrət]

dar (vt)	å gi	[ɔ 'ji]
pegar (tomar)	å ta	[ɔ 'ta]
devolver (vt)	å gi tilbake	[ɔ 'ji til'bakə]
retornar (vt)	å returnere	[ɔ retʉr'nerə]

desculpar-se (vr)	å unnskylde seg	[ɔ 'ʉnˌsylə sæj]
desculpa (f)	unnskyldning (m/f)	['ʉnˌsyldniŋ]
perdoar (vt)	å tilgi	[ɔ 'tilˌji]

falar (vi)	å tale	[ɔ 'talə]
escutar (vt)	å lye, å lytte	[ɔ 'lyə], [ɔ 'lʏtə]
ouvir até o fim	å høre på	[ɔ 'hørə pɔ]
entender (compreender)	å forstå	[ɔ fo'ʂtɔ]

mostrar (vt)	å vise	[ɔ 'visə]
olhar para ...	å se på ...	[ɔ 'se pɔ ...]
chamar (alguém para ...)	å kalle	[ɔ 'kalə]
perturbar, distrair (vt)	å distrahere	[ɔ distra'erə]
perturbar (vt)	å forstyrre	[ɔ fo'ʂtʏrə]
entregar (~ em mãos)	å rekke	[ɔ 'rɛkə]

pedido (m)	begjæring (m/f)	[be'jæriŋ]
pedir (ex. ~ ajuda)	å be, å bede	[ɔ 'be], [ɔ 'bedə]
exigência (f)	krav (n)	['krav]
exigir (vt)	å kreve	[ɔ 'krevə]

insultar (chamar nomes)	å erte	[ɔ 'ɛːʈə]
zombar (vt)	å håne	[ɔ 'hoːnə]
zombaria (f)	hån (m)	['hɔn]
alcunha (f), apelido (m)	kallenavn, tilnavn (n)	['kaləˌnavn], ['tilˌnavn]

insinuação (f)	insinuasjon (m)	[insinʉa'ʂʉn]
insinuar (vt)	å insinuere	[ɔ insinʉ'erə]
querer dizer	å bety	[ɔ 'bety]

descrição (f)	beskrivelse (m)	[be'skrivəlsə]
descrever (vt)	å beskrive	[ɔ be'skrivə]
elogio (m)	ros (m)	['rʊs]
elogiar (vt)	å rose, å berømme	[ɔ 'rʊsə], [ɔ be'rœmə]

desapontamento (m)	skuffelse (m)	['skʉfəlsə]
desapontar (vt)	å skuffe	[ɔ 'skʉfə]
desapontar-se (vr)	å bli skuffet	[ɔ 'bli 'skʉfət]

| suposição (f) | antagelse (m) | [an'tagəlsə] |
| supor (vt) | å anta, å formode | [ɔ 'anˌta], [ɔ for'mʊdə] |

| advertência (f) | advarsel (m) | ['ɑd‚vɑʂəl] |
| advertir (vt) | å advare | [ɔ 'ɑd‚vɑrə] |

67. Discussão, conversação. Parte 3

| convencer (vt) | å overtale | [ɔ 'ɔvə‚tɑlə] |
| acalmar (vt) | å berolige | [ɔ be'rʊliə] |

silêncio (o ~ é de ouro)	taushet (m)	['tɑʊs‚het]
ficar em silêncio	å tie	[ɔ 'tie]
sussurrar (vt)	å hviske	[ɔ 'viskə]
sussurro (m)	hvisking (m/f)	['viskiŋ]

| francamente | oppriktig | [ɔp'rikti] |
| na minha opinião ... | etter min mening ... | ['ɛtər min 'meniŋ ...] |

detalhe (~ da história)	detalj (m)	[de'tɑlj]
detalhado (adj)	detaljert	[detɑ'ljɛːt]
detalhadamente	i detaljer	[i de'tɑljer]

| dica (f) | vink (n) | ['vink] |
| dar uma dica | å gi et vink | [ɔ 'ji et 'vink] |

olhar (m)	blikk (n)	['blik]
dar uma olhada	å kaste et blikk	[ɔ 'kɑstə et 'blik]
fixo (olhada ~a)	stiv	['stiv]
piscar (vi)	å blinke	[ɔ 'blinkə]
piscar (vt)	å blinke	[ɔ 'blinkə]
acenar com a cabeça	å nikke	[ɔ 'nikə]

suspiro (m)	sukk (n)	['sʉk]
suspirar (vi)	å sukke	[ɔ 'sʉkə]
estremecer (vi)	å gyse	[ɔ 'jisə]
gesto (m)	gest (m)	['gɛst]
tocar (com as mãos)	å røre	[ɔ 'rørə]
agarrar (~ pelo braço)	å gripe	[ɔ 'gripə]
bater de leve	å klappe	[ɔ 'klɑpə]

Cuidado!	Pass på!	['pɑs 'pɔ]
Sério?	Virkelig?	['virkəli]
Tem certeza?	Er du sikker?	[ɛr dʉ 'sikər]
Boa sorte!	Lykke til!	['lʏkə til]
Entendi!	Jeg forstår!	['jæ fɔ'ʂtoːr]
Que pena!	Det var synd!	[de vɑr 'sʏn]

68. Acordo. Recusa

consentimento (~ mútuo)	samtykke (n)	['sɑm‚tʏkə]
consentir (vi)	å samtykke	[ɔ 'sɑm‚tʏkə]
aprovação (f)	godkjennelse (m)	['gʊ‚çɛnəlsə]
aprovar (vt)	å godkjenne	[ɔ 'gʊ‚çɛnə]
recusa (f)	avslag (n)	['ɑf‚slɑg]

negar-se a ...	å vegre seg	[ɔ 'vɛgrə sæj]
Ótimo!	Det er fint!	['de ær 'fint]
Tudo bem!	Godt!	['gɔt]
Está bem! De acordo!	OK! Enig!	[ɔ'kɛj], ['ɛni]

proibido (adj)	forbudt	[fɔr'bʉt]
é proibido	det er forbudt	[de ær fɔr'bʉt]
é impossível	det er umulig	[de ær ʉ'mʉli]
incorreto (adj)	uriktig, ikke riktig	['ʉˌrikti], ['ikə ˌrikti]

rejeitar (~ um pedido)	å avslå	[ɔ 'afˌslɔ]
apoiar (vt)	å støtte	[ɔ 'stœtə]
aceitar (desculpas, etc.)	å akseptere	[ɔ aksɛp'terə]

confirmar (vt)	å bekrefte	[ɔ be'krɛftə]
confirmação (f)	bekreftelse (m)	[be'krɛftəlsə]
permissão (f)	tillatelse (m)	['tiˌlatəlsə]
permitir (vt)	å tillate	[ɔ 'tiˌlatə]
decisão (f)	beslutning (m)	[be'ʂlʉtniŋ]
não dizer nada	å tie	[ɔ 'tie]

condição (com uma ~)	betingelse (m)	[be'tiŋəlsə]
pretexto (m)	foregivende (n)	['fɔrəjivnə]
elogio (m)	ros (m)	['rʊs]
elogiar (vt)	å rose, å berømme	[ɔ 'rʊsə], [ɔ be'rœmə]

69. Sucesso. Boa sorte. Insucesso

êxito, sucesso (m)	suksess (m)	[sʉk'sɛ]
com êxito	med suksess	[me sʉk'sɛ]
bem sucedido (adj)	vellykket	['velˌlʏkət]

sorte (fortuna)	hell (n), lykke (m/f)	['hɛl], ['lʏkə]
Boa sorte!	Lykke til!	['lʏkə til]
de sorte	heldig, lykkelig	['hɛldi], ['lʏkəli]
sortudo, felizardo (adj)	heldig	['hɛldi]

fracasso (m)	mislykkelse, fiasko (m)	['misˌlʏkəlsə], [fi'askʊ]
pouca sorte (f)	uhell (n), utur (m)	['ʉˌhɛl], ['ʉˌtʉr]
azar (m), má sorte (f)	uhell (n)	['ʉˌhɛl]

mal sucedido (adj)	mislykket	['misˌlʏkət]
catástrofe (f)	katastrofe (m)	[kata'strɔfə]

orgulho (m)	stolthet (m)	['stɔltˌhet]
orgulhoso (adj)	stolt	['stɔlt]
estar orgulhoso, -a	å være stolt	[ɔ 'værə 'stɔlt]

vencedor (m)	seierherre (m)	['sæjərˌhɛrə]
vencer (vi, vt)	å seire, å vinne	[ɔ 'sæjrə], [ɔ 'vinə]
perder (vt)	å tape	[ɔ 'tapə]
tentativa (f)	forsøk (n)	['fɔ'søk]
tentar (vt)	å prøve, å forsøke	[ɔ 'prøvə], [ɔ fɔ'søkə]
chance (m)	sjanse (m)	['ʂansə]

70. Conflitos. Emoções negativas

grito (m)	skrik (n)	['skrik]
gritar (vi)	å skrike	[ɔ 'skrikə]
começar a gritar	å begynne å skrike	[ɔ be'jinə ɔ 'skrikə]
discussão (f)	krangel (m)	['kraŋəl]
brigar (discutir)	å krangle	[ɔ 'kraŋlə]
escândalo (m)	skandale (m)	[skan'dalə]
criar escândalo	å gjøre skandale	[ɔ 'jørə skan'dalə]
conflito (m)	konflikt (m)	[kʊn'flikt]
mal-entendido (m)	misforståelse (m)	[misfɔ'ʂtɔəlsə]
insulto (m)	fornærmelse (m)	[fɔ:'nærməlsə]
insultar (vt)	å fornærme	[ɔ fɔ:'nærmə]
insultado (adj)	fornærmet	[fɔ:'nærmət]
ofensa (f)	fornærmelse (m)	[fɔ:'nærməlsə]
ofender (vt)	å fornærme	[ɔ fɔ:'nærmə]
ofender-se (vr)	å bli fornærmet	[ɔ 'bli fɔ:'nærmət]
indignação (f)	forargelse (m)	[fɔ'rargəlsə]
indignar-se (vr)	å bli indignert	[ɔ 'bli indi'gnɛ:t]
queixa (f)	klage (m)	['klagə]
queixar-se (vr)	å klage	[ɔ 'klagə]
desculpa (f)	unnskyldning (m/f)	['ʉn,ʂyldniŋ]
desculpar-se (vr)	å unnskylde seg	[ɔ 'ʉn,ʂylə sæj]
pedir perdão	å be om forlatelse	[ɔ 'be ɔm fɔ:'lɑtəlsə]
crítica (f)	kritikk (m)	[kri'tik]
criticar (vt)	å kritisere	[ɔ kriti'serə]
acusação (f)	anklagelse (m)	['an,klagəlsə]
acusar (vt)	å anklage	[ɔ 'an,klagə]
vingança (f)	hevn (m)	['hɛvn]
vingar (vt)	å hevne	[ɔ 'hɛvnə]
vingar-se de	å hevne	[ɔ 'hɛvnə]
desprezo (m)	forakt (m)	[fɔ'rakt]
desprezar (vt)	å forakte	[ɔ fɔ'raktə]
ódio (m)	hat (n)	['hat]
odiar (vt)	å hate	[ɔ 'hatə]
nervoso (adj)	nervøs	[nær'vøs]
estar nervoso	å være nervøs	[ɔ 'værə nær'vøs]
zangado (adj)	vred, sint	['vred], ['sint]
zangar (vt)	å gjøre sint	[ɔ 'jørə ,sint]
humilhação (f)	ydmykelse (m)	['yd,mykəlsə]
humilhar (vt)	å ydmyke	[ɔ 'yd,mykə]
humilhar-se (vr)	å ydmyke seg	[ɔ 'yd,mykə sæj]
choque (m)	sjokk (n)	['ʂɔk]
chocar (vt)	å sjokkere	[ɔ ʂɔ'kerə]
aborrecimento (m)	knipe (m/f)	['knipə]

desagradável (adj)	ubehagelig	[ʉbe'hɑgeli]
medo (m)	redsel, frykt (m)	['rɛtsəl], ['frʏkt]
terrível (tempestade, etc.)	fryktelig	['frʏkteli]
assustador (ex. história ~a)	uhyggelig, skremmende	['ʉhʏgəli], ['skrɛmənə]
horror (m)	redsel (m)	['rɛtsəl]
horrível (crime, etc.)	forferdelig	[fɔr'færdəli]

começar a tremer	å begynne å ryste	[ɔ be'jinə ɔ 'rystə]
chorar (vi)	å gråte	[ɔ 'gro:tə]
começar a chorar	å begynne å gråte	[ɔ be'jinə ɔ 'gro:tə]
lágrima (f)	tåre (m/f)	['to:rə]

falta (f)	skyld (m/f)	['ʂyl]
culpa (f)	skyldfølelse (m)	['ʂyl‚føləlsə]
desonra (f)	skam, vanære (m/f)	['skɑm], ['vɑnærə]
protesto (m)	protest (m)	[prʉ'tɛst]
estresse (m)	stress (m/n)	['strɛs]

perturbar (vt)	å forstyrre	[ɔ fɔ'ʂtyrə]
zangar-se com ...	å være sint	[ɔ 'værə ‚sint]
zangado (irritado)	vred, sint	['vred], ['sint]
terminar (vt)	å avbryte	[ɔ 'ɑv‚brytə]
praguejar	å sverge	[ɔ 'sværgə]

assustar-se	å bli skremt	[ɔ 'bli 'skrɛmt]
golpear (vt)	å slå	[ɔ 'ʂlɔ]
brigar (na rua, etc.)	å slåss	[ɔ 'ʂlɔs]

resolver (o conflito)	å løse	[ɔ 'løsə]
descontente (adj)	misfornøyd, utilfreds	['mis‚fɔ:'ŋøjd], ['ʉtil‚frɛds]
furioso (adj)	rasende	['rɑsenə]

Não está bem!	Det er ikke bra!	[de ær ikə 'brɑ]
É ruim!	Det er dårlig!	[de ær 'do:‚li]

Medicina

71. Doenças

doença (f)	sykdom (m)	['sʏk̩dɔm]
estar doente	å være syk	[ɔ 'væːrə 'syk]
saúde (f)	helse (m/f)	['hɛlsə]
nariz (m) escorrendo	snue (m)	['snʉə]
amigdalite (f)	angina (m)	[an'gina]
resfriado (m)	forkjølelse (m)	[fɔr'çœləlsə]
ficar resfriado	å forkjøle seg	[ɔ fɔr'çœlə sæj]
bronquite (f)	bronkitt (m)	[brɔn'kit]
pneumonia (f)	lungebetennelse (m)	['lʉŋə be'tɛnəlsə]
gripe (f)	influensa (m)	[inflʉ'ɛnsa]
míope (adj)	nærsynt	['næ̩sʏnt]
presbita (adj)	langsynt	['laŋsʏnt]
estrabismo (m)	skjeløydhet (m)	['ʂɛløjd̩het]
estrábico, vesgo (adj)	skjeløyd	['ʂɛl̩øjd]
catarata (f)	grå stær, katarakt (m)	['grɔ ̩stær], [kata'rakt]
glaucoma (m)	glaukom (n)	[glaʉ'kɔm]
AVC (m), apoplexia (f)	hjerneslag (n)	['jæːŋ̩ə̩slag]
ataque (m) cardíaco	infarkt (n)	[in'farkt]
enfarte (m) do miocárdio	myokardieinfarkt (n)	['miɔ'kardiə in'farkt]
paralisia (f)	paralyse, lammelse (m)	['para'lysə], ['laməlsə]
paralisar (vt)	å lamme	[ɔ 'lamə]
alergia (f)	allergi (m)	[alæ:'gi]
asma (f)	astma (m)	['astma]
diabetes (f)	diabetes (m)	[dia'betəs]
dor (f) de dente	tannpine (m/f)	['tan̩pinə]
cárie (f)	karies (m)	['karies]
diarreia (f)	diaré (m)	[dia'rɛ]
prisão (f) de ventre	forstoppelse (m)	[fɔ'ʂtɔpəlsə]
desarranjo (m) intestinal	magebesvær (m)	['magə̩be'svær]
intoxicação (f) alimentar	matforgiftning (m/f)	['mat̩fɔr'jiftniŋ]
intoxicar-se	å få matforgiftning	[ɔ 'fɔ mat̩fɔr'jiftniŋ]
artrite (f)	artritt (m)	[aːʈ'rit]
raquitismo (m)	rakitt (m)	[ra'kit]
reumatismo (m)	revmatisme (m)	[revma'tismə]
arteriosclerose (f)	arteriosklerose (m)	[aː'ʈeriʉsklə̩rʉsə]
gastrite (f)	magekatarr, gastritt (m)	['magəka̩tar], [̩ga'strit]
apendicite (f)	appendisitt (m)	[apɛndi'sit]

colecistite (f)	galleblærebetennelse (m)	['galə‚blærə be'tɛnəlsə]
úlcera (f)	magesår (n)	['magə‚sor]
sarampo (m)	meslinger (m pl)	['mɛs‚liŋər]
rubéola (f)	røde hunder (m pl)	['rødə 'hʉnər]
icterícia (f)	gulsott (m/f)	['gʉl‚sʊt]
hepatite (f)	hepatitt (m)	[hepa'tit]
esquizofrenia (f)	schizofreni (m)	[ʂisʉfre'ni]
raiva (f)	rabies (m)	['rabiəs]
neurose (f)	nevrose (m)	[nev'rʉsə]
contusão (f) cerebral	hjernerystelse (m)	['jæ:ŋə‚rystəlsə]
câncer (m)	kreft, cancer (m)	['krɛft], ['kansər]
esclerose (f)	sklerose (m)	[skle'rʉsə]
esclerose (f) múltipla	multippel sklerose (m)	[mʉl'tipəl skle'rʉsə]
alcoolismo (m)	alkoholisme (m)	[alkʉhʉ'lismə]
alcoólico (m)	alkoholiker (m)	[alkʉ'hʉlikər]
sífilis (f)	syfilis (m)	['syfilis]
AIDS (f)	AIDS, aids (m)	['ɛjds]
tumor (m)	svulst, tumor (m)	['svʉlst], [tʉ'mʊr]
maligno (adj)	ondartet, malign	['ʊn‚a:[ət], [ma'lign]
benigno (adj)	godartet	['gʉ‚a:[ət]
febre (f)	feber (m)	['febər]
malária (f)	malaria (m)	[ma'laria]
gangrena (f)	koldbrann (m)	['kɔlbran]
enjoo (m)	sjøsyke (m)	['ʂø‚sykə]
epilepsia (f)	epilepsi (m)	[ɛpilep'si]
epidemia (f)	epidemi (m)	[ɛpide'mi]
tifo (m)	tyfus (m)	['tyfʉs]
tuberculose (f)	tuberkulose (m)	[tubærkʉ'lʉsə]
cólera (f)	kolera (m)	['kʉlera]
peste (f) bubônica	pest (m)	['pɛst]

72. Sintomas. Tratamentos. Parte 1

sintoma (m)	symptom (n)	[symp'tʊm]
temperatura (f)	temperatur (m)	[tɛmpəra'tʉr]
febre (f)	høy temperatur (m)	['høj tɛmpəra'tʉr]
pulso (m)	puls (m)	['pʉls]
vertigem (f)	svimmelhet (m)	['sviməl‚het]
quente (testa, etc.)	varm	['varm]
calafrio (m)	skjelving (m/f)	['ʂɛlviŋ]
pálido (adj)	blek	['blek]
tosse (f)	hoste (m)	['hʊstə]
tossir (vi)	å hoste	[ɔ 'hʊstə]
espirrar (vi)	å nyse	[ɔ 'nysə]
desmaio (m)	besvimelse (m)	[bɛ'sviməlsə]

desmaiar (vi)	å besvime	[ɔ be'svimə]
mancha (f) preta	blåmerke (n)	['blɔˌmærkə]
galo (m)	bule (m)	['bʉlə]
machucar-se (vr)	å slå seg	[ɔ 'ṣlɔ sæj]
contusão (f)	blåmerke (n)	['blɔˌmærkə]
machucar-se (vr)	å slå seg	[ɔ 'ṣlɔ sæj]

mancar (vi)	å halte	[ɔ 'haltə]
deslocamento (f)	forvridning (m)	[fɔr'vridniŋ]
deslocar (vt)	å forvri	[ɔ fɔr'vri]
fratura (f)	brudd (n), fraktur (m)	['brʉd], [frak'tʉr]
fraturar (vt)	å få brudd	[ɔ 'fɔ 'brʉd]

corte (m)	skjæresår (n)	['ṣæːrəˌsɔr]
cortar-se (vr)	å skjære seg	[ɔ 'ṣæːrə sæj]
hemorragia (f)	blødning (m/f)	['blødniŋ]

queimadura (f)	brannsår (n)	['branˌsɔr]
queimar-se (vr)	å brenne seg	[ɔ 'brɛnə sæj]

picar (vt)	å stikke	[ɔ 'stikə]
picar-se (vr)	å stikke seg	[ɔ 'stikə sæj]
lesionar (vt)	å skade	[ɔ 'skadə]
lesão (m)	skade (n)	['skadə]
ferida (f), ferimento (m)	sår (n)	['sɔr]
trauma (m)	traume (m)	['traʉmə]

delirar (vi)	å snakke i villelse	[ɔ 'snakə i 'vilələse]
gaguejar (vi)	å stamme	[ɔ 'stamə]
insolação (f)	solstikk (n)	['sʉlˌstik]

73. Sintomas. Tratamentos. Parte 2

dor (f)	smerte (m)	['smæːṭə]
farpa (no dedo, etc.)	flis (m/f)	['flis]

suor (m)	svette (m)	['svɛtə]
suar (vi)	å svette	[ɔ 'svɛtə]
vômito (m)	oppkast (n)	['ɔpˌkast]
convulsões (f pl)	kramper (m pl)	['krampər]

grávida (adj)	gravid	[gra'vid]
nascer (vi)	å fødes	[ɔ 'fødə]
parto (m)	fødsel (m)	['føtsəl]
dar à luz	å føde	[ɔ 'fødə]
aborto (m)	abort (m)	[a'bɔːṭ]

respiração (f)	åndedrett (n)	['ɔŋdəˌdrɛt]
inspiração (f)	innånding (m/f)	['inˌɔniŋ]
expiração (f)	utånding (m/f)	['ʉtˌɔndiŋ]
expirar (vi)	å puste ut	[ɔ 'pʉstə ʉt]
inspirar (vi)	å ånde inn	[ɔ 'ɔŋdə ˌin]
inválido (m)	handikappet person (m)	['handiˌkapət pæ'ṣun]
aleijado (m)	krøpling (m)	['krøpliŋ]

drogado (m)	narkoman (m)	[narkʉ'man]
surdo (adj)	døv	['døv]
mudo (adj)	stum	['stʉm]
surdo-mudo (adj)	døvstum	['døf͵stʉm]

louco, insano (adj)	gal	['gal]
louco (m)	gal mann (m)	['gal ͵man]
louca (f)	gal kvinne (m/f)	['gal ͵kvinə]
ficar louco	å bli sinnssyk	[ɔ 'bli 'sin͵syk]

gene (m)	gen (m)	['gen]
imunidade (f)	immunitet (m)	[imʉni'tet]
hereditário (adj)	arvelig	['arvəli]
congênito (adj)	medfødt	['me:͵føt]

vírus (m)	virus (m)	['virʉs]
micróbio (m)	mikrobe (m)	[mi'krʉbə]
bactéria (f)	bakterie (m)	[bak'teriə]
infecção (f)	infeksjon (m)	[infɛk'ʂʉn]

74. Sintomas. Tratamentos. Parte 3

hospital (m)	sykehus (n)	['sykə͵hʉs]
paciente (m)	pasient (m)	[pasi'ɛnt]

diagnóstico (m)	diagnose (m)	[dia'gnʉsə]
cura (f)	kur (m)	['kʉr]
tratamento (m) médico	behandling (m/f)	[be'handliŋ]
curar-se (vr)	å bli behandlet	[ɔ 'bli be'handlət]
tratar (vt)	å behandle	[ɔ be'handlə]
cuidar (pessoa)	å skjøtte	[ɔ 'ʂøtə]
cuidado (m)	sykepleie (m/f)	['sykə͵plæjə]

operação (f)	operasjon (m)	[ɔpəra'ʂʉn]
enfaixar (vt)	å forbinde	[ɔ for'binə]
enfaixamento (m)	forbinding (m)	[for'biniŋ]

vacinação (f)	vaksinering (m/f)	[vaksi'neriŋ]
vacinar (vt)	å vaksinere	[ɔ vaksi'nerə]
injeção (f)	injeksjon (m), sprøyte (m/f)	[injɛk'ʂʉn], ['sprøjtə]
dar uma injeção	å gi en sprøyte	[ɔ 'ji en 'sprøjtə]

ataque (~ de asma, etc.)	anfall (n)	['an͵fal]
amputação (f)	amputasjon (m)	[ampʉta'ʂʉn]
amputar (vt)	å amputere	[ɔ ampʉ'terə]
coma (f)	koma (m)	['kʉma]
estar em coma	å ligge i koma	[ɔ 'ligə i 'kʉma]
reanimação (f)	intensivavdeling (m/f)	['inten͵siv 'av͵deliŋ]

recuperar-se (vr)	å bli frisk	[ɔ 'bli 'frisk]
estado (~ de saúde)	tilstand (m)	['til͵stan]
consciência (perder a ~)	bevissthet (m)	[be'vist͵het]
memória (f)	minne (n), hukommelse (m)	['minə], [hʉ'kɔməlsə]
tirar (vt)	å trekke ut	[ɔ 'trɛkə ʉt]

| obturação (f) | fylling (m/f) | ['fʏliŋ] |
| obturar (vt) | å plombere | [ɔ plʊm'berə] |

| hipnose (f) | hypnose (m) | [hʏp'nʊsə] |
| hipnotizar (vt) | å hypnotisere | [ɔ hʏpnʊti'serə] |

75. Médicos

médico (m)	lege (m)	['legə]
enfermeira (f)	sykepleierske (m/f)	['sykəˌplæjeʂkə]
médico (m) pessoal	personlig lege (m)	[pæ'ʂʊnli 'legə]

dentista (m)	tannlege (m)	['tɑnˌlegə]
oculista (m)	øyelege (m)	['øjəˌlegə]
terapeuta (m)	terapeut (m)	[terɑ'pɛut]
cirurgião (m)	kirurg (m)	[çi'rʉrg]

psiquiatra (m)	psykiater (m)	[syki'atər]
pediatra (m)	barnelege (m)	['bɑːɳəˌlegə]
psicólogo (m)	psykolog (m)	[sykʉ'lɔg]
ginecologista (m)	gynekolog (m)	[gynekʉ'lɔg]
cardiologista (m)	kardiolog (m)	[kɑːɖiʉ'lɔg]

76. Medicina. Drogas. Acessórios

medicamento (m)	medisin (m)	[medi'sin]
remédio (m)	middel (n)	['midəl]
receitar (vt)	å ordinere	[ɔ ɔrdi'nerə]
receita (f)	resept (m)	[re'sɛpt]

comprimido (m)	tablett (m)	[tab'let]
unguento (m)	salve (m/f)	['salvə]
ampola (f)	ampulle (m)	[am'pʉlə]
solução, preparado (m)	mikstur (m)	[miks'tʉr]
xarope (m)	sirup (m)	['sirʉp]
cápsula (f)	pille (m/f)	['pilə]
pó (m)	pulver (n)	['pʉlvər]

atadura (f)	gasbind (n)	['gɑsˌbin]
algodão (m)	vatt (m/n)	['vat]
iodo (m)	jod (m/n)	['ʉd]

curativo (m) adesivo	plaster (n)	['plɑstər]
conta-gotas (m)	pipette (m)	[pi'pɛtə]
termômetro (m)	termometer (n)	[tɛrmʉ'metər]
seringa (f)	sprøyte (m/f)	['sprøjtə]

| cadeira (f) de rodas | rullestol (m) | ['rʉləˌstʊl] |
| muletas (f pl) | krykker (m/f pl) | ['krʏkər] |

| analgésico (m) | smertestillende middel (n) | ['smæːʈəˌstilenə 'midəl] |
| laxante (m) | laksativ (n) | [lɑksa'tiv] |

álcool (m)	**sprit** (m)	['sprit]
ervas (f pl) medicinais	**legeurter** (m/f pl)	['legəˌʉːʈər]
de ervas (chá ~)	**urte-**	['ʉːʈə-]

77. Fumar. Produtos tabágicos

tabaco (m)	**tobakk** (m)	[tʊ'bɑk]
cigarro (m)	**sigarett** (m)	[sigɑ'rɛt]
charuto (m)	**sigar** (m)	[si'gɑr]
cachimbo (m)	**pipe** (m/f)	['pipə]
maço (~ de cigarros)	**pakke** (m/f)	['pɑkə]

fósforos (m pl)	**fyrstikker** (m/f pl)	['fyˌʂtikər]
caixa (f) de fósforos	**fyrstikkeske** (m)	['fyʂtikˌɛskə]
isqueiro (m)	**tenner** (m)	['tɛnər]
cinzeiro (m)	**askebeger** (n)	['ɑskəˌbegər]
cigarreira (f)	**sigarettetui** (n)	[sigɑ'rɛt ɛtʉ'i]

piteira (f)	**munnstykke** (n)	['mʉnˌstykə]
filtro (m)	**filter** (n)	['filtər]

fumar (vi, vt)	**å røyke**	[ɔ 'røjkə]
acender um cigarro	**å tenne en sigarett**	[ɔ 'tɛnə en sigɑ'rɛt]
tabagismo (m)	**røyking, røkning** (m)	['røjkiŋ], ['røkniŋ]
fumante (m)	**røyker** (m)	['røjkər]

bituca (f)	**stump** (m)	['stʉmp]
fumaça (f)	**røyk** (m)	['røjk]
cinza (f)	**aske** (m/f)	['ɑskə]

HABITAT HUMANO

Cidade

78. Cidade. Vida na cidade

cidade (f)	by (m)	['by]
capital (f)	hovedstad (m)	['hʉvəd̩stɑd]
aldeia (f)	landsby (m)	['lɑns̩by]
mapa (m) da cidade	bykart (n)	['by̩kɑːt]
centro (m) da cidade	sentrum (n)	['sɛntrum]
subúrbio (m)	forstad (m)	['fɔ̩stɑd]
suburbano (adj)	forstads-	['fɔ̩stɑds-]
periferia (f)	utkant (m)	['ʉt̩kɑnt]
arredores (m pl)	omegner (m pl)	['ɔm̩æjnər]
quarteirão (m)	kvarter (n)	[kvɑːʈer]
quarteirão (m) residencial	boligkvarter (n)	['bʉli̩kvɑːʈer]
tráfego (m)	trafikk (m)	[trɑ'fik]
semáforo (m)	trafikklys (n)	[trɑ'fik̩lys]
transporte (m) público	offentlig transport (m)	['ɔfentli trɑns'pɔːʈ]
cruzamento (m)	veikryss (n)	['væjkrʏs]
faixa (f)	fotgjengerovergang (m)	['fʉtjɛŋər 'ɔver̩gɑŋ]
túnel (m) subterrâneo	undergang (m)	['ʉnər̩gɑŋ]
cruzar, atravessar (vt)	å gå over	[ɔ 'gɔ 'ɔver]
pedestre (m)	fotgjenger (m)	['fʉtjɛŋər]
calçada (f)	fortau (n)	['fɔː̩tɑʉ]
ponte (f)	bro (m/f)	['brʉ]
margem (f) do rio	kai (m/f)	['kɑj]
fonte (f)	fontene (m)	['fʉntnə]
alameda (f)	allé (m)	[ɑ'leː]
parque (m)	park (m)	['pɑrk]
bulevar (m)	bulevard (m)	[buleˈvɑr]
praça (f)	torg (n)	['tɔr]
avenida (f)	aveny (f)	[ɑveˈny]
rua (f)	gate (m/f)	['gɑtə]
travessa (f)	sidegate (m/f)	['sidə̩gɑtə]
beco (m) sem saída	blindgate (m/f)	['blin̩gɑtə]
casa (f)	hus (n)	['hʉs]
edifício, prédio (m)	bygning (m/f)	['bʏgniŋ]
arranha-céu (m)	skyskraper (m)	['ʂy̩skrɑpər]
fachada (f)	fasade (m)	[fɑ'sɑdə]
telhado (m)	tak (n)	['tɑk]

janela (f)	vindu (n)	['vindʉ]
arco (m)	bue (m)	['bʉ:ə]
coluna (f)	søyle (m)	['søjlə]
esquina (f)	hjørne (n)	['jœ:ŋə]

vitrine (f)	utstillingsvindu (n)	['ʉt͜,stiliŋs 'vindʉ]
letreiro (m)	skilt (n)	['ʂilt]
cartaz (do filme, etc.)	plakat (m)	[plɑ'kɑt]
cartaz (m) publicitário	reklameplakat (m)	[rɛ'klɑmə͜,plɑ'kɑt]
painel (m) publicitário	reklametavle (m/f)	[rɛ'klɑmə͜,tɑvlə]

lixo (m)	søppel (m/f/n), avfall (n)	['sœpəl], ['ɑv͜,fɑl]
lata (f) de lixo	søppelkasse (m/f)	['sœpəl͜,kɑsə]
jogar lixo na rua	å kaste søppel	[ɔ 'kɑstə 'sœpəl]
aterro (m) sanitário	søppelfylling (m/f), deponi (n)	['sœpəl͜,fʏliŋ], [͜,depɔ'ni]

orelhão (m)	telefonboks (m)	[tele'fʉn͜,bɔks]
poste (m) de luz	lyktestolpe (m)	['lʏktə͜,stɔlpə]
banco (m)	benk (m)	['bɛŋk]

polícia (m)	politi (m)	[pʉli'ti]
polícia (instituição)	politi (n)	[pʉli'ti]
mendigo, pedinte (m)	tigger (m)	['tigər]
desabrigado (m)	hjemløs	['jɛm͜,løs]

79. Instituições urbanas

loja (f)	forretning, butikk (m)	[fɔ'rɛtniŋ], [bʉ'tik]
drogaria (f)	apotek (n)	[ɑpʉ'tek]
ótica (f)	optikk (n)	[ɔp'tik]
centro (m) comercial	kjøpesenter (n)	['çœpə͜,sɛntər]
supermercado (m)	supermarked (n)	['sʉpə͜,mɑrket]

padaria (f)	bakeri (n)	[bɑke'ri]
padeiro (m)	baker (m)	['bɑkər]
pastelaria (f)	konditori (n)	[kʉnditɔ'ri]
mercearia (f)	matbutikk (m)	['mɑtbʉ͜,tik]
açougue (m)	slakterbutikk (m)	['ʂlɑktəbʉ͜,tik]

fruteira (f)	grønnsaksbutikk (m)	['grœn͜,sɑks bʉ'tik]
mercado (m)	marked (n)	['mɑrkəd]

cafeteria (f)	kafé, kaffebar (m)	[kɑ'fe], ['kɑfə͜,bɑr]
restaurante (m)	restaurant (m)	[rɛstʉ'rɑŋ]
bar (m)	pub (m)	['pʉb]
pizzaria (f)	pizzeria (m)	[pitsə'riɑ]

salão (m) de cabeleireiro	frisørsalong (m)	[fri'sør sɑ͜,lɔŋ]
agência (f) dos correios	post (m)	['pɔst]
lavanderia (f)	renseri (n)	[rɛnse'ri]
estúdio (m) fotográfico	fotostudio (n)	['fɔtɔ͜,stʉdiɔ]

sapataria (f)	skobutikk (m)	['skʉ͜,bʉ'tik]
livraria (f)	bokhandel (m)	['bʉk͜,hɑndəl]

loja (f) de artigos esportivos	idrettsbutikk (m)	['idrɛts bʉ'tik]
costureira (m)	reparasjon (m) av klær	[repara'ʂʉn ɑ: ˌklær]
aluguel (m) de roupa	leie (m/f) av klær	['læjə ɑ: ˌklær]
videolocadora (f)	filmutleie (m/f)	['film ˌʉt'læjə]
circo (m)	sirkus (m/n)	['sirkʉs]
jardim (m) zoológico	zoo, dyrepark (m)	['sʉ:], [dyrə'park]
cinema (m)	kino (m)	['çinʉ]
museu (m)	museum (n)	[mʉ'seum]
biblioteca (f)	bibliotek (n)	[bibliʉ'tek]
teatro (m)	teater (n)	[te'atər]
ópera (f)	opera (m)	['ʉpera]
boate (casa noturna)	nattklubb (m)	['nat ˌklʉb]
cassino (m)	kasino (n)	[ka'sinʉ]
mesquita (f)	moské (m)	[mʉ'ske]
sinagoga (f)	synagoge (m)	[syna'gʉgə]
catedral (f)	katedral (m)	[kate'dral]
templo (m)	tempel (n)	['tɛmpəl]
igreja (f)	kirke (m/f)	['çirkə]
faculdade (f)	institutt (n)	[insti'tʉt]
universidade (f)	universitet (n)	[ʉnivæʂi'tet]
escola (f)	skole (m/f)	['skʉlə]
prefeitura (f)	prefektur (n)	[prɛfɛk'tʉr]
câmara (f) municipal	rådhus (n)	['rɔd ˌhʉs]
hotel (m)	hotell (n)	[hʉ'tɛl]
banco (m)	bank (m)	['bank]
embaixada (f)	ambassade (m)	[amba'sadə]
agência (f) de viagens	reisebyrå (n)	['ræjsə by ˌro]
agência (f) de informações	opplysningskontor (n)	[ɔp'lysniŋs kʉn'tʉr]
casa (f) de câmbio	vekslingskontor (n)	['vɛkʂliŋs kʉn'tʉr]
metrô (m)	tunnelbane, T-bane (m)	['tʉnəl ˌbanə], ['tɛ: ˌbanə]
hospital (m)	sykehus (n)	['sykə ˌhʉs]
posto (m) de gasolina	bensinstasjon (m)	[bɛn'sin ˌsta'ʂʉn]
parque (m) de estacionamento	parkeringsplass (m)	[par'keriŋs ˌplas]

80. Sinais

letreiro (m)	skilt (n)	['ʂilt]
aviso (m)	innskrift (m/f)	['in ˌskrift]
cartaz, pôster (m)	plakat, poster (m)	['pla ˌkat], ['pɔstər]
placa (f) de direção	veiviser (m)	['væj ˌvisər]
seta (f)	pil (m/f)	['pil]
aviso (advertência)	advarsel (m)	['ad ˌvaʂəl]
sinal (m) de aviso	varselskilt (n)	['vaʂəl ˌʂilt]
avisar, advertir (vt)	å varsle	[ɔ 'vaʂlə]
dia (m) de folga	fridag (m)	['fri ˌda]

| horário (~ dos trens, etc.) | rutetabell (m) | ['rʉtəˌta'bɛl] |
| horário (m) | åpningstider (m/f pl) | ['ɔpniŋsˌtidər] |

BEM-VINDOS!	VELKOMMEN!	['vɛlˌkɔmən]
ENTRADA	INNGANG	['inˌgaŋ]
SAÍDA	UTGANG	['ʉtˌgaŋ]

EMPURRE	SKYV	['şyv]
PUXE	TREKK	['trɛk]
ABERTO	ÅPENT	['ɔpənt]
FECHADO	STENGT	['stɛŋt]

| MULHER | DAMER | ['damər] |
| HOMEM | HERRER | ['hærər] |

DESCONTOS	RABATT	[ra'bat]
SALDOS, PROMOÇÃO	SALG	['salg]
NOVIDADE!	NYTT!	['nʏt]
GRÁTIS	GRATIS	['gratis]

ATENÇÃO!	FORSIKTIG!	[fʊ'şiktə]
NÃO HÁ VAGAS	INGEN LEDIGE ROM	['iŋən 'lediə rʊm]
RESERVADO	RESERVERT	[resɛr'vɛːt]

| ADMINISTRAÇÃO | ADMINISTRASJON | [administra'şun] |
| SOMENTE PESSOAL AUTORIZADO | KUN FOR ANSATTE | ['kʉn fɔr an'satə] |

CUIDADO CÃO FEROZ	VOKT DEM FOR HUNDEN	['vɔkt dem fɔ 'hʉnən]
PROIBIDO FUMAR!	RØYKING FORBUDT	['røjkiŋ fɔr'bʉt]
NÃO TOCAR	IKKE RØR!	['ikə 'rør]

PERIGOSO	FARLIG	['faːli]
PERIGO	FARE	['farə]
ALTA TENSÃO	HØYSPENNING	['højˌspɛniŋ]
PROIBIDO NADAR	BADING FORBUDT	['badiŋ fɔr'bʉt]
COM DEFEITO	I USTAND	[i 'ʉˌstan]

INFLAMÁVEL	BRANNFARLIG	['branˌfaːli]
PROIBIDO	FORBUDT	[fɔr'bʉt]
ENTRADA PROIBIDA	INGEN INNKJØRING	['iŋən 'inˌçœriŋ]
CUIDADO TINTA FRESCA	NYMALT	['nyˌmalt]

81. Transportes urbanos

ônibus (m)	buss (m)	['bʉs]
bonde (m) elétrico	trikk (m)	['trik]
trólebus (m)	trolleybuss (m)	['trɔliˌbʉs]
rota (f), itinerário (m)	rute (m/f)	['rʉtə]
número (m)	nummer (n)	['nʉmər]

ir de ... (carro, etc.)	å kjøre med ...	[ɔ 'çœːrə me ...]
entrar no ...	å gå på ...	[ɔ 'gɔ pɔ ...]
descer do ...	å gå av ...	[ɔ 'gɔ aː ...]

parada (f)	holdeplass (m)	['hɔlǝ‚plɑs]
próxima parada (f)	neste holdeplass (m)	['nɛstǝ 'hɔlǝ‚plɑs]
terminal (m)	endestasjon (m)	['ɛnǝ‚stɑ'ʂʉn]
horário (m)	rutetabell (m)	['rʉtǝ‚tɑ'bɛl]
esperar (vt)	å vente	[ɔ 'vɛntǝ]

passagem (f)	billett (m)	[bi'let]
tarifa (f)	billettpris (m)	[bi'let‚pris]

bilheteiro (m)	kasserer (m)	[kɑ'serǝr]
controle (m) de passagens	billettkontroll (m)	[bi'let kʉn‚trɔl]
revisor (m)	billett inspektør (m)	[bi'let inspɛk'tør]

atrasar-se (vr)	å komme for sent	[ɔ 'kɔmǝ fɔ'ʂɛnt]
perder (o autocarro, etc.)	å komme for sent til ...	[ɔ 'kɔmǝ fɔ'ʂɛnt til ...]
estar com pressa	å skynde seg	[ɔ 'ʂynǝ sæj]

táxi (m)	drosje (m/f), taxi (m)	['drɔʂɛ], ['tɑksi]
taxista (m)	taxisjåfør (m)	['tɑksi ʂo'før]
de táxi (ir ~)	med taxi	[me 'tɑksi]
ponto (m) de táxis	taxiholdeplass (m)	['tɑksi 'hɔlǝ‚plɑs]
chamar um táxi	å taxi bestellen	[ɔ 'tɑksi be'stɛlǝn]
pegar um táxi	å ta taxi	[ɔ 'tɑ ‚tɑksi]

tráfego (m)	trafikk (m)	[trɑ'fik]
engarrafamento (m)	trafikkork (m)	[trɑ'fik‚kɔrk]
horas (f pl) de pico	rushtid (m/f)	['rʉʂ‚tid]
estacionar (vi)	å parkere	[ɔ par'kerǝ]
estacionar (vt)	å parkere	[ɔ par'kerǝ]
parque (m) de estacionamento	parkeringsplass (m)	[par'keriŋs‚plɑs]

metrô (m)	tunnelbane, T-bane (m)	['tʉnǝl‚banǝ], ['tɛː‚banǝ]
estação (f)	stasjon (m)	[stɑ'ʂʉn]
ir de metrô	å kjøre med T-bane	[ɔ 'çœːrǝ me 'tɛː‚banǝ]
trem (m)	tog (n)	['tɔg]
estação (f) de trem	togstasjon (m)	['tɔg‚stɑ'ʂʉn]

82. Turismo

monumento (m)	monument (n)	[mɔnʉ'mɛnt]
fortaleza (f)	festning (m/f)	['fɛstniŋ]
palácio (m)	palass (n)	[pɑ'lɑs]
castelo (m)	borg (m)	['bɔrg]
torre (f)	tårn (n)	['tɔːɳ]
mausoléu (m)	mausoleum (n)	[mɑʉsʉ'leum]

arquitetura (f)	arkitektur (m)	[arkitɛk'tʉr]
medieval (adj)	middelalderlig	['midǝl‚ɑldɛːɭi]
antigo (adj)	gammel	['gɑmǝl]
nacional (adj)	nasjonal	[nɑʂʉ'nɑl]
famoso, conhecido (adj)	kjent	['çɛnt]

turista (m)	turist (m)	[tʉ'rist]
guia (pessoa)	guide (m)	['gɑjd]

excursão (f)	utflukt (m/f)	['ʉtˌflʉkt]
mostrar (vt)	å vise	[ɔ 'visə]
contar (vt)	å fortelle	[ɔ fɔː'tɛlə]

encontrar (vt)	å finne	[ɔ 'finə]
perder-se (vr)	å gå seg bort	[ɔ 'gɔ sæj 'bʉːt]
mapa (~ do metrô)	kart, linjekart (n)	['kɑːt], ['linjə'kɑːt]
mapa (~ da cidade)	kart (n)	['kɑːt]

lembrança (f), presente (m)	suvenir (m)	[sʉve'nir]
loja (f) de presentes	suvenirbutikk (m)	[sʉve'nir bʉ'tik]
tirar fotos, fotografar	å fotografere	[ɔ fotɔgrɑ'ferə]
fotografar-se (vr)	å bli fotografert	[ɔ 'bli fotɔgrɑ'fɛːt]

83. Compras

comprar (vt)	å kjøpe	[ɔ 'çœːpə]
compra (f)	innkjøp (n)	['inˌçœp]
fazer compras	å gå shopping	[ɔ 'gɔ ˌʂopiŋ]
compras (f pl)	shopping (m)	['ʂopiŋ]

estar aberta (loja)	å være åpen	[ɔ 'værə 'ɔpən]
estar fechada	å være stengt	[ɔ 'værə 'stɛŋt]

calçado (m)	skotøy (n)	['skʉtøj]
roupa (f)	klær (n)	['klær]
cosméticos (m pl)	kosmetikk (m)	[kʉsme'tik]
alimentos (m pl)	matvarer (m/f pl)	['matˌvarər]
presente (m)	gave (m/f)	['gɑvə]

vendedor (m)	forselger (m)	[fɔ'ʂɛlər]
vendedora (f)	forselger (m)	[fɔ'ʂɛlər]

caixa (f)	kasse (m/f)	['kɑsə]
espelho (m)	speil (n)	['spæjl]
balcão (m)	disk (m)	['disk]
provador (m)	prøverom (n)	['prøvəˌrʉm]

provar (vt)	å prøve	[ɔ 'prøvə]
servir (roupa, caber)	å passe	[ɔ 'pɑsə]
gostar (apreciar)	å like	[ɔ 'likə]

preço (m)	pris (m)	['pris]
etiqueta (f) de preço	prislapp (m)	['prisˌlap]
custar (vt)	å koste	[ɔ 'kostə]
Quanto?	Hvor mye?	[vʉr 'mye]
desconto (m)	rabatt (m)	[rɑ'bat]

não caro (adj)	billig	['bili]
barato (adj)	billig	['bili]
caro (adj)	dyr	['dyr]
É caro	Det er dyrt	[de ær 'dyːt]
aluguel (m)	utleie (m/f)	['ʉtˌlæje]
alugar (roupas, etc.)	å leie	[ɔ 'læjə]

| crédito (m) | kreditt (m) | [krɛ'dit] |
| a crédito | på kreditt | [pɔ krɛ'dit] |

84. Dinheiro

dinheiro (m)	penger (m pl)	['pɛŋər]
câmbio (m)	veksling (m/f)	['vɛkʂliŋ]
taxa (f) de câmbio	kurs (m)	['kʉʂ]
caixa (m) eletrônico	minibank (m)	['miniˌbɑnk]
moeda (f)	mynt (m)	['mʏnt]

| dólar (m) | dollar (m) | ['dɔlɑr] |
| euro (m) | euro (m) | ['ɛʉrʊ] |

lira (f)	lira (m)	['lire]
marco (m)	mark (m/f)	['mɑrk]
franco (m)	franc (m)	['frɑn]
libra (f) esterlina	pund sterling (m)	['pʉn stɛː'liŋ]
iene (m)	yen (m)	['jɛn]

dívida (f)	skyld (m/f), gjeld (m)	['ʂyl], ['jɛl]
devedor (m)	skyldner (m)	['ʂylnər]
emprestar (vt)	å låne ut	[ɔ 'loːnə ʉt]
pedir emprestado	å låne	[ɔ 'loːnə]

banco (m)	bank (m)	['bɑnk]
conta (f)	konto (m)	['kɔntʊ]
depositar (vt)	å sette inn	[ɔ 'sɛtə in]
depositar na conta	å sette inn på kontoen	[ɔ 'sɛtə in pɔ 'kɔntʉən]
sacar (vt)	å ta ut fra kontoen	[ɔ 'ta ʉt fra 'kɔntʉən]

cartão (m) de crédito	kredittkort (n)	[krɛ'ditˌkɔːʈ]
dinheiro (m) vivo	kontanter (m pl)	[kʉn'tɑntər]
cheque (m)	sjekk (m)	['ʂɛk]
passar um cheque	å skrive en sjekk	[ɔ 'skrive en 'ʂɛk]
talão (m) de cheques	sjekkbok (m/f)	['ʂɛkˌbʊk]

carteira (f)	lommebok (m)	['lʊməˌbʊk]
niqueleira (f)	pung (m)	['pʉŋ]
cofre (m)	safe, seif (m)	['sɛjf]

herdeiro (m)	arving (m)	['ɑrviŋ]
herança (f)	arv (m)	['ɑrv]
fortuna (riqueza)	formue (m)	['fɔrˌmʉe]

arrendamento (m)	leie (m)	['læje]
aluguel (pagar o ~)	husleie (m/f)	['hʉsˌlæje]
alugar (vt)	å leie	[ɔ 'læje]

preço (m)	pris (m)	['pris]
custo (m)	kostnad (m)	['kɔstnɑd]
soma (f)	sum (m)	['sʉm]
gastar (vt)	å bruke	[ɔ 'brʉkə]
gastos (m pl)	utgifter (m/f pl)	['ʉtˌjiftər]

economizar (vi)	à spare	[ɔ 'sparə]
econômico (adj)	sparsom	['spaṣɔm]
pagar (vt)	à betale	[ɔ be'talə]
pagamento (m)	betaling (m/f)	[be'taliŋ]
troco (m)	vekslepenger (pl)	['vɛkṣlə‚pɛŋər]
imposto (m)	skatt (m)	['skat]
multa (f)	bot (m/f)	['bʊt]
multar (vt)	à bøtelegge	[ɔ 'bøtə‚legə]

85. Correios. Serviço postal

agência (f) dos correios	post (m)	['pɔst]
correio (m)	post (m)	['pɔst]
carteiro (m)	postbud (n)	['pɔst‚bʉd]
horário (m)	åpningstider (m/f pl)	['ɔpniŋs‚tidər]
carta (f)	brev (n)	['brev]
carta (f) registada	rekommandert brev (n)	[rekʉman'dɛːt ‚brev]
cartão (m) postal	postkort (n)	['pɔst‚kɔːt]
telegrama (m)	telegram (n)	[tele'gram]
encomenda (f)	postpakke (m/f)	['pɔst‚pakə]
transferência (f) de dinheiro	pengeoverføring (m/f)	['pɛŋə 'over‚føriŋ]
receber (vt)	à motta	[ɔ 'mɔta]
enviar (vt)	à sende	[ɔ 'sɛnə]
envio (m)	avsending (m)	['af‚sɛniŋ]
endereço (m)	adresse (m)	[a'drɛsə]
código (m) postal	postnummer (n)	['pɔst‚nʉmər]
remetente (m)	avsender (m)	['af‚sɛnər]
destinatário (m)	mottaker (m)	['mɔt‚takər]
nome (m)	fornavn (n)	['fɔr‚navn]
sobrenome (m)	etternavn (n)	['ɛtə‚navn]
tarifa (f)	tariff (m)	[ta'rif]
ordinário (adj)	vanlig	['vanli]
econômico (adj)	økonomisk	[økʉ'nɔmisk]
peso (m)	vekt (m)	['vɛkt]
pesar (estabelecer o peso)	à veie	[ɔ 'væje]
envelope (m)	konvolutt (m)	[kʉnvʉ'lʉt]
selo (m) postal	frimerke (n)	['fri‚mærkə]
colar o selo	à sette på frimerke	[ɔ 'sɛtə pɔ 'fri‚mærkə]

Moradia. Casa. Lar

86. Casa. Habitação

casa (f)	hus (n)	['hʉs]
em casa	hjemme	['jɛmə]
pátio (m), quintal (f)	gård (m)	['gɔːr]
cerca, grade (f)	gjerde (n)	['jærə]
tijolo (m)	tegl (n), murstein (m)	['tæjl], ['mʉˌstæjn]
de tijolos	tegl-	['tæjl-]
pedra (f)	stein (m)	['stæjn]
de pedra	stein-	['stæjn-]
concreto (m)	betong (m)	[be'tɔŋ]
concreto (adj)	betong-	[be'tɔŋ-]
novo (adj)	ny	['ny]
velho (adj)	gammel	['gaməl]
decrépito (adj)	falleferdig	['faləˌfæːɖi]
moderne (adj)	moderne	[mʉ'dɛːŋə]
de vários andares	fleretasjes-	['flerɛˌtaʂɛs-]
alto (adj)	høy	['høj]
andar (m)	etasje (m)	[ɛ'taʂə]
de um andar	enetasjes	['ɛnɛˌtaʂɛs]
térreo (m)	første etasje (m)	['fœʂtə ɛ'taʂə]
andar (m) de cima	øverste etasje (m)	['øvəʂtə ɛ'taʂə]
telhado (m)	tak (n)	['tak]
chaminé (f)	skorstein (m/f)	['skɔˌstæjn]
telha (f)	takstein (m)	['takˌstæjn]
de telha	taksteins-	['takˌstæjns-]
sótão (m)	loft (n)	['lɔft]
janela (f)	vindu (n)	['vindʉ]
vidro (m)	glass (n)	['glɑs]
parapeito (m)	vinduskarm (m)	['vindʉsˌkarm]
persianas (f pl)	vinduslemmer (m pl)	['vindʉsˌlemər]
parede (f)	mur, vegg (m)	['mʉr], ['vɛg]
varanda (f)	balkong (m)	[bal'kɔŋ]
calha (f)	nedløpsrør (n)	['nedløpsˌrør]
em cima	oppe	['ɔpə]
subir (vi)	å gå ovenpå	[ɔ 'gɔ 'ɔvənˌpɔ]
descer (vi)	å gå ned	[ɔ 'gɔ ne]
mudar-se (vr)	å flytte	[ɔ 'flʏtə]

87. Casa. Entrada. Elevador

entrada (f)	inngang (m)	['inˌɡɑŋ]
escada (f)	trapp (m/f)	['trɑp]
degraus (m pl)	trinn (n pl)	['trin]
corrimão (m)	gelender (n)	[ge'lendər]
hall (m) de entrada	hall, lobby (m)	['hɑl], ['lɔbi]
caixa (f) de correio	postkasse (m/f)	['pɔstˌkɑsə]
lata (f) do lixo	søppelkasse (m/f)	['sœpəlˌkɑsə]
calha (f) de lixo	søppelsjakt (m/f)	['sœpəlˌʂɑkt]
elevador (m)	heis (m)	['hæjs]
elevador (m) de carga	lasteheis (m)	['lɑstə'hæjs]
cabine (f)	heiskorg (m/f)	['hæjsˌkɔrg]
pegar o elevador	å ta heisen	[ɔ 'tɑ ˌhæjsən]
apartamento (m)	leilighet (m/f)	['læjliˌhet]
residentes (pl)	beboere (m pl)	[be'bʉerə]
vizinho (m)	nabo (m)	['nɑbʉ]
vizinha (f)	nabo (m)	['nɑbʉ]
vizinhos (pl)	naboer (m pl)	['nɑbʉər]

88. Casa. Eletricidade

eletricidade (f)	elektrisitet (m)	[ɛlektrisi'tet]
lâmpada (f)	lyspære (m/f)	['lysˌpærə]
interruptor (m)	strømbryter (m)	['strømˌbrytər]
fusível, disjuntor (m)	sikring (m)	['sikriŋ]
fio, cabo (m)	ledning (m)	['ledniŋ]
instalação (f) elétrica	ledningsnett (n)	['ledniŋsˌnɛt]
medidor (m) de eletricidade	elmåler (m)	['ɛlˌmolər]
indicação (f), registro (m)	avlesninger (m/f pl)	['ɑvˌlesniŋər]

89. Casa. Portas. Fechaduras

porta (f)	dør (m/f)	['dœr]
portão (m)	grind (m/f), port (m)	['grin], ['pɔːt]
maçaneta (f)	dørhåndtak (n)	['dœrˌhɔntak]
destrancar (vt)	å låse opp	[ɔ 'loːsə ɔp]
abrir (vt)	å åpne	[ɔ 'ɔpnə]
fechar (vt)	å lukke	[ɔ 'lʉkə]
chave (f)	nøkkel (m)	['nøkəl]
molho (m)	knippe (n)	['knipə]
ranger (vi)	å knirke	[ɔ 'knirkə]
rangido (m)	knirk (m/n)	['knirk]
dobradiça (f)	hengsel (m/n)	['hɛŋsel]
capacho (m)	dørmatte (m/f)	['dœrˌmɑtə]
fechadura (f)	dørlås (m/n)	['dœrˌlɔs]

buraco (m) da fechadura	nøkkelhull (n)	['nøkəl,hʉl]
barra (f)	slå (m/f)	['ʂlɔ]
fecho (ferrolho pequeno)	slå (m/f)	['ʂlɔ]
cadeado (m)	hengelås (m/n)	['hɛŋe,lɔs]

tocar (vt)	å ringe	[ɔ 'riŋə]
toque (m)	ringing (m/f)	['riŋiŋ]
campainha (f)	ringeklokke (m/f)	['riŋə,klɔkə]
botão (m)	ringeklokke knapp (m)	['riŋə,klɔkə 'knɑp]
batida (f)	kakking (m/f)	['kɑkiŋ]
bater (vi)	å kakke	[ɔ 'kɑkə]

código (m)	kode (m)	['kʉdə]
fechadura (f) de código	kodelås (m/n)	['kʉdə,lɔs]
interfone (m)	dørtelefon (m)	['dœr,tele'fʉn]
número (m)	nummer (n)	['nʉmər]
placa (f) de porta	dørskilt (n)	['dœ,ʂilt]
olho (m) mágico	kikhull (n)	['çik,hʉl]

90. Casa de campo

aldeia (f)	landsby (m)	['lɑns,by]
horta (f)	kjøkkenhage (m)	['çœkən,hɑgə]
cerca (f)	gjerde (n)	['jærə]
cerca (f) de piquete	stakitt (m/n)	[stɑ'kit]
portão (f) do jardim	port, stakittport (m)	['pɔːt], [stɑ'kit,pɔːt]

celeiro (m)	kornlåve (m)	['kʉ:ɳ,lo:və]
adega (f)	jordkjeller (m)	['ju:r,çɛlər]
galpão, barracão (m)	skur, skjul (n)	['skʉr], ['ʂʉl]
poço (m)	brønn (m)	['brœn]

fogão (m)	ovn (m)	['ɔvn]
atiçar o fogo	å fyre	[ɔ 'fyrə]
lenha (carvão ou ~)	ved (m)	['ve]
acha, lenha (f)	vedstykke (n), vedskie (f)	['vɛd,stʏkə], ['vɛ,ʂiə]

varanda (f)	veranda (m)	[væ'rɑndɑ]
alpendre (m)	terrasse (m)	[tɛ'rɑsə]
degraus (m pl) de entrada	yttertrapp (m/f)	['ytə,trɑp]
balanço (m)	gynge (m/f)	['jiŋə]

91. Moradia. Mansão

casa (f) de campo	fritidshus (n)	['fritids,hʉs]
vila (f)	villa (m)	['vilɑ]
ala (~ do edifício)	fløy (m)	['fløj]

jardim (m)	hage (m)	['hɑgə]
parque (m)	park (m)	['pɑrk]
estufa (f)	drivhus (n)	['driv,hʉs]
cuidar de ...	å ta vare	[ɔ 'tɑ ,vɑrə]

piscina (f)	svømmebasseng (n)	['svœmə‚ba'sɛŋ]
academia (f) de ginástica	gym (m)	['dʒym]
quadra (f) de tênis	tennisbane (m)	['tɛnis‚banə]
cinema (m)	hjemmekino (m)	['jɛmə‚çinʉ]
garagem (f)	garasje (m)	[ga'raʂə]

| propriedade (f) privada | privateiendom (m) | [pri'vat 'æjəndɔm] |
| terreno (m) privado | privat terreng (n) | [pri'vat tɛ'rɛŋ] |

| advertência (f) | advarsel (m) | ['ɑd‚vaʂəl] |
| sinal (m) de aviso | varselskilt (n) | ['vaʂəl‚şilt] |

guarda (f)	sikkerhet (m/f)	['sikər‚het]
guarda (m)	sikkerhetsvakt (m/f)	['sikərhɛts‚vakt]
alarme (m)	tyverialarm (m)	[tyve'ri a'larm]

92. Castelo. Palácio

castelo (m)	borg (m)	['bɔrg]
palácio (m)	palass (n)	[pa'las]
fortaleza (f)	festning (m/f)	['fɛstniŋ]
muralha (f)	mur (m)	['mʉr]
torre (f)	tårn (n)	['tɔːɳ]
calabouço (m)	kjernetårn (n)	['çæːɳə'tɔːɳ]

grade (f) levadiça	fallgitter (n)	['fal‚gitər]
passagem (f) subterrânea	underjordisk gang (m)	['ʉnərju:rdisk 'gaŋ]
fosso (m)	vollgrav (m/f)	['vɔl‚grav]
corrente, cadeia (f)	kjede (m)	['çɛːde]
seteira (f)	skyteskår (n)	['şytə‚skɔr]

magnífico (adj)	praktfull	['prakt‚fʉl]
majestoso (adj)	majestetisk	[maje'stɛtisk]
inexpugnável (adj)	uinntakelig	[ʉən'takəli]
medieval (adj)	middelalderlig	['midəl‚aldɛː[i]

93. Apartamento

apartamento (m)	leilighet (m/f)	['læjli‚het]
quarto, cômodo (m)	rom (n)	['rʊm]
quarto (m) de dormir	soverom (n)	['sɔvə‚rʊm]
sala (f) de jantar	spisestue (m/f)	['spisə‚stʉə]
sala (f) de estar	dagligstue (m/f)	['dagli‚stʉə]
escritório (m)	arbeidsrom (n)	['arbæjds‚rʊm]

sala (f) de entrada	entré (m)	[an'trɛː]
banheiro (m)	bad, baderom (n)	['bad], ['badə‚rʊm]
lavabo (m)	toalett, WC (n)	[tʊa'let], [vɛ'sɛ]

teto (m)	tak (n)	['tak]
chão, piso (m)	gulv (n)	['gʉlv]
canto (m)	hjørne (n)	['jœːɳə]

94. Apartamento. Limpeza

arrumar, limpar (vt)	à rydde	[ɔ 'rʏdə]
guardar (no armário, etc.)	à stue unna	[ɔ 'stʉə 'ʉna]
pó (m)	støv (n)	['støv]
empoeirado (adj)	støvet	['støvet]
tirar o pó	à tørke støv	[ɔ 'tœrkə 'støv]
aspirador (m)	støvsuger (m)	['støf,sʉɡər]
aspirar (vt)	à støvsuge	[ɔ 'støf,sʉɡə]
varrer (vt)	à sope, à feie	[ɔ 'sɔpə], [ɔ 'fæjə]
sujeira (f)	søppel (m/f/n)	['sœpəl]
arrumação, ordem (f)	orden (m)	['ɔrdən]
desordem (f)	uorden (m)	['ʉ:,ɔrdən]
esfregão (m)	mopp (m)	['mɔp]
pano (m), trapo (m)	klut (m)	['klʉt]
vassoura (f)	feiekost (m)	['fæjə,kʊst]
pá (f) de lixo	feiebrett (n)	['fæjə,brɛt]

95. Mobiliário. Interior

mobiliário (m)	møbler (n pl)	['møblər]
mesa (f)	bord (n)	['bʊr]
cadeira (f)	stol (m)	['stʊl]
cama (f)	seng (m/f)	['sɛŋ]
sofá, divã (m)	sofa (m)	['sʊfa]
poltrona (f)	lenestol (m)	['lenə,stʊl]
estante (f)	bokskap (n)	['bʊk,skap]
prateleira (f)	hylle (m/f)	['hʏlə]
guarda-roupas (m)	klesskap (n)	['kle,skap]
cabide (m) de parede	knaggbrett (n)	['knag,brɛt]
cabideiro (m) de pé	stumtjener (m)	['stʉm,tjenər]
cômoda (f)	kommode (m)	[kʊ'mʊdə]
mesinha (f) de centro	kaffebord (n)	['kafə,bʊr]
espelho (m)	speil (n)	['spæjl]
tapete (m)	teppe (n)	['tɛpə]
tapete (m) pequeno	lite teppe (n)	['litə 'tɛpə]
lareira (f)	peis (m), ildsted (n)	['pæjs], ['ilsted]
vela (f)	lys (n)	['lys]
castiçal (m)	lysestake (m)	['lysə,stakə]
cortinas (f pl)	gardiner (m/f pl)	[ga'ɖinər]
papel (m) de parede	tapet (n)	[ta'pet]
persianas (f pl)	persienne (m)	[pæʂi'enə]
luminária (f) de mesa	bordlampe (m/f)	['bʊr,lampə]
luminária (f) de parede	vegglampe (m/f)	['vɛg,lampə]

abajur (m) de pé	gulvlampe (m/f)	['gʉlv‚lampə]
lustre (m)	lysekrone (m/f)	['lysə‚krʊnə]

pé (de mesa, etc.)	bein (n)	['bæjn]
braço, descanso (m)	armlene (n)	['arm‚lenə]
costas (f pl)	rygg (m)	['rʏg]
gaveta (f)	skuff (m)	['skʉf]

96. Quarto de dormir

roupa (f) de cama	sengetøy (n)	['sɛŋə‚tøj]
travesseiro (m)	pute (m/f)	['pʉtə]
fronha (f)	putevar, putetrekk (n)	['pʉtə‚var], ['pʉtə‚trɛk]
cobertor (m)	dyne (m/f)	['dynə]
lençol (m)	laken (n)	['lakən]
colcha (f)	sengeteppe (n)	['sɛŋə‚tɛpə]

97. Cozinha

cozinha (f)	kjøkken (n)	['çœkən]
gás (m)	gass (m)	['gas]
fogão (m) a gás	gasskomfyr (m)	['gas kɔm‚fyr]
fogão (m) elétrico	elektrisk komfyr (m)	[ɛ'lektrisk kɔm‚fyr]
forno (m)	bakeovn (m)	['bakə‚ovn]
forno (m) de micro-ondas	mikrobølgeovn (m)	['mikrʊ‚bølgə'ovn]

geladeira (f)	kjøleskap (n)	['çœlə‚skap]
congelador (m)	fryser (m)	['frysər]
máquina (f) de lavar louça	oppvaskmaskin (m)	['ɔpvask ma‚ʂin]

moedor (m) de carne	kjøttkvern (m/f)	['çœt‚kvɛːn̩]
espremedor (m)	juicepresse (m/f)	['dʒʉs‚prɛsə]
torradeira (f)	brødrister (m)	['brø‚ristər]
batedeira (f)	mikser (m)	['miksər]

máquina (f) de café	kaffetrakter (m)	['kafə‚traktər]
cafeteira (f)	kaffekanne (m/f)	['kafə‚kanə]
moedor (m) de café	kaffekvern (m/f)	['kafə‚kvɛːn̩]

chaleira (f)	tekjele (m)	['te‚çelə]
bule (m)	tekanne (m/f)	['te‚kanə]
tampa (f)	lokk (n)	['lɔk]
coador (m) de chá	tesil (m)	['te‚sil]

colher (f)	skje (m)	['ʂe]
colher (f) de chá	teskje (m)	['te‚ʂe]
colher (f) de sopa	spiseskje (m)	['spisə‚ʂɛ]
garfo (m)	gaffel (m)	['gafəl]
faca (f)	kniv (m)	['kniv]

louça (f)	servise (n)	[sær'visə]
prato (m)	tallerken (m)	[ta'lærkən]

pires (m)	**tefat** (n)	['teˌfat]
cálice (m)	**shotglass** (n)	['ʂɔtˌglas]
copo (m)	**glass** (n)	['glas]
xícara (f)	**kopp** (m)	['kɔp]
açucareiro (m)	**sukkerskål** (m/f)	['sʉkərˌskɔl]
saleiro (m)	**saltbøsse** (m/f)	['saltˌbøsə]
pimenteiro (m)	**pepperbøsse** (m/f)	['pɛpərˌbøsə]
manteigueira (f)	**smørkopp** (m)	['smœrˌkɔp]
panela (f)	**gryte** (m/f)	['grytə]
frigideira (f)	**steikepanne** (m/f)	['stæjkəˌpanə]
concha (f)	**sleiv** (m/f)	['ʂlæjv]
coador (m)	**dørslag** (n)	['dœʂlag]
bandeja (f)	**brett** (n)	['brɛt]
garrafa (f)	**flaske** (m)	['flaskə]
pote (m) de vidro	**glasskrukke** (m/f)	['glasˌkrʉkə]
lata (~ de cerveja)	**boks** (m)	['bɔks]
abridor (m) de garrafa	**flaskeåpner** (m)	['flaskəˌɔpnər]
abridor (m) de latas	**konservåpner** (m)	['kʉnsəvˌɔpnər]
saca-rolhas (m)	**korketrekker** (m)	['kɔrkəˌtrɛkər]
filtro (m)	**filter** (n)	['filtər]
filtrar (vt)	**å filtrere**	[ɔ fil'trerə]
lixo (m)	**søppel** (m/f/n)	['sœpəl]
lixeira (f)	**søppelbøtte** (m/f)	['sœpəlˌbœtə]

98. Casa de banho

banheiro (m)	**bad, baderom** (n)	['bad], ['badəˌrʊm]
água (f)	**vann** (n)	['van]
torneira (f)	**kran** (m/f)	['kran]
água (f) quente	**varmt vann** (n)	['varmt ˌvan]
água (f) fria	**kaldt vann** (n)	['kalt van]
pasta (f) de dente	**tannpasta** (m)	['tanˌpasta]
escovar os dentes	**å pusse tennene**	[ɔ 'pʉsə 'tɛnənə]
escova (f) de dente	**tannbørste** (m)	['tanˌbœʂtə]
barbear-se (vr)	**å barbere seg**	[ɔ bar'berə sæj]
espuma (f) de barbear	**barberskum** (n)	[bar'bɛˌskʊm]
gilete (f)	**høvel** (m)	['høvəl]
lavar (vt)	**å vaske**	[ɔ 'vaskə]
tomar banho	**å vaske seg**	[ɔ 'vaskə sæj]
chuveiro (m), ducha (f)	**dusj** (m)	['dʉʂ]
tomar uma ducha	**å ta en dusj**	[ɔ 'ta en 'dʉʂ]
banheira (f)	**badekar** (n)	['badəˌkar]
vaso (m) sanitário	**toalettstol** (m)	[tʊa'letˌstʊl]
pia (f)	**vaskeservant** (m)	['vaskəˌsɛr'vant]
sabonete (m)	**såpe** (m/f)	['so:pə]

saboneteira (f)	såpeskål (m/f)	['so:pə͵skɔl]
esponja (f)	svamp (m)	['svamp]
xampu (m)	sjampo (m)	['ʂam͵pʉ]
toalha (f)	håndkle (n)	['hɔn͵kle]
roupão (m) de banho	badekåpe (m/f)	['badə͵ko:pə]

lavagem (f)	vask (m)	['vask]
lavadora (f) de roupas	vaskemaskin (m)	['vaskə ma͵ʂin]
lavar a roupa	å vaske tøy	[ɔ 'vaskə 'tøj]
detergente (m)	vaskepulver (n)	['vaskə͵pʉlvər]

99. Eletrodomésticos

televisor (m)	TV (m), TV-apparat (n)	['tɛvɛ], ['tɛvɛ apɑ'rɑt]
gravador (m)	båndopptaker (m)	['bɔn͵ɔptakər]
videogravador (m)	video (m)	['videʉ]
rádio (m)	radio (m)	['radiʉ]
leitor (m)	spiller (m)	['spilər]

projetor (m)	videoprojektor (m)	['videʉ prɔ'jɛktɔr]
cinema (m) em casa	hjemmekino (m)	['jɛmə͵çinʉ]
DVD Player (m)	DVD-spiller (m)	[deve'de ͵spilər]
amplificador (m)	forsterker (m)	[fɔ'ʂtærkər]
console (f) de jogos	spillkonsoll (m)	['spil kʉn'sɔl]

câmera (f) de vídeo	videokamera (n)	['videʉ ͵kamera]
máquina (f) fotográfica	kamera (n)	['kamera]
câmera (f) digital	digitalkamera (n)	[digi'tal ͵kamera]

aspirador (m)	støvsuger (m)	['støf͵sʉgər]
ferro (m) de passar	strykejern (n)	['strykə jæ:ɳ]
tábua (f) de passar	strykebrett (n)	['strykə͵brɛt]

telefone (m)	telefon (m)	[tele'fʉn]
celular (m)	mobiltelefon (m)	[mʉ'bil tele'fʉn]
máquina (f) de escrever	skrivemaskin (m)	['skrivə ma͵ʂin]
máquina (f) de costura	symaskin (m)	['si:ma͵ʂin]

microfone (m)	mikrofon (m)	[mikrʉ'fʉn]
fone (m) de ouvido	hodetelefoner (n pl)	['hɔdetelə͵fʉnər]
controle remoto (m)	fjernkontroll (m)	['fjæ:ɳ kʉn'trɔl]

CD (m)	CD-rom (m)	['sɛdɛ͵rʉm]
fita (f) cassete	kassett (m)	[ka'sɛt]
disco (m) de vinil	plate, skive (m/f)	['platə], ['ʂivə]

100. Reparações. Renovação

renovação (f)	renovering (m/f)	[renʉ'veriŋ]
renovar (vt), fazer obras	å renovere	[ɔ renʉ'verə]
reparar (vt)	å reparere	[ɔ repa'rerə]
consertar (vt)	å bringe orden	[ɔ 'briŋə 'ɔrdən]

refazer (vt)	å gjøre om	[ɔ 'jørə ɔm]
tinta (f)	maling (m/f)	['malin]
pintar (vt)	å male	[ɔ 'malə]
pintor (m)	maler (m)	['malər]
pincel (m)	pensel (m)	['pɛnsəl]

| cal (f) | kalkmaling (m/f) | ['kalk,malin] |
| caiar (vt) | å hvitmale | [ɔ 'vit,malə] |

papel (m) de parede	tapet (n)	[ta'pet]
colocar papel de parede	å tapetsere	[ɔ tapet'serə]
verniz (m)	ferniss (m)	['fæːˌn̩is]
envernizar (vt)	å lakkere	[ɔ la'kerə]

101. Canalizações

água (f)	vann (n)	['van]
água (f) quente	varmt vann (n)	['varmt ,van]
água (f) fria	kaldt vann (n)	['kalt van]
torneira (f)	kran (m/f)	['kran]

gota (f)	dråpe (m)	['droːpə]
gotejar (vi)	å dryppe	[ɔ 'drʏpə]
vazar (vt)	å lekke	[ɔ 'lekə]
vazamento (m)	lekk (m)	['lek]
poça (f)	pøl, pytt (m)	['pøl], ['pʏt]

tubo (m)	rør (n)	['rør]
válvula (f)	ventil (m)	[vɛn'til]
entupir-se (vr)	å bli tilstoppet	[ɔ 'bli til'stɔpət]

ferramentas (f pl)	verktøy (n pl)	['værkˌtøj]
chave (f) inglesa	skiftenøkkel (m)	['ʂiftəˌnøkəl]
desenroscar (vt)	å skru ut	[ɔ 'skrʉ ʉt]
enroscar (vt)	å skru fast	[ɔ 'skrʉ 'fast]

desentupir (vt)	å rense	[ɔ 'rɛnsə]
encanador (m)	rørlegger (m)	['rørˌlegər]
porão (m)	kjeller (m)	['çɛlər]
rede (f) de esgotos	avløp (n)	['avˌløp]

102. Fogo. Deflagração

incêndio (m)	ild (m)	['il]
chama (f)	flamme (m)	['flamə]
faísca (f)	gnist (m)	['gnist]
fumaça (f)	røyk (m)	['røjk]
tocha (f)	fakkel (m)	['fakəl]
fogueira (f)	bål (n)	['bɔl]

| gasolina (f) | bensin (m) | [bɛn'sin] |
| querosene (m) | parafin (m) | [para'fin] |

inflamável (adj)	brennbar	['brɛn,bar]
explosivo (adj)	eksplosiv	['ɛksplu,siv]
PROIBIDO FUMAR!	RØYKING FORBUDT	['røjkiŋ fɔr'bʉt]
segurança (f)	sikkerhet (m/f)	['sikər,het]
perigo (m)	fare (m)	['farə]
perigoso (adj)	farlig	['fa:ḷi]
incendiar-se (vr)	å ta fyr	[ɔ 'ta ,fyr]
explosão (f)	eksplosjon (m)	[ɛksplʉ'ʂʊn]
incendiar (vt)	å sette fyr	[ɔ 'sɛtə ,fyr]
incendiário (m)	brannstifter (m)	['bran,stiftər]
incêndio (m) criminoso	brannstiftelse (m)	['bran,stiftəlsə]
flamejar (vi)	å flamme	[ɔ 'flamə]
queimar (vi)	å brenne	[ɔ 'brɛnə]
queimar tudo (vi)	å brenne ned	[ɔ 'brɛnə ne]
chamar os bombeiros	å ringe bransvesenet	[ɔ 'riŋə 'brans,vesənə]
bombeiro (m)	brannmann (m)	['bran,man]
caminhão (m) de bombeiros	brannbil (m)	['bran,bil]
corpo (m) de bombeiros	brannkorps (n)	['bran,korps]
escada (f) extensível	teleskopstige (m)	['tele'skʊp,sti:ə]
mangueira (f)	slange (m)	['ʂlaŋə]
extintor (m)	brannslukker (n)	['bran,ʂlʉkər]
capacete (m)	hjelm (m)	['jɛlm]
sirene (f)	sirene (m/f)	[si'renə]
gritar (vi)	å skrike	[ɔ 'skrikə]
chamar por socorro	å rope på hjelp	[ɔ 'rupə pɔ 'jɛlp]
socorrista (m)	redningsmann (m)	['rɛdniŋs,man]
salvar, resgatar (vt)	å redde	[ɔ 'rɛdə]
chegar (vi)	å ankomme	[ɔ 'an,komə]
apagar (vt)	å slokke	[ɔ 'ʂløkə]
água (f)	vann (n)	['van]
areia (f)	sand (m)	['san]
ruínas (f pl)	ruiner (m pl)	[rʉ'inər]
ruir (vi)	å falle sammen	[ɔ 'falə 'samən]
desmoronar (vi)	å styrte ned	[ɔ 'sty:ṭə ne]
desabar (vi)	å styrte inn	[ɔ 'sty:ṭə in]
fragmento (m)	del (m)	['del]
cinza (f)	aske (m/f)	['askə]
sufocar (vi)	å kveles	[ɔ 'kveləs]
perecer (vi)	å omkomme	[ɔ 'ɔm,komə]

ATIVIDADES HUMANAS

Emprego. Negócios. Parte 1

103. Escritório. O trabalho no escritório

escritório (~ de advogados)	kontor (n)	[kʊn'tʊr]
escritório (do diretor, etc.)	kontor (n)	[kʊn'tʊr]
recepção (f)	resepsjon (m)	[resɛp'ʂʊn]
secretário (m)	sekretær (m)	[sɛkrə'tær]
secretária (f)	sekretær (m)	[sɛkrə'tær]
diretor (m)	direktør (m)	[dirɛk'tør]
gerente (m)	manager (m)	['mɛnidʒər]
contador (m)	regnskapsfører (m)	['rɛjnskaps‚førər]
empregado (m)	ansatt (n)	['an‚sat]
mobiliário (m)	møbler (n pl)	['møblər]
mesa (f)	bord (n)	['bʊr]
cadeira (f)	arbeidsstol (m)	['arbæjds‚stʊl]
gaveteiro (m)	skuffeseksjon (m)	['skʉfə‚sɛk'ʂʊn]
cabideiro (m) de pé	stumtjener (m)	['stʉm‚tjenər]
computador (m)	datamaskin (m)	['data ma‚ʂin]
impressora (f)	skriver (m)	['skrivər]
fax (m)	faks (m)	['faks]
fotocopiadora (f)	kopimaskin (m)	[kʊ'pi ma‚ʂin]
papel (m)	papir (n)	[pa'pir]
artigos (m pl) de escritório	kontorartikler (m pl)	[kʊn'tʊr a:'ṭiklər]
tapete (m) para mouse	musematte (m/f)	['mʉsə‚matə]
folha (f)	ark (n)	['ark]
pasta (f)	mappe (m/f)	['mapə]
catálogo (m)	katalog (m)	[kata'lɔg]
lista (f) telefônica	telefonkatalog (m)	[tele'fʊn kata'lɔg]
documentação (f)	dokumentasjon (m)	[dɔkʉmɛnta'ʂʊn]
brochura (f)	brosjyre (m)	[brɔ'ʂyrə]
panfleto (m)	reklameblad (n)	[rɛ'klamə‚bla]
amostra (f)	prøve (m)	['prøvə]
formação (f)	trening (m/f)	['treniŋ]
reunião (f)	møte (n)	['møtə]
hora (f) de almoço	lunsj pause (m)	['lʉnʂ ‚paʊsə]
fazer uma cópia	à lage en kopi	[ɔ 'lagə en kʊ'pi]
tirar cópias	à kopiere	[ɔ kʊ'pjerə]
receber um fax	à motta faks	[ɔ 'mɔta ‚faks]
enviar um fax	à sende faks	[ɔ 'sɛnə ‚faks]

fazer uma chamada	å ringe	[ɔ 'riŋə]
responder (vt)	å svare	[ɔ 'svɑrə]
passar (vt)	å sætte over til ...	[ɔ 'sætə 'ɔvər til ...]

marcar (vt)	å arrangere	[ɔ ɑrɑŋ'ʂerə]
demonstrar (vt)	å demonstrere	[ɔ demɔn'strerə]
estar ausente	å være fraværende	[ɔ 'værə 'frɑˌværənə]
ausência (f)	fravær (n)	['frɑˌvær]

104. Processos negociais. Parte 1

negócio (m)	bedrift, handel (m)	[be'drift], ['handəl]
ocupação (f)	yrke (n)	['yrkə]
firma, empresa (f)	firma (n)	['firmɑ]
companhia (f)	foretak (n)	['fɔrəˌtak]
corporação (f)	korporasjon (m)	[kʊrpʊrɑ'ʂʊn]
empresa (f)	foretak (n)	['fɔrəˌtak]
agência (f)	agentur (n)	[ɑgɛn'tʉr]

acordo (documento)	avtale (m)	['avˌtalə]
contrato (m)	kontrakt (m)	[kʊn'trakt]
acordo (transação)	avtale (m)	['avˌtalə]
pedido (m)	bestilling (m)	[be'stiliŋ]
termos (m pl)	vilkår (n)	['vilˌkɔːr]

por atacado	en gros	[ɛn 'grɔ]
por atacado (adj)	engros-	[ɛŋ'grɔ-]
venda (f) por atacado	engroshandel (m)	[ɛŋ'grɔˌhandəl]
a varejo	detalj-	[de'talj-]
venda (f) a varejo	detaljhandel (m)	[de'taljˌhandəl]

concorrente (m)	konkurrent (m)	[kʊnkʉ'rɛnt]
concorrência (f)	konkurranse (m)	[kʊnkʉ'ransə]
competir (vi)	å konkurrere	[ɔ kʊnkʉ'rerə]

| sócio (m) | partner (m) | ['paːʈnər] |
| parceria (f) | partnerskap (n) | ['paːʈnəˌskap] |

crise (f)	krise (m/f)	['krisə]
falência (f)	fallitt (m)	[fa'lit]
entrar em falência	å gå konkurs	[ɔ 'gɔ kɔn'kʉʂ]
dificuldade (f)	vanskelighet (m)	['vanskəliˌhet]
problema (m)	problem (n)	[prʉ'blem]
catástrofe (f)	katastrofe (m)	[kata'strɔfə]

economia (f)	økonomi (m)	[økʉnʉ'mi]
econômico (adj)	økonomisk	[økʉ'nɔmisk]
recessão (f) econômica	økonomisk nedgang (m)	[økʉ'nɔmisk 'nedˌgaŋ]

| objetivo (m) | mål (n) | ['mol] |
| tarefa (f) | oppgave (m/f) | ['ɔpˌgavə] |

| comerciar (vi, vt) | å handle | [ɔ 'handlə] |
| rede (de distribuição) | nettverk (n) | ['nɛtˌværk] |

estoque (m)	lager (n)	['lagər]
sortimento (m)	sortiment (n)	[sɔ:ʈi'mɛn]
líder (m)	leder (m)	['ledər]
grande (~ empresa)	stor	['stʉr]
monopólio (m)	monopol (n)	[mʉnʉ'pɔl]
teoria (f)	teori (m)	[teʉ'ri]
prática (f)	praksis (m)	['praksis]
experiência (f)	erfaring (m/f)	[ær'fariŋ]
tendência (f)	tendens (m)	[tɛn'dɛns]
desenvolvimento (m)	utvikling (m/f)	['ʉt‚vikliŋ]

105. Processos negociais. Parte 2

rentabilidade (f)	utbytte (n), fordel (m)	['ʉt‚bʏtə], ['fɔ:dǝl]
rentável (adj)	fordelaktig	[fɔ:dǝl'akti]
delegação (f)	delegasjon (m)	[delega'ʂʉn]
salário, ordenado (m)	lønn (m/f)	['lœn]
corrigir (~ um erro)	å rette	[ɔ 'rɛtə]
viagem (f) de negócios	forretningsreise (m/f)	[fɔ'rɛtniŋs‚ræjsə]
comissão (f)	provisjon (m)	[prʉvi'ʂʉn]
controlar (vt)	å kontrollere	[ɔ kʉntrɔ'lerə]
conferência (f)	konferanse (m)	[kʉnfə'ransə]
licença (f)	lisens (m)	[li'sɛns]
confiável (adj)	pålitelig	[pɔ'liteli]
empreendimento (m)	initiativ (n)	[initsia'tiv]
norma (f)	norm (m)	['nɔrm]
circunstância (f)	omstendighet (m)	[ɔm'stɛndi‚het]
dever (do empregado)	plikt (m/f)	['plikt]
empresa (f)	organisasjon (m)	[ɔrganisa'ʂʉn]
organização (f)	organisering (m)	[ɔrgani'seriŋ]
organizado (adj)	organisert	[ɔrgani'sɛ:ʈ]
anulação (f)	avlysning (m/f)	['av‚lʏsniŋ]
anular, cancelar (vt)	å avlyse, å annullere	[ɔ 'av‚lʏsə], [ɔ anʉ'lerə]
relatório (m)	rapport (m)	[ra'pɔ:ʈ]
patente (f)	patent (n)	[pa'tɛnt]
patentear (vt)	å patentere	[ɔ paten'terə]
planejar (vt)	å planlegge	[ɔ 'plan‚legə]
bônus (m)	gratiale (n)	[gratsi'a:lə]
profissional (adj)	professionel	[prʉ'fɛsiɔ‚nɛl]
procedimento (m)	prosedyre (m)	[prʉse'dʏrə]
examinar (~ a questão)	å undersøke	[ɔ 'ʉnə‚søkə]
cálculo (m)	beregning (m/f)	[be'rɛjniŋ]
reputação (f)	rykte (n)	['rʏktə]
risco (m)	risiko (m)	['risikʉ]
dirigir (~ uma empresa)	å styre, å lede	[ɔ 'styrə], [ɔ 'ledə]

informação (f)	opplysninger (m/f pl)	['ɔpˌlʏsniŋər]
propriedade (f)	eiendom (m)	['æjənˌdɔm]
união (f)	forbund (n)	['fɔrˌbʉn]

seguro (m) de vida	livsforsikring (m/f)	['lifsfɔˌʂikriŋ]
fazer um seguro	å forsikre	[ɔ fo'ʂikrə]
seguro (m)	forsikring (m/f)	[fɔ'ʂikriŋ]

leilão (m)	auksjon (m)	[aʊk'ʂʊn]
notificar (vt)	å underrette	[ɔ 'ʉnəˌrɛtə]
gestão (f)	ledelse (m)	['ledəlsə]
serviço (indústria de ~s)	tjeneste (m)	['tjenɛstə]

fórum (m)	forum (n)	['fɔrum]
funcionar (vi)	å fungere	[ɔ fʉ'ŋerə]
estágio (m)	etappe (m)	[e'tapə]
jurídico, legal (adj)	juridisk	[jʉ'ridisk]
advogado (m)	jurist (m)	[jʉ'rist]

106. Produção. Trabalhos

usina (f)	verk (n)	['værk]
fábrica (f)	fabrikk (m)	[fɑ'brik]
oficina (f)	verkstad (m)	['værkˌstɑd]
local (m) de produção	produksjonsplass (m)	[prʊdʊk'ʂʉns ˌplɑs]

indústria (f)	industri (m)	[indʉ'stri]
industrial (adj)	industriell	[indʉstri'ɛl]
indústria (f) pesada	tungindustri (m)	['tʉŋ ˌindʉ'stri]
indústria (f) ligeira	lettindustri (m)	['letˌindʉ'stri]

produção (f)	produksjon (m)	[prʊdʊk'ʂʉn]
produzir (vt)	å produsere	[ɔ prʊdʉ'serə]
matérias-primas (f pl)	råstoffer (n pl)	['rɔˌstɔfər]

chefe (m) de obras	formann, bas (m)	['fɔrman], ['bɑs]
equipe (f)	arbeidslag (n)	['ɑrbæjdsˌlag]
operário (m)	arbeider (m)	['arˌbæjdər]

dia (m) de trabalho	arbeidsdag (m)	['ɑrbæjdsˌdɑ]
intervalo (m)	hvilepause (m)	['viləˌpaʊse]
reunião (f)	møte (n)	['møtə]
discutir (vt)	å drøfte, å diskutere	[ɔ 'drœftə], [ɔ diskʉ'terə]

plano (m)	plan (m)	['plɑn]
cumprir o plano	å oppfylle planen	[ɔ 'ɔpˌfʏlə 'planən]
taxa (f) de produção	produksjonsmål (n)	[prʊdʊk'ʂʉns ˌmol]
qualidade (f)	kvalitet (m)	[kvɑli'tɛt]
controle (m)	kontroll (m)	[kʊn'trɔl]
controle (m) da qualidade	kvalitetskontroll (m)	[kvɑli'tɛt kʊn'trɔl]

segurança (f) no trabalho	arbeidervern (n)	['ɑrbæjdərˌvæːŋ]
disciplina (f)	disiplin (m)	[disip'lin]
infração (f)	brudd (n)	['brʉd]

violar (as regras)	å bryte	[ɔ 'brytə]
greve (f)	streik (m)	['stræjk]
grevista (m)	streiker (m)	['stræjkər]
estar em greve	å streike	[ɔ 'stræjkə]
sindicato (m)	fagforening (m/f)	['fagfɔˌreniŋ]

inventar (vt)	å oppfinne	[ɔ 'ɔpˌfinə]
invenção (f)	oppfinnelse (m)	['ɔpˌfinəlsə]
pesquisa (f)	forskning (m)	['fɔːʂkniŋ]
melhorar (vt)	å forbedre	[ɔ fɔr'bɛdrə]
tecnologia (f)	teknologi (m)	[tɛknʉlʉ'gi]
desenho (m) técnico	teknisk tegning (m/f)	['tɛknisk ˌtæjniŋ]

carga (f)	last (m/f)	['last]
carregador (m)	lastearbeider (m)	['lastəˈarˌbæjdər]
carregar (o caminhão, etc.)	å laste	[ɔ 'lastə]
carregamento (m)	lasting (m/f)	['lastiŋ]
descarregar (vt)	å lesse av	[ɔ 'lese aː]
descarga (f)	avlessing (m/f)	['avˌlesiŋ]

transporte (m)	transport (m)	[trans'pɔːt]
companhia (f) de transporte	transportfirma (n)	[trans'pɔːt ˌfirma]
transportar (vt)	å transportere	[ɔ transpɔːˈʈerə]

vagão (m) de carga	godsvogn (m/f)	['gʉtsˌvɔŋn]
tanque (m)	tank (m)	['tank]
caminhão (m)	lastebil (m)	['lastəˌbil]

máquina (f) operatriz	verktøymaskin (m)	['værktøj maˌʂin]
mecanismo (m)	mekanisme (m)	[meka'nismə]

resíduos (m pl) industriais	industrielt avfall (n)	[indʉstri'ɛlt 'avˌfal]
embalagem (f)	pakning (m/f)	['pakniŋ]
embalar (vt)	å pakke	[ɔ 'pakə]

107. Contrato. Acordo

contrato (m)	kontrakt (m)	[kʉn'trakt]
acordo (m)	avtale (m)	['avˌtalə]
adendo, anexo (m)	tillegg, bilag (n)	['tiˌleg], ['biˌlag]

assinar o contrato	å inngå kontrakt	[ɔ 'inˌgɔ kʉn'trakt]
assinatura (f)	underskrift (m/f)	['ʉnəˌʂkrift]
assinar (vt)	å underskrive	[ɔ 'ʉnəˌʂkrivə]
carimbo (m)	stempel (n)	['stɛmpəl]

objeto (m) do contrato	kontraktens gjenstand (m)	[kʉn'traktəns 'jɛnˌstan]
cláusula (f)	klausul (m)	[klaʉ'sʉl]
partes (f pl)	parter (m pl)	['paːʈər]
domicílio (m) legal	juridisk adresse (m/f)	[jʉ'ridisk a'drɛsə]

violar o contrato	å bryte kontrakten	[ɔ 'brytə kʉn'traktən]
obrigação (f)	forpliktelse (m)	[fɔr'pliktəlsə]
responsabilidade (f)	ansvar (n)	['anˌsvar]

força (f) maior	force majeure (m)	[ˌfɔrs maˈʒøːr]
litígio (m), disputa (f)	tvist (m)	[ˈtvist]
multas (f pl)	straffeavgifter (m pl)	[ˈstrafə avˈjiftər]

108. Importação & Exportação

importação (f)	import (m)	[imˈpɔːt]
importador (m)	importør (m)	[impɔːˈʈør]
importar (vt)	å importere	[ɔ impɔːˈʈerə]
de importação	import-	[imˈpɔːʈ-]

exportação (f)	eksport (m)	[ɛksˈpɔːt]
exportador (m)	eksportør (m)	[ɛkspɔːˈʈør]
exportar (vt)	å eksportere	[ɔ ɛkspɔːˈʈerə]
de exportação	eksport-	[ɛksˈpɔːʈ-]

| mercadoria (f) | vare (m/f) | [ˈvarə] |
| lote (de mercadorias) | parti (n) | [paˈʈi] |

peso (m)	vekt (m)	[ˈvɛkt]
volume (m)	volum (n)	[vɔˈlʉm]
metro (m) cúbico	kubikkmeter (m)	[kʉˈbikˌmetər]

produtor (m)	produsent (m)	[prʊdʉˈsɛnt]
companhia (f) de transporte	transportfirma (n)	[transˈpɔːʈ ˌfirma]
contêiner (m)	container (m)	[kɔnˈtɛjnər]

fronteira (f)	grense (m/f)	[ˈgrɛnsə]
alfândega (f)	toll (m)	[ˈtɔl]
taxa (f) alfandegária	tollavgift (m)	[ˈtɔl avˈjift]
funcionário (m) da alfândega	tollbetjent (m)	[ˈtɔlbeˌtjɛnt]
contrabando (atividade)	smugling (m/f)	[ˈsmʉgliŋ]
contrabando (produtos)	smuglergods (n)	[ˈsmʉgləˌgʊʈs]

109. Finanças

ação (f)	aksje (m)	[ˈakʂə]
obrigação (f)	obligasjon (m)	[ɔbligaˈʂun]
nota (f) promissória	veksel (m)	[ˈvɛksəl]

| bolsa (f) de valores | børs (m) | [ˈbœʂ] |
| cotação (m) das ações | aksjekurs (m) | [ˈakʂəˌkʉʂ] |

| tornar-se mais barato | å gå ned | [ɔ ˈgɔ ne] |
| tornar-se mais caro | å gå opp | [ɔ ˈgɔ ɔp] |

parte (f)	andel (m)	[ˈanˌdel]
participação (f) majoritária	aksjemajoritet (m)	[ˈakʂəˌmajoriˈtet]
investimento (m)	investering (m/f)	[inveˈsteriŋ]
investir (vt)	å investere	[ɔ inveˈsterə]
porcentagem (f)	prosent (m)	[prʊˈsɛnt]
juros (m pl)	rente (m/f)	[ˈrɛntə]

lucro (m)	**profitt** (m), **fortjeneste** (m/f)	[prɔ'fit], [fɔ:'tjenɛstə]
lucrativo (adj)	**profitabel**	[prɔfi'tabəl]
imposto (m)	**skatt** (m)	['skat]

divisa (f)	**valuta** (m)	[va'lʉta]
nacional (adj)	**nasjonal**	[naʂʊ'nal]
câmbio (m)	**veksling** (m/f)	['vɛkʂliŋ]

contador (m)	**regnskapsfører** (m)	['rɛjnskaps,førər]
contabilidade (f)	**bokføring** (m/f)	['bʊk'føriŋ]

falência (f)	**fallitt** (m)	[fa'lit]
falência, quebra (f)	**krakk** (n)	['krak]
ruína (f)	**ruin** (m)	[rʉ'in]
estar quebrado	**å ruinere seg**	[ɔ rʉi'nerə sæj]
inflação (f)	**inflasjon** (m)	[infla'ʂʊn]
desvalorização (f)	**devaluering** (m)	[devalʉ'eriŋ]

capital (m)	**kapital** (m)	[kapi'tal]
rendimento (m)	**inntekt** (m/f), **innkomst** (m)	['in,tɛkt], ['in,kɔmst]
volume (m) de negócios	**omsetning** (m/f)	['ɔm,sɛtniŋ]
recursos (m pl)	**ressurser** (m pl)	[re'sʉʂər]
recursos (m pl) financeiros	**pengemidler** (m pl)	['pɛŋə,midlər]
despesas (f pl) gerais	**faste utgifter** (m/f pl)	['fastə 'ʉt,jiftər]
reduzir (vt)	**å redusere**	[ɔ redʉ'serə]

110. Marketing

marketing (m)	**markedsføring** (m/f)	['markəds,føriŋ]
mercado (m)	**marked** (n)	['markəd]
segmento (m) do mercado	**markedssegment** (n)	['markəds seg'mɛnt]
produto (m)	**produkt** (n)	[prʊ'dʉkt]
mercadoria (f)	**vare** (m/f)	['varə]

marca (f)	**merkenavn** (n)	['mærkə,navn]
marca (f) registrada	**varemerke** (n)	['varə,mærkə]
logotipo (m)	**firmamerke** (n)	['firma,mærkə]
logo (m)	**logo** (m)	['lugʊ]

demanda (f)	**etterspørsel** (m)	['ɛtə,spœʂəl]
oferta (f)	**tilbud** (n)	['til,bʉd]

necessidade (f)	**behov** (n)	[be'hʊv]
consumidor (m)	**forbruker** (m)	[fɔr'brʉkər]

análise (f)	**analyse** (m)	[ana'lysə]
analisar (vt)	**å analysere**	[ɔ analy'serə]

posicionamento (m)	**posisjonering** (m/f)	[pʊsiʂʊ'neriŋ]
posicionar (vt)	**å posisjonere**	[ɔ pʊsiʂʊ'nerə]

preço (m)	**pris** (m)	['pris]
política (f) de preços	**prispolitikk** (m)	['pris pʊli'tik]
formação (f) de preços	**prisdannelse** (m)	['pris,danəlsə]

111. Publicidade

publicidade (f)	reklame (m)	[rɛ'klamə]
fazer publicidade	å reklamere	[ɔ rɛkla'merə]
orçamento (m)	budsjett (n)	[bʉd'ʂɛt]

anúncio (m)	annonse (m)	[a'nɔnsə]
publicidade (f) na TV	TV-reklame (m)	['tɛvɛ rɛ'klamə]
publicidade (f) na rádio	radioreklame (m)	['radiʉ rɛ'klamə]
publicidade (f) exterior	utendørsreklame (m)	['ʉtən͵dœʂ rɛ'klamə]

comunicação (f) de massa	massemedier (n pl)	['masə͵mediər]
periódico (m)	tidsskrift (n)	['tid͵skrift]
imagem (f)	image (m)	['imidʒ]

slogan (m)	slogan (n)	['slɔgan]
mote (m), lema (f)	motto (n)	['mɔtʉ]

campanha (f)	kampanje (m)	[kam'panjə]
campanha (f) publicitária	reklamekampanje (m)	[rɛ'klamə kam'panjə]
grupo (m) alvo	målgruppe (m/f)	['mo:l͵grʉpə]

cartão (m) de visita	visittkort (n)	[vi'sit͵kɔ:t]
panfleto (m)	reklameblad (n)	[rɛ'klamə͵bla]
brochura (f)	brosjyre (m)	[brɔ'ʂyrə]
folheto (m)	folder (m)	['fɔlər]
boletim (~ informativo)	nyhetsbrev (n)	['nyhets͵brev]

letreiro (m)	skilt (n)	['ʂilt]
cartaz, pôster (m)	plakat, poster (m)	['pla͵kat], ['pɔstər]
painel (m) publicitário	reklameskilt (m/f)	[rɛ'klamə͵ʂilt]

112. Banca

banco (m)	bank (m)	['bank]
balcão (f)	avdeling (m)	['av͵deliŋ]

consultor (m) bancário	konsulent (m)	[kʉnsʉ'lent]
gerente (m)	forstander (m)	[fo'ʂtandər]

conta (f)	bankkonto (m)	['bank͵kɔntʉ]
número (m) da conta	kontonummer (n)	['kɔntʉ͵nʉmər]
conta (f) corrente	sjekkonto (m)	['ʂɛk͵kɔntʉ]
conta (f) poupança	sparekonto (m)	['sparə͵kɔntʉ]

abrir uma conta	å åpne en konto	[ɔ 'ɔpnə en 'kɔntʉ]
fechar uma conta	å lukke kontoen	[ɔ 'lʉkə 'kɔntʉen]
depositar na conta	å sette inn på kontoen	[ɔ 'sɛtə in pɔ 'kɔntʉen]
sacar (vt)	å ta ut fra kontoen	[ɔ 'ta ʉt fra 'kɔntʉen]

depósito (m)	innskudd (n)	['in͵skʉd]
fazer um depósito	å sette inn	[ɔ 'sɛtə in]
transferência (f) bancária	overføring (m/f)	['ɔvər͵føriŋ]

transferir (vt)	å overføre	[ɔ 'ɔvɛrˌføːrə]
soma (f)	sum (m)	['sʉm]
Quanto?	Hvor mye?	[vʉr 'mye]

assinatura (f)	underskrift (m/f)	['ʉnəˌskrift]
assinar (vt)	å underskrive	[ɔ 'ʉnəˌskriːvə]

cartão (m) de crédito	kredittkort (n)	[krɛ'ditˌkɔːʈ]
senha (f)	kode (m)	['kʉdə]
número (m) do cartão de crédito	kreditkortnummer (n)	[krɛ'ditˌkɔːʈ 'nʉmər]
caixa (m) eletrônico	minibank (m)	['miniˌbank]

cheque (m)	sjekk (m)	['ʂɛk]
passar um cheque	å skrive en sjekk	[ɔ 'skriːvə en 'ʂɛk]
talão (m) de cheques	sjekkbok (m/f)	['ʂɛkˌbʉk]

empréstimo (m)	lån (n)	['lɔn]
pedir um empréstimo	å søke om lån	[ɔ ˌsøkə ɔm 'lɔn]
obter empréstimo	å få lån	[ɔ 'fɔ 'lɔn]
dar um empréstimo	å gi lån	[ɔ 'ji 'lɔn]
garantia (f)	garanti (m)	[gɑrɑn'ti]

113. Telefone. Conversação telefônica

telefone (m)	telefon (m)	[tele'fʉn]
celular (m)	mobiltelefon (m)	[mʉ'bil tele'fʉn]
secretária (f) eletrônica	telefonsvarer (m)	[tele'fʉnˌsvɑrər]

fazer uma chamada	å ringe	[ɔ 'riŋə]
chamada (f)	telefonsamtale (m)	[tele'fʉn 'samˌtɑlə]

discar um número	å slå et nummer	[ɔ 'ʂlɔ et 'nʉmər]
Alô!	Hallo!	[hɑ'lʉ]
perguntar (vt)	å spørre	[ɔ 'spøːrə]
responder (vt)	å svare	[ɔ 'svɑrə]

ouvir (vt)	å høre	[ɔ 'høːrə]
bem	godt	['gɔt]
mal	dårlig	['dɔːli]
ruído (m)	støy (m)	['støj]

fone (m)	telefonrør (n)	[tele'fʉnˌrør]
pegar o telefone	å ta telefonen	[ɔ 'tɑ tele'fʉnən]
desligar (vi)	å legge på røret	[ɔ 'legə pɔ 'røːrə]

ocupado (adj)	opptatt	['ɔpˌtɑt]
tocar (vi)	å ringe	[ɔ 'riŋə]
lista (f) telefônica	telefonkatalog (m)	[tele'fʉn kɑtɑ'lɔg]
local (adj)	lokal-	[lɔ'kɑl-]
chamada (f) local	lokalsamtale (m)	[lɔ'kɑl 'samˌtɑlə]
de longa distância	riks-	['riks-]
chamada (f) de longa distância	rikssamtale (m)	['riks 'samˌtɑlə]

| internacional (adj) | internasjonal | ['intɛ:ŋɑʂʊˌnɑl] |
| chamada (f) internacional | internasjonal samtale (m) | ['intɛ:ŋɑʂʊˌnɑl 'samˌtalə] |

114. Telefone móvel

celular (m)	mobiltelefon (m)	[mʊ'bil tele'fʊn]
tela (f)	skjerm (m)	['ʂærm]
botão (m)	knapp (m)	['knɑp]
cartão SIM (m)	SIM-kort (n)	['simˌkɔ:t]

bateria (f)	batteri (n)	[batɛ'ri]
descarregar-se (vr)	å bli utladet	[ɔ 'bli 'ʉtˌlɑdət]
carregador (m)	lader (m)	['lɑdər]

| menu (m) | meny (m) | [me'ny] |
| configurações (f pl) | innstillinger (m/f pl) | ['inˌstiliŋər] |

| melodia (f) | melodi (m) | [melɔ'di] |
| escolher (vt) | å velge | [ɔ 'vɛlgə] |

calculadora (f)	regnemaskin (m)	['rɛjnə mɑˌʂin]
correio (m) de voz	telefonsvarer (m)	[tele'fʊnˌsvɑrər]
despertador (m)	vekkerklokka (m/f)	['vɛkərˌklɔkɑ]
contatos (m pl)	kontakter (m pl)	[kʊn'taktər]

| mensagem (f) de texto | SMS-beskjed (m) | [ɛsɛm'ɛs bɛˌʂɛ] |
| assinante (m) | abonnent (m) | [abɔ'nɛnt] |

115. Estacionário

| caneta (f) | kulepenn (m) | ['kʉ:ləˌpɛn] |
| caneta (f) tinteiro | fyllepenn (m) | ['fʏləˌpɛn] |

lápis (m)	blyant (m)	['blyˌɑnt]
marcador (m) de texto	merkepenn (m)	['mærkəˌpɛn]
caneta (f) hidrográfica	tusjpenn (m)	['tʉʂˌpɛn]

| bloco (m) de notas | notatbok (m/f) | [nʊ'tatˌbʊk] |
| agenda (f) | dagbok (m/f) | ['dɑgˌbʊk] |

régua (f)	linjal (m)	[li'njɑl]
calculadora (f)	regnemaskin (m)	['rɛjnə mɑˌʂin]
borracha (f)	viskelær (n)	['viskəˌlær]

| alfinete (m) | tegnestift (m) | ['tæjnəˌstift] |
| clipe (m) | binders (m) | ['bindɛʂ] |

| cola (f) | lim (n) | ['lim] |
| grampeador (m) | stiftemaskin (m) | ['stiftə mɑˌʂin] |

| furador (m) de papel | hullemaskin (m) | ['hʉlə mɑˌʂin] |
| apontador (m) | blyantspisser (m) | ['blyantˌspisər] |

116. Vários tipos de documentos

relatório (m)	rapport (m)	[ra'pɔːt]
acordo (m)	avtale (m)	['av̩talə]
ficha (f) de inscrição	søknadsskjema (n)	['søknads̩sema]
autêntico (adj)	ekte	['ɛktə]
crachá (m)	badge (n)	['bædʒ]
cartão (m) de visita	visittkort (n)	[vi'sit̩kɔːt]

certificado (m)	sertifikat (n)	[sæːʈifi'kat]
cheque (m)	sjekk (m)	['ʂɛk]
conta (f)	regning (m/f)	['rɛjniŋ]
constituição (f)	grunnlov (m)	['grʉn̩lɔv]

contrato (m)	avtale (m)	['av̩talə]
cópia (f)	kopi (m)	[kʉ'pi]
exemplar (~ assinado)	eksemplar (n)	[ɛksɛm'plɑr]

declaração (f) alfandegária	tolldeklarasjon (m)	['tɔldɛklara'ʂʉn]
documento (m)	dokument (n)	[dɔkʉ'mɛnt]
carteira (f) de motorista	førerkort (n)	['førər̩kɔːt]
adendo, anexo (m)	tillegg, bilag (n)	['ti̩leg], ['bi̩lag]
questionário (m)	skjema (n)	['ʂema]

carteira (f) de identidade	legitimasjon (m)	[legitima'ʂʉn]
inquérito (m)	forespørsel (m)	['fɔrə̩spœʂəl]
convite (m)	invitasjonskort (n)	[invita'ʂʉns̩kɔːt]
fatura (f)	faktura (m)	[fak'tʉra]

lei (f)	lov (m)	['lɔv]
carta (correio)	brev (n)	['brev]
papel (m) timbrado	brevpapir (n)	['brev̩pa'pir]
lista (f)	liste (m/f)	['listə]
manuscrito (m)	manuskript (n)	[manʉ'skript]
boletim (~ informativo)	nyhetsbrev (n)	['nyhets̩brev]
bilhete (mensagem breve)	lapp, seddel (m)	['lap], ['sɛdəl]

passe (m)	adgangskort (n)	['adgaŋs̩kɔːt]
passaporte (m)	pass (n)	['pas]
permissão (f)	tillatelse (m)	['ti̩latəlsə]
currículo (m)	CV (m/n)	['sɛvɛ]
nota (f) promissória	skyldbrev, gjeldsbrev (m/f)	['ʂyl̩brev], ['jɛl̩brev]
recibo (m)	kvittering (m/f)	[kvi'təriŋ]
talão (f)	kassalapp (m)	['kasa̩lap]
relatório (m)	rapport (m)	[ra'pɔːt]

mostrar (vt)	å vise	[ɔ 'visə]
assinar (vt)	å underskrive	[ɔ 'ʉnə̩skrivə]
assinatura (f)	underskrift (m/f)	['ʉnə̩skrift]
carimbo (m)	stempel (n)	['stɛmpəl]
texto (m)	tekst (m/f)	['tɛkst]
ingresso (m)	billett (m)	[bi'let]

riscar (vt)	å stryke ut	[ɔ 'strykə ʉt]
preencher (vt)	å utfylle	[ɔ 'ʉt̩fylə]

| carta (f) de porte | fraktbrev (n) | ['frakt‚brev] |
| testamento (m) | testament (n) | [tɛstɑ'mɛnt] |

117. Tipos de negócios

serviços (m pl) de contabilidade	bokføringstjenester (m pl)	['bʊk‚føriŋs 'tjɛnɛstər]
publicidade (f)	reklame (m)	[rɛ'klɑmə]
agência (f) de publicidade	reklamebyrå (n)	[rɛ'klɑmə by‚ro]
ar (m) condicionado	klimaanlegg (n pl)	['klimɑ'ɑn‚leg]
companhia (f) aérea	flyselskap (n)	['flysəl‚skɑp]

bebidas (f pl) alcoólicas	alkoholholdige drikke (m pl)	[ɑlkʊ'hʊl‚hɔldiə 'drikə]
comércio (m) de antiguidades	antikviteter (m pl)	[ɑntikvi'tetər]
galeria (f) de arte	kunstgalleri (n)	['kʊnst gɑle'ri]
serviços (m pl) de auditoria	revisjonstjenester (m pl)	[revi'sʊns‚tjɛnɛstər]

negócios (m pl) bancários	bankvirksomhet (m/f)	['bɑnk‚virksɔmhet]
bar (m)	bar (m)	['bɑr]
salão (m) de beleza	skjønnhetssalong (m)	['sønhɛts sɑ'lɔŋ]
livraria (f)	bokhandel (m)	['bʊk‚hɑndəl]
cervejaria (f)	bryggeri (n)	[brʏge'ri]
centro (m) de escritórios	forretningssenter (n)	[fɔ'rɛtniŋs‚sɛntər]
escola (f) de negócios	handelsskole (m)	['hɑndəls‚skʊlə]

cassino (m)	kasino (n)	[kɑ'sinʊ]
construção (f)	byggeri (m/f)	[bʏgə'ri]
consultoria (f)	konsulenttjenester (m pl)	[kʊnsu'lent ‚tjɛnɛstər]

clínica (f) dentária	tannklinik (m)	['tɑnkli'nik]
design (m)	design (m)	['desɑjn]
drogaria (f)	apotek (n)	[ɑpʊ'tek]
lavanderia (f)	renseri (n)	[rɛnse'ri]
agência (f) de emprego	rekrutteringsbyrå (n)	['rekrʉ‚teriŋs by‚ro]

serviços (m pl) financeiros	finansielle tjenester (m pl)	[finɑn'sielə ‚tjɛnɛstər]
alimentos (m pl)	matvarer (m/f pl)	['mɑt‚vɑrər]
funerária (f)	begravelsesbyrå (n)	[be'grɑvəlsəs by‚ro]
mobiliário (m)	møbler (n pl)	['møblər]
roupa (f)	klær (n)	['klær]
hotel (m)	hotell (n)	[hʊ'tɛl]

sorvete (m)	iskrem (m)	['iskrɛm]
indústria (f)	industri (m)	[indʉ'stri]
seguro (~ de vida, etc.)	forsikring (m/f)	[fɔ'şikriŋ]
internet (f)	Internett (n)	['intə‚ŋɛt]
investimento (m)	investering (m/f)	[inve'steriŋ]

joalheiro (m)	juveler (m)	[jʉ'velər]
joias (f pl)	smykker (n pl)	['smʏkər]
lavanderia (f)	vaskeri (n)	[vaske'ri]
assessorias (f pl) jurídicas	juridisk rådgiver (m pl)	[jʉ'ridisk 'rɔd‚jivər]
indústria (f) ligeira	lettindustri (m)	['let‚indʉ'stri]
revista (f)	magasin, tidsskrift (n)	[mɑgɑ'sin], ['tid‚skrift]

vendas (f pl) por catálogo	postordresalg (m)	['pɔst,ɔrdrə'salg]
medicina (f)	medisin (m)	[medi'sin]
cinema (m)	kino (m)	['çinʉ]
museu (m)	museum (n)	[mʉ'seum]

agência (f) de notícias	nyhetsbyrå (n)	['nyhets by,ro]
jornal (m)	avis (m/f)	[a'vis]
boate (casa noturna)	nattklubb (m)	['nat,klʉb]

petróleo (m)	olje (m)	['ɔljə]
serviços (m pl) de remessa	budtjeneste (m)	[bʉd'tjenɛstə]
indústria (f) farmacêutica	legemidler (pl)	['legə'midlər]
tipografia (f)	trykkeri (n)	[trʏkə'ri]
editora (f)	forlag (n)	['fɔ:[ag]

rádio (m)	radio (m)	['radiʉ]
imobiliário (m)	fast eiendom (m)	[,fast 'æjən,dɔm]
restaurante (m)	restaurant (m)	[rɛstʉ'ran]

empresa (f) de segurança	sikkerhetsselskap (n)	['sikərhɛts 'sel,skap]
esporte (m)	sport, idrett (m)	['spɔ:t], ['idrɛt]
bolsa (f) de valores	børs (m)	['bœş]
loja (f)	forretning, butikk (m)	[fɔ'rɛtniŋ], [bʉ'tik]
supermercado (m)	supermarked (n)	['sʉpə,market]
piscina (f)	svømmebasseng (n)	['svœmə,ba'sɛŋ]

alfaiataria (f)	skredderi (n)	[skrɛde'ri]
televisão (f)	televisjon (m)	['televi,sʉn]
teatro (m)	teater (n)	[te'atər]
comércio (m)	handel (m)	['handəl]
serviços (m pl) de transporte	transport (m)	[trans'pɔ:t]
viagens (f pl)	turisme (m)	[tʉ'rismə]

veterinário (m)	dyrlege, veterinær (m)	['dyr,legə], [vetəri'nær]
armazém (m)	lager (n)	['lagər]
recolha (f) do lixo	avfallstømming (m/f)	['avfals,tømiŋ]

Emprego. Negócios. Parte 2

118. Espetáculo. Feira

feira, exposição (f)	messe (m/f)	['mɛsə]
feira (f) comercial	varemesse (m/f)	['varə,mɛsə]
participação (f)	deltagelse (m)	['del,tagəlsə]
participar (vi)	å delta	[ɔ 'dɛlta]
participante (m)	deltaker (m)	['del,takər]
diretor (m)	direktør (m)	[dirɛk'tør]
direção (f)	arrangørkontor (m)	[araŋ'sør kʉn'tʉr]
organizador (m)	arrangør (m)	[araŋ'sør]
organizar (vt)	å organisere	[ɔ ɔrgani'serə]
ficha (f) de inscrição	påmeldingsskjema (n)	['pɔmeliŋs,sɛma]
preencher (vt)	å utfylle	[ɔ 'ʉt,fʏlə]
detalhes (m pl)	detaljer (m pl)	[de'taljər]
informação (f)	informasjon (m)	[informa'sʉn]
preço (m)	pris (m)	['pris]
incluindo	inklusive	['inklʉ,sivə]
incluir (vt)	å inkludere	[ɔ inklʉ'derə]
pagar (vt)	å betale	[ɔ be'talə]
taxa (f) de inscrição	registreringsavgift (m/f)	[rɛgi'strɛriŋs av'jift]
entrada (f)	inngang (m)	['in,gaŋ]
pavilhão (m), salão (f)	paviljong (m)	[pavi'ljɔŋ]
inscrever (vt)	å registrere	[ɔ regi'strerə]
crachá (m)	badge (n)	['bædʒ]
stand (m)	messestand (m)	['mɛsə,stan]
reservar (vt)	å reservere	[ɔ resɛr'verə]
vitrine (f)	glassmonter (m)	['glas,mɔntər]
lâmpada (f)	lampe (m/f), spotlys (n)	['lampə], ['spɔt,lys]
design (m)	design (m)	['desajn]
pôr (posicionar)	å plassere	[ɔ pla'serə]
ser colocado, -a	å bli plasseret	[ɔ 'bli pla'serət]
distribuidor (m)	distributør (m)	[distribʉ'tør]
fornecedor (m)	leverandør (m)	[leveran'dør]
fornecer (vt)	å levere	[ɔ le'verə]
país (m)	land (n)	['lan]
estrangeiro (adj)	utenlandsk	['ʉtən,lansk]
produto (m)	produkt (n)	[prʉ'dʉkt]
associação (f)	forening (m/f)	[fɔ'reniŋ]
sala (f) de conferência	konferansesal (m)	[kʉnfə'ransə,sal]

| congresso (m) | kongress (m) | [kʊn'grɛs] |
| concurso (m) | tevling (m) | ['tɛvliŋ] |

visitante (m)	besøkende (m)	[be'søkenə]
visitar (vt)	å besøke	[ɔ be'søkə]
cliente (m)	kunde (m)	['kʉndə]

119. Media

jornal (m)	avis (m/f)	[ɑ'vis]
revista (f)	magasin, tidsskrift (n)	[mɑgɑ'sin], ['tid‚skrift]
imprensa (f)	presse (m/f)	['prɛsə]
rádio (m)	radio (m)	['rɑdiʉ]
estação (f) de rádio	radiostasjon (m)	['rɑdiʉ‚stɑ'sʉn]
televisão (f)	televisjon (m)	['televi‚sʉn]

apresentador (m)	programleder (m)	[prʉ'grɑm‚ledər]
locutor (m)	nyhetsoppleser (m)	['nyhets'ɔp‚leser]
comentarista (m)	kommentator (m)	[kʊmən'tɑtʉr]

jornalista (m)	journalist (m)	[sʉ:ŋɑ'list]
correspondente (m)	korrespondent (m)	[kʉrespɔn'dɛnt]
repórter (m) fotográfico	pressefotograf (m)	['prɛsə fotɔ'grɑf]
repórter (m)	reporter (m)	[re'pɔ:ʈər]

| redator (m) | redaktør (m) | [rɛdɑk'tør] |
| redator-chefe (m) | sjefredaktør (m) | ['sɛf rɛdɑk'tør] |

assinar a ...	å abonnere	[ɔ ɑbɔ'nerə]
assinatura (f)	abonnement (n)	[ɑbɔnə'mɑŋ]
assinante (m)	abonnent (m)	[ɑbɔ'nɛnt]
ler (vt)	å lese	[ɔ 'lesə]
leitor (m)	leser (m)	['lesər]

tiragem (f)	opplag (n)	['ɔp‚lɑg]
mensal (adj)	månedlig	['mo:nədli]
semanal (adj)	ukentlig	['ʉkəntli]
número (jornal, revista)	nummer (n)	['nʉmər]
recente, novo (adj)	ny, fersk	['ny], ['fæsk]

manchete (f)	overskrift (m)	['ɔvə‚skrift]
pequeno artigo (m)	notis (m)	[nʉ'tis]
coluna (~ semanal)	rubrikk (m)	[rʉ'brik]
artigo (m)	artikkel (m)	[ɑ:'ʈikəl]
página (f)	side (m/f)	['sidə]

reportagem (f)	reportasje (m)	[repɔ:'ʈɑsə]
evento (festa, etc.)	hendelse (m)	['hɛndəlsə]
sensação (f)	sensasjon (m)	[sɛnsɑ'sʉn]
escândalo (m)	skandale (m)	[skɑn'dɑlə]
escandaloso (adj)	skandaløs	[skɑndɑ'løs]
grande (adj)	stor	['stʉr]
programa (m)	program (n)	[prʉ'grɑm]
entrevista (f)	intervju (n)	[intə'vjʉ:]

transmissão (f) ao vivo	direktesending (m/f)	[di'rɛktə‚sɛniŋ]
canal (m)	kanal (m)	[ka'nɑl]

120. Agricultura

agricultura (f)	landbruk (n)	['lan‚brʉk]
camponês (m)	bonde (m)	['bonə]
camponesa (f)	bondekone (m/f)	['bonə‚kʉnə]
agricultor, fazendeiro (m)	gårdbruker, bonde (m)	['gɔːr‚brʉkər], ['bonə]

trator (m)	traktor (m)	['traktʉr]
colheitadeira (f)	skurtresker (m)	['skʉːˌtrɛskər]

arado (m)	plog (m)	['plug]
arar (vt)	å pløye	[ɔ 'pløjə]
campo (m) lavrado	pløyemark (m/f)	['pløjə‚mark]
sulco (m)	fure (m)	['fʉrə]

semear (vt)	å så	[ɔ 'sɔ]
plantadeira (f)	såmaskin (m)	['soːmaˌsin]
semeadura (f)	såing (m/f)	['soːiŋ]

foice (m)	ljå (m)	['ljoː]
cortar com foice	å meie, å slå	[ɔ 'mæjə], [ɔ 'slɔ]

pá (f)	spade (m)	['spadə]
cavar (vt)	å grave	[ɔ 'gravə]

enxada (f)	hakke (m/f)	['hakə]
capinar (vt)	å hakke	[ɔ 'hakə]
erva (f) daninha	ugras (n)	[ʉ'gras]

regador (m)	vannkanne (f)	['van‚kanə]
regar (plantas)	å vanne	[ɔ 'vanə]
rega (f)	vanning (m/f)	['vaniŋ]

forquilha (f)	greip (m)	['græjp]
ancinho (m)	rive (m/f)	['rivə]

fertilizante (m)	gjødsel (m/f)	['jøtsəl]
fertilizar (vt)	å gjødsle	['ɔ 'jøtslə]
estrume, esterco (m)	møkk (m/f)	['møk]

campo (m)	åker (m)	['oːker]
prado (m)	eng (m/f)	['ɛŋ]
horta (f)	kjøkkenhage (m)	['çœkən‚hagə]
pomar (m)	frukthage (m)	['frʉkt‚hagə]

pastar (vt)	å beite	[ɔ 'bæjtə]
pastor (m)	gjeter, hyrde (m)	['jetər], ['hyrdə]
pastagem (f)	beite (n), beitemark (m/f)	['bæjtə], ['bæjtə‚mark]

pecuária (f)	husdyrhold (n)	['hʉsdyr‚hɔl]
criação (f) de ovelhas	sauehold (n)	['saʊə‚hɔl]

plantação (f)	**plantasje** (m)	['plɑn'taʂə]
canteiro (m)	**rad** (m/f)	['rɑd]
estufa (f)	**drivhus** (n)	['driv‚hʉs]

seca (f)	**tørke** (m/f)	['tœrkə]
seco (verão ~)	**tørr**	['tœr]

grão (m)	**korn** (n)	['kʉːɳ]
cereais (m pl)	**cerealer** (n pl)	[sere'ɑlər]
colher (vt)	**å høste**	[ɔ 'høstə]

moleiro (m)	**møller** (m)	['mølər]
moinho (m)	**mølle** (m/f)	['mølə]
moer (vt)	**å male**	[ɔ 'mɑlə]
farinha (f)	**mel** (n)	['mel]
palha (f)	**halm** (m)	['hɑlm]

121. Construção. Processo de construção

canteiro (m) de obras	**byggeplass** (m)	['bygə‚plɑs]
construir (vt)	**å bygge**	[ɔ 'bygə]
construtor (m)	**bygningsarbeider** (m)	['bygniŋs 'ɑr‚bæjər]

projeto (m)	**prosjekt** (n)	[prʉ'ʂɛkt]
arquiteto (m)	**arkitekt** (m)	[ɑrki'tɛkt]
operário (m)	**arbeider** (m)	['ɑr‚bæjdər]

fundação (f)	**fundament** (n)	[fʉndɑ'mɛnt]
telhado (m)	**tak** (n)	['tɑk]
estaca (f)	**pæl** (m)	['pæl]
parede (f)	**mur, vegg** (m)	['mʉr], ['vɛg]

colunas (f pl) de sustentação	**armeringsjern** (n)	[ɑr'meriŋs'jæːɳ]
andaime (m)	**stillas** (n)	[sti'lɑs]

concreto (m)	**betong** (m)	[be'tɔŋ]
granito (m)	**granitt** (m)	[grɑ'nit]
pedra (f)	**stein** (m)	['stæjn]
tijolo (m)	**tegl** (n), **murstein** (m)	['tæjl], ['mʉ‚stæjn]

areia (f)	**sand** (m)	['sɑn]
cimento (m)	**sement** (m)	[se'mɛnt]
emboço, reboco (m)	**puss** (m)	['pʉs]
emboçar, rebocar (vt)	**å pusse**	[ɔ 'pʉsə]

tinta (f)	**maling** (m/f)	['mɑliŋ]
pintar (vt)	**å male**	[ɔ 'mɑlə]
barril (m)	**tønne** (m)	['tœnə]

grua (f), guindaste (m)	**heisekran** (m/f)	['hæjsə‚krɑn]
erguer (vt)	**å løfte**	[ɔ 'lœftə]
baixar (vt)	**å heise ned**	[ɔ 'hæjsə ne]
buldózer (m)	**bulldoser** (m)	['bʉl‚dʉsər]
escavadora (f)	**gravemaskin** (m)	['grɑvə mɑ'ʂin]

caçamba (f)	skuffe (m/f)	['skʉfə]
escavar (vt)	å grave	[ɔ 'gravə]
capacete (m) de proteção	hjelm (m)	['jɛlm]

122. Ciência. Investigação. Cientistas

ciência (f)	vitenskap (m)	['vitən‚skap]
científico (adj)	vitenskapelig	['vitən‚skapəli]
cientista (m)	vitenskapsmann (m)	['vitən‚skaps man]
teoria (f)	teori (m)	[teʉ'ri]

axioma (m)	aksiom (n)	[aksi'ɔm]
análise (f)	analyse (m)	[ana'lysə]
analisar (vt)	å analysere	[ɔ analy'serə]
argumento (m)	argument (n)	[argʉ'mɛnt]
substância (f)	stoff (n), substans (m)	['stɔf], [sʉb'stans]

hipótese (f)	hypotese (m)	[hypʉ'tesə]
dilema (m)	dilemma (n)	[di'lema]
tese (f)	avhandling (m/f)	['av‚handliŋ]
dogma (m)	dogme (n)	['dɔgmə]

doutrina (f)	doktrine (m)	[dɔk'trinə]
pesquisa (f)	forskning (m)	['fɔːʂkniŋ]
pesquisar (vt)	å forske	[ɔ 'fɔːʂkə]
testes (m pl)	test (m), prøve (m/f)	['tɛst], ['prøvə]
laboratório (m)	laboratorium (n)	[labʉra'tɔrium]

método (m)	metode (m)	[me'tɔdə]
molécula (f)	molekyl (n)	[mʉle'kyl]
monitoramento (m)	overvåking (m/f)	['ɔvər‚vɔkiŋ]
descoberta (f)	oppdagelse (m)	['ɔp‚dagəlsə]

postulado (m)	postulat (n)	[pɔstʉ'lat]
princípio (m)	prinsipp (n)	[prin'sip]
prognóstico (previsão)	prognose (m)	[prʉg'nʉsə]
prognosticar (vt)	å prognostisere	[ɔ prʉgnʉsti'serə]

síntese (f)	syntese (m)	[syn'tesə]
tendência (f)	tendens (m)	[tɛn'dɛns]
teorema (m)	teorem (n)	[teʉ'rɛm]

ensinamentos (m pl)	lære (m/f pl)	['lærə]
fato (m)	faktum (n)	['faktum]

expedição (f)	ekspedisjon (m)	[ɛkspedi'ʂʉn]
experiência (f)	eksperiment (n)	[ɛksperi'mɛnt]

acadêmico (m)	akademiker (m)	[aka'demikər]
bacharel (m)	bachelor (m)	['batʂɛlɔr]
doutor (m)	doktor (m)	['dɔktʉr]
professor (m) associado	dosent (m)	[dʉ'sɛnt]
mestrado (m)	magister (m)	[ma'gistər]
professor (m)	professor (m)	[prʉ'fɛsʉr]

Profissões e ocupações

123. Procura de emprego. Demissão

trabalho (m)	arbeid (n), jobb (m)	['arbæj], ['job]
equipe (f)	ansatte (pl)	['an‚satə]
pessoal (m)	personale (n)	[pæşu'nalə]
carreira (f)	karriere (m)	[kari'ɛrə]
perspectivas (f pl)	utsikter (m pl)	['ʉt‚siktər]
habilidades (f pl)	mesterskap (n)	['mɛstæ‚şkap]
seleção (f)	utvelgelse (m)	['ʉt‚vɛlgəlsə]
agência (f) de emprego	rekrutteringsbyrå (n)	['rekrʉ‚teriŋs by‚ro]
currículo (m)	CV (m/n)	['sɛvɛ]
entrevista (f) de emprego	jobbintervju (n)	['job ‚intər'vjʉ]
vaga (f)	vakanse (m)	['vakansə]
salário (m)	lønn (m/f)	['lœn]
salário (m) fixo	fastlønn (m/f)	['fast‚lœn]
pagamento (m)	betaling (m/f)	[be'taliŋ]
cargo (m)	stilling (m/f)	['stiliŋ]
dever (do empregado)	plikt (m/f)	['plikt]
gama (f) de deveres	arbeidsplikter (m/f pl)	['arbæjds‚pliktər]
ocupado (adj)	opptatt	['ɔp‚tat]
despedir, demitir (vt)	å avskjedige	[ɔ 'af‚şedigə]
demissão (f)	avskjedigelse (m)	['afşe‚digəlsə]
desemprego (m)	arbeidsløshet (m)	['arbæjdsløs‚het]
desempregado (m)	arbeidsløs (m)	['arbæjds‚løs]
aposentadoria (f)	pensjon (m)	[pan'şʉn]
aposentar-se (vr)	å gå av med pensjon	[ɔ 'gɔ a: me pan'şʉn]

124. Gente de negócios

diretor (m)	direktør (m)	[dirɛk'tør]
gerente (m)	forstander (m)	[fo'ştandər]
patrão, chefe (m)	boss (m)	['bɔs]
superior (m)	overordnet (m)	['ɔvər‚ɔrdnet]
superiores (m pl)	overordnede (pl)	['ɔvər‚ɔrdnedə]
presidente (m)	president (m)	[prɛsi'dɛnt]
chairman (m)	styreformann (m)	['styrə‚forman]
substituto (m)	stedfortreder (m)	['stedfɔ:‚tredər]
assistente (m)	assistent (m)	[asi'stɛnt]

secretário (m)	**sekretær** (m)	[sɛkrə'tær]
secretário (m) pessoal	**privatsekretær** (m)	[pri'vat sɛkrə'tær]

homem (m) de negócios	**forretningsmann** (m)	[fɔ'rɛtniŋs,man]
empreendedor (m)	**entreprenør** (m)	[ɛntreprə'nør]
fundador (m)	**grunnlegger** (m)	['grʉn,legər]
fundar (vt)	**å grunnlegge, å stifte**	[ɔ 'grʉn,legə], [ɔ 'stiftə]

principiador (m)	**stifter** (m)	['stiftər]
parceiro, sócio (m)	**partner** (m)	['pɑːʈnər]
acionista (m)	**aksjonær** (m)	[akʂʉ'nær]

milionário (m)	**millionær** (m)	[milju'nær]
bilionário (m)	**milliardær** (m)	[milja:'dær]
proprietário (m)	**eier** (m)	['æjər]
proprietário (m) de terras	**jordeier** (m)	['juːr,æjər]

cliente (m)	**kunde** (m)	['kʉndə]
cliente (m) habitual	**fast kunde** (m)	[,fast 'kʉndə]
comprador (m)	**kjøper** (m)	['çœːpər]
visitante (m)	**besøkende** (m)	[be'søkenə]

profissional (m)	**yrkesmann** (m)	['yrkəs,man]
perito (m)	**ekspert** (m)	[ɛks'pæːt]
especialista (m)	**spesialist** (m)	[spesia'list]

banqueiro (m)	**bankier** (m)	[banki'e]
corretor (m)	**mekler, megler** (m)	['mɛklər]

caixa (m, f)	**kasserer** (m)	[ka'serər]
contador (m)	**regnskapsfører** (m)	['rɛjnskaps,førər]
guarda (m)	**sikkerhetsvakt** (m/f)	['sikərhɛts,vakt]

investidor (m)	**investor** (m)	[in'vɛstʉr]
devedor (m)	**skyldner** (m)	['ʂylnər]
credor (m)	**kreditor** (m)	['krɛditʉr]
mutuário (m)	**låntaker** (m)	['lɔn,takər]

importador (m)	**importør** (m)	[impɔ:'ʈør]
exportador (m)	**eksportør** (m)	[ɛkspɔ:'ʈør]

produtor (m)	**produsent** (m)	[prʉdʉ'sɛnt]
distribuidor (m)	**distributør** (m)	[distribʉ'tør]
intermediário (m)	**mellommann** (m)	['mɛlɔ,man]

consultor (m)	**konsulent** (m)	[kʉnsʉ'lent]
representante comercial	**representant** (m)	[represɛn'tant]
agente (m)	**agent** (m)	[a'gɛnt]
agente (m) de seguros	**forsikringsagent** (m)	[fɔ'ʂikriŋs a'gɛnt]

125. Profissões de serviços

cozinheiro (m)	**kokk** (m)	['kʉk]
chefe (m) de cozinha	**sjefkokk** (m)	['ʂɛf,kʉk]

padeiro (m)	baker (m)	['bakər]
barman (m)	bartender (m)	['baːˌtɛndər]
garçom (m)	servitør (m)	['særvi'tør]
garçonete (f)	servitrise (m/f)	[særvi'trisə]

advogado (m)	advokat (m)	[advʊ'kat]
jurista (m)	jurist (m)	[jʉ'rist]
notário (m)	notar (m)	[nʊ'tar]

eletricista (m)	elektriker (m)	[ɛ'lektrikər]
encanador (m)	rørlegger (m)	['rørˌlegər]
carpinteiro (m)	tømmermann (m)	['tœmərˌman]

massagista (m)	massør (m)	[ma'sør]
massagista (f)	massøse (m)	[ma'søsə]
médico (m)	lege (m)	['legə]

taxista (m)	taxisjåfør (m)	['taksi ʂʊ'før]
condutor (automobilista)	sjåfør (m)	[ʂɔ'før]
entregador (m)	bud (n)	['bʉd]

camareira (f)	stuepike (m/f)	['stʉəˌpikə]
guarda (m)	sikkerhetsvakt (m/f)	['sikərhɛtsˌvakt]
aeromoça (f)	flyvertinne (m/f)	[flyvɛ:'ʈinə]

professor (m)	lærer (m)	['lærər]
bibliotecário (m)	bibliotekar (m)	[bibliʉ'tekar]
tradutor (m)	oversetter (m)	['ɔvəˌʂɛtər]
intérprete (m)	tolk (m)	['tɔlk]
guia (m)	guide (m)	['gajd]

cabeleireiro (m)	frisør (m)	[fri'sør]
carteiro (m)	postbud (n)	['pɔstˌbʉd]
vendedor (m)	forselger (m)	[fɔ'ʂɛlər]

jardineiro (m)	gartner (m)	['gaːʈnər]
criado (m)	tjener (m)	['tjenər]
criada (f)	tjenestepike (m/f)	['tjenɛstəˌpikə]
empregada (f) de limpeza	vaskedame (m/f)	['vaskəˌdamə]

126. Profissões militares e postos

soldado (m) raso	menig (m)	['meni]
sargento (m)	sersjant (m)	[sær'ʂant]
tenente (m)	løytnant (m)	['løjtˌnant]
capitão (m)	kaptein (m)	[kap'tæjn]

major (m)	major (m)	[ma'jor]
coronel (m)	oberst (m)	['ʊbɛʂt]
general (m)	general (m)	[gene'ral]
marechal (m)	marskalk (m)	['marʂal]
almirante (m)	admiral (m)	[admi'ral]
militar (m)	militær (m)	[mili'tær]
soldado (m)	soldat (m)	[sʊl'dat]

oficial (m)	offiser (m)	[ɔfiˈsɛr]
comandante (m)	befalshaver (m)	[beˈfalsˌhavər]

guarda (m) de fronteira	grensevakt (m/f)	[ˈɡrɛnsəˌvakt]
operador (m) de rádio	radiooperatør (m)	[ˈradiʊ ʊpəraˈtør]
explorador (m)	oppklaringssoldat (m)	[ˈɔpˌklariŋ sʊlˈdat]
sapador-mineiro (m)	pioner (m)	[piʊˈner]
atirador (m)	skytter (m)	[ˈʂytər]
navegador (m)	styrmann (m)	[ˈstyrˌman]

127. Oficiais. Padres

rei (m)	konge (m)	[ˈkʊŋə]
rainha (f)	dronning (m/f)	[ˈdrɔniŋ]

príncipe (m)	prins (m)	[ˈprins]
princesa (f)	prinsesse (m/f)	[prinˈsɛsə]

czar (m)	tsar (m)	[ˈtsɑr]
czarina (f)	tsarina (m)	[tsaˈrina]

presidente (m)	president (m)	[prɛsiˈdɛnt]
ministro (m)	minister (m)	[miˈnistər]
primeiro-ministro (m)	statsminister (m)	[ˈstats miˈnistər]
senador (m)	senator (m)	[seˈnatʊr]

diplomata (m)	diplomat (m)	[diplʊˈmat]
cônsul (m)	konsul (m)	[ˈkʊnˌsʉl]
embaixador (m)	ambassadør (m)	[ambasaˈdør]
conselheiro (m)	rådgiver (m)	[ˈrɔdˌjivər]

funcionário (m)	embetsmann (m)	[ˈɛmbetsˌman]
prefeito (m)	prefekt (m)	[prɛˈfɛkt]
Presidente (m) da Câmara	borgermester (m)	[bɔrɡərˈmɛstər]

juiz (m)	dommer (m)	[ˈdɔmər]
procurador (m)	anklager (m)	[ˈanˌklaɡər]

missionário (m)	misjonær (m)	[miʂʊˈnær]
monge (m)	munk (m)	[ˈmʉnk]
abade (m)	abbed (m)	[ˈɑbed]
rabino (m)	rabbiner (m)	[raˈbinər]

vizir (m)	vesir (m)	[vɛˈsir]
xá (m)	sjah (m)	[ˈʂa]
xeique (m)	sjeik (m)	[ˈʂæjk]

128. Profissões agrícolas

abelheiro (m)	birøkter (m)	[ˈbiˌrøktər]
pastor (m)	gjeter, hyrde (m)	[ˈjetər], [ˈhʏrdə]
agrônomo (m)	agronom (m)	[aɡrʊˈnʊm]

| criador (m) de gado | husdyrholder (m) | ['hʉsdyrˌhɔldər] |
| veterinário (m) | dyrlege, veterinær (m) | ['dyrˌlegə], [vetəri'nær] |

agricultor, fazendeiro (m)	gårdbruker, bonde (m)	['gɔːrˌbrʉkər], ['bɔnə]
vinicultor (m)	vinmaker (m)	['vinˌmakər]
zoólogo (m)	zoolog (m)	[sʉː'lɔg]
vaqueiro (m)	cowboy (m)	['kawˌbɔj]

129. Profissões artísticas

| ator (m) | skuespiller (m) | ['skʉəˌspilər] |
| atriz (f) | skuespillerinne (m/f) | ['skʉəˌspilə'rinə] |

| cantor (m) | sanger (m) | ['saŋər] |
| cantora (f) | sangerinne (m/f) | [saŋə'rinə] |

| bailarino (m) | danser (m) | ['dansər] |
| bailarina (f) | danserinne (m/f) | [danse'rinə] |

| artista (m) | skuespiller (m) | ['skʉəˌspilər] |
| artista (f) | skuespillerinne (m/f) | ['skʉəˌspilə'rinə] |

músico (m)	musiker (m)	['mʉsikər]
pianista (m)	pianist (m)	[pia'nist]
guitarrista (m)	gitarspiller (m)	[gi'tarˌspilər]

maestro (m)	dirigent (m)	[diri'gɛnt]
compositor (m)	komponist (m)	[kʉmpʉ'nist]
empresário (m)	impresario (m)	[impre'sariʉ]

diretor (m) de cinema	regissør (m)	[rɛşi'sør]
produtor (m)	produsent (m)	[prʉdʉ'sɛnt]
roteirista (m)	manusforfatter (m)	['manʉs for'fatər]
crítico (m)	kritiker (m)	['kritikər]

escritor (m)	forfatter (m)	[fɔr'fatər]
poeta (m)	poet, dikter (m)	['pɔɛt], ['diktər]
escultor (m)	skulptør (m)	[skʉlp'tør]
pintor (m)	kunstner (m)	['kʉnstnər]

malabarista (m)	sjonglør (m)	[şɔŋ'lør]
palhaço (m)	klovn (m)	['klɔvn]
acrobata (m)	akrobat (m)	[akrʉ'bat]
ilusionista (m)	tryllekunstner (m)	['trʏləˌkʉnstnər]

130. Várias profissões

médico (m)	lege (m)	['legə]
enfermeira (f)	sykepleierske (m/f)	['sykəˌplæjeşkə]
psiquiatra (m)	psykiater (m)	[syki'atər]
dentista (m)	tannlege (m)	['tanˌlegə]
cirurgião (m)	kirurg (m)	[çi'rʉrg]

astronauta (m)	astronaut (m)	[astrʊ'naʊt]
astrônomo (m)	astronom (m)	[astrʊ'nʊm]

motorista (m)	fører (m)	['førər]
maquinista (m)	lokfører (m)	['lʊk‚førər]
mecânico (m)	mekaniker (m)	[me'kanikər]

mineiro (m)	gruvearbeider (m)	['grʉvə'ar‚bæjdər]
operário (m)	arbeider (m)	['ar‚bæjdər]
serralheiro (m)	låsesmed (m)	['loːsə‚smeɗ]
marceneiro (m)	snekker (m)	['snɛkər]
torneiro (m)	dreier (m)	['dræjər]
construtor (m)	bygningsarbeider (m)	['bʏgniŋs 'ar‚bæjər]
soldador (m)	sveiser (m)	['svæjsər]

professor (m)	professor (m)	[prʊ'fɛsʊr]
arquiteto (m)	arkitekt (m)	[arki'tɛkt]
historiador (m)	historiker (m)	[hi'stʊrikər]
cientista (m)	vitenskapsmann (m)	['vitən‚skaps man]
físico (m)	fysiker (m)	['fysikər]
químico (m)	kjemiker (m)	['çemikər]

arqueólogo (m)	arkeolog (m)	[‚arkeʊ'lɔg]
geólogo (m)	geolog (m)	[geʊ'lɔg]
pesquisador (cientista)	forsker (m)	['fɔşkər]

babysitter, babá (f)	babysitter (m)	['bɛby‚sitər]
professor (m)	lærer, pedagog (m)	[lærər], [peda'gɔg]

redator (m)	redaktør (m)	[rɛdak'tør]
redator-chefe (m)	sjefredaktør (m)	['şɛf rɛdak'tør]
correspondente (m)	korrespondent (m)	[kʊrespɔn'dɛnt]
datilógrafa (f)	maskinskriverske (m)	[ma'şin ‚skrivɛşkə]

designer (m)	designer (m)	[de'sajnər]
especialista (m) em informática	dataekspert (m)	['data ɛks'pɛːt]
programador (m)	programmerer (m)	[prʊgra'merər]
engenheiro (m)	ingeniør (m)	[inşə'njør]

marujo (m)	sjømann (m)	['şø‚man]
marinheiro (m)	matros (m)	[ma'trʊs]
socorrista (m)	redningsmann (m)	['rɛdniŋs‚man]

bombeiro (m)	brannmann (m)	['bran‚man]
polícia (m)	politi (m)	[pʊli'ti]
guarda-noturno (m)	nattvakt (m)	['nat‚vakt]
detetive (m)	detektiv (m)	[detɛk'tiv]

funcionário (m) da alfândega	tollbetjent (m)	['tɔlbe‚tjɛnt]
guarda-costas (m)	livvakt (m/f)	['liv‚vakt]
guarda (m) prisional	fangevokter (m)	['faŋə‚vɔktər]
inspetor (m)	inspektør (m)	[inspɛk'tør]

esportista (m)	idrettsmann (m)	['idrɛts‚man]
treinador (m)	trener (m)	['trenər]

açougueiro (m)	slakter (m)	['ṣlaktər]
sapateiro (m)	skomaker (m)	['skʊˌmakər]
comerciante (m)	handelsmann (m)	['handəlsˌman]
carregador (m)	lastearbeider (m)	['lastəˈarˌbæjdər]
estilista (m)	moteskaper (m)	['mʊtəˌskapər]
modelo (f)	modell (m)	[mʊˈdɛl]

131. Ocupações. Estatuto social

estudante (~ de escola)	skolegutt (m)	['skʊləˌgʉt]
estudante (~ universitária)	student (m)	[stʉˈdɛnt]
filósofo (m)	filosof (m)	[filʊˈsʊf]
economista (m)	økonom (m)	[økʊˈnʊm]
inventor (m)	oppfinner (m)	['ɔpˌfinər]
desempregado (m)	arbeidsløs (m)	['arbæjdsˌløs]
aposentado (m)	pensjonist (m)	[panṣʊˈnist]
espião (m)	spion (m)	[spiˈun]
preso, prisioneiro (m)	fange (m)	['faŋə]
grevista (m)	streiker (m)	['stræjkər]
burocrata (m)	byråkrat (m)	[byrɔˈkrat]
viajante (m)	reisende (m)	['ræjsenə]
homossexual (m)	homofil (m)	['hʊmʊˌfil]
hacker (m)	hacker (m)	['hakər]
hippie (m, f)	hippie (m)	['hipi]
bandido (m)	banditt (m)	[banˈdit]
assassino (m)	leiemorder (m)	['læjəˌmʊrdər]
drogado (m)	narkoman (m)	[narkʊˈman]
traficante (m)	narkolanger (m)	['narkɔˌlaŋər]
prostituta (f)	prostituert (m)	[prʊstitʉˈeːt]
cafetão (m)	hallik (m)	['halik]
bruxo (m)	trollmann (m)	['trɔlˌman]
bruxa (f)	trollkjerring (m/f)	['trɔlˌçæriŋ]
pirata (m)	pirat, sjørøver (m)	[piˈrat], ['ṣøˌrøvər]
escravo (m)	slave (m)	['slavə]
samurai (m)	samurai (m)	[samʉˈraj]
selvagem (m)	villmann (m)	['vilˌman]

Desportos

132. Tipos de desportos. Desportistas

esportista (m)	idrettsmann (m)	['idrɛts‚man]
tipo (m) de esporte	idrettsgren (m/f)	['idrɛts‚gren]
basquete (m)	basketball (m)	['basketbal]
jogador (m) de basquete	basketballspiller (m)	['basketbal‚spilər]
beisebol (m)	baseball (m)	['bɛjsbɔl]
jogador (m) de beisebol	baseballspiller (m)	['bɛjsbɔl‚spilər]
futebol (m)	fotball (m)	['futbal]
jogador (m) de futebol	fotballspiller (m)	['futbal‚spilər]
goleiro (m)	målmann (m)	['moːl‚man]
hóquei (m)	ishockey (m)	['is‚hɔki]
jogador (m) de hóquei	ishockeyspiller (m)	['is‚hɔki 'spilər]
vôlei (m)	volleyball (m)	['vɔlibal]
jogador (m) de vôlei	volleyballspiller (m)	['vɔlibal‚spilər]
boxe (m)	boksing (m)	['bɔksiŋ]
boxeador (m)	bokser (m)	['bɔksər]
luta (f)	bryting (m/f)	['brytiŋ]
lutador (m)	bryter (m)	['brytər]
caratê (m)	karate (m)	[ka'rate]
carateca (m)	karateutøver (m)	[ka'rate 'ʉ‚tøvər]
judô (m)	judo (m)	['jʉdɔ]
judoca (m)	judobryter (m)	['jʉdɔ‚brytər]
tênis (m)	tennis (m)	['tɛnis]
tenista (m)	tennisspiller (m)	['tɛnis‚spilər]
natação (f)	svømming (m/f)	['svœmiŋ]
nadador (m)	svømmer (m)	['svœmər]
esgrima (f)	fekting (m)	['fɛktiŋ]
esgrimista (m)	fekter (m)	['fɛktər]
xadrez (m)	sjakk (m)	['ʂak]
jogador (m) de xadrez	sjakkspiller (m)	['ʂak‚spilər]
alpinismo (m)	alpinisme (m)	[alpi'nismə]
alpinista (m)	alpinist (m)	[alpi'nist]
corrida (f)	løp (n)	['løp]

corredor (m)	løper (m)	['løpər]
atletismo (m)	friidrett (m)	['fri: 'i,drɛt]
atleta (m)	atlet (m)	[at'let]

| hipismo (m) | ridesport (m) | ['ridə,spɔ:t] |
| cavaleiro (m) | rytter (m) | ['rʏtər] |

patinação (f) artística	kunstløp (n)	['kʉnst,løp]
patinador (m)	kunstløper (m)	['kʉnst,løpər]
patinadora (f)	kunstløperske (m/f)	['kʉnst,løpəʂkə]

| halterofilismo (m) | vektløfting (m/f) | ['vɛkt,lœftiŋ] |
| halterofilista (m) | vektløfter (m) | ['vɛkt,lœftər] |

| corrida (f) de carros | billøp (m), bilrace (n) | ['bil,løp], ['bil,rɑs] |
| piloto (m) | racerfører (m) | ['resə,førər] |

| ciclismo (m) | sykkelsport (m) | ['sʏkəl,spɔ:t] |
| ciclista (m) | syklist (m) | [sʏk'list] |

salto (m) em distância	lengdehopp (n pl)	['leŋdə,hɔp]
salto (m) com vara	stavhopp (n)	['stav,hɔp]
atleta (m) de saltos	hopper (m)	['hɔpər]

133. Tipos de desportos. Diversos

futebol (m) americano	amerikansk fotball (m)	[ameri'kansk 'fʊtbɑl]
badminton (m)	badminton (m)	['bɛdmintɔn]
biatlo (m)	skiskyting (m/f)	['ʂi,ʂytiŋ]
bilhar (m)	biljard (m)	[bil'ja:d̥]

bobsled (m)	bobsleigh (m)	['bobslej]
musculação (f)	kroppsbygging (m/f)	['krɔps,bʏgiŋ]
polo (m) aquático	vannpolo (m)	['van,pʊlʊ]
handebol (m)	håndball (m)	['hɔn,bɑl]
golfe (m)	golf (m)	['gɔlf]

remo (m)	roing (m/f)	['rʊiŋ]
mergulho (m)	dykking (m/f)	['dʏkiŋ]
corrida (f) de esqui	langrenn (n), skirenn (n)	['laŋ,rɛn], ['ʂi,rɛn]
tênis (m) de mesa	bordtennis (m)	['bʊr,tɛnis]

vela (f)	seiling (m/f)	['sæjliŋ]
rali (m)	rally (n)	['rɛli]
rúgbi (m)	rugby (m)	['rygbi]
snowboard (m)	snøbrett (n)	['snø,brɛt]
arco-e-flecha (m)	bueskyting (m/f)	['bʉ:ə,ʂytiŋ]

134. Ginásio

| barra (f) | vektstang (m/f) | ['vɛkt,staŋ] |
| halteres (m pl) | manualer (m pl) | ['manʉ,alər] |

aparelho (m) de musculação	treningsapparat (n)	['treniŋs apa'rat]
bicicleta (f) ergométrica	trimsykkel (m)	['trim‚sʏkəl]
esteira (f) de corrida	løpebånd (n)	['løpə‚bɔːn]
barra (f) fixa	svingstang (m/f)	['sviŋstaŋ]
barras (f pl) paralelas	barre (m)	['barə]
cavalo (m)	hest (m)	['hɛst]
tapete (m) de ginástica	matte (m/f)	['matə]
corda (f) de saltar	hoppetau (n)	['hɔpə‚taʊ]
aeróbica (f)	aerobic (m)	[aɛ'rɔbik]
ioga, yoga (f)	yoga (m)	['jɔga]

135. Hóquei

hóquei (m)	ishockey (m)	['is‚hɔki]
jogador (m) de hóquei	ishockeyspiller (m)	['is‚hɔki 'spilər]
jogar hóquei	å spille ishockey	[ɔ 'spilə 'is‚hɔki]
gelo (m)	is (m)	['is]
disco (m)	puck (m)	['puk]
taco (m) de hóquei	kølle (m/f)	['kølə]
patins (m pl) de gelo	skøyter (m/f pl)	['søjtər]
muro (m)	vant (n)	['vant]
tiro (m)	skudd (n)	['skʉd]
goleiro (m)	målvakt (m/f)	['moːl‚vakt]
gol (m)	mål (n)	['mol]
marcar um gol	å score mål	[ɔ 'skɔrə ‚mol]
tempo (m)	periode (m)	[pæri'ʉdə]
segundo tempo (m)	andre periode (m)	['andrə pæri'ʉdə]
banco (m) de reservas	reservebenk (m)	[re'sɛrvə‚bɛnk]

136. Futebol

futebol (m)	fotball (m)	['fʊtbal]
jogador (m) de futebol	fotballspiller (m)	['fʊtbal‚spilər]
jogar futebol	å spille fotball	[ɔ 'spilə 'fʊtbal]
Time (m) Principal	øverste liga (m)	['øvəʂtə ‚liga]
time (m) de futebol	fotballklubb (m)	['fʊtbal‚klʉb]
treinador (m)	trener (m)	['trenər]
proprietário (m)	eier (m)	['æjər]
equipe (f)	lag (n)	['lag]
capitão (m)	kaptein (m) på laget	[kap'tæjn pɔ 'lage]
jogador (m)	spiller (m)	['spilər]
jogador (m) reserva	reservespiller (m)	[re'sɛrvə‚spilər]
atacante (m)	spiss, angriper (m)	['spis], ['an‚gripər]
centroavante (m)	sentral spiss (m)	[sɛn'tral ‚spis]

marcador (m)	målscorer (m)	['mo:lˌskɔrər]
defesa (f)	forsvarer, back (m)	['fɔˌsvarər], ['bɛk]
meio-campo (m)	midtbanespiller (m)	['mitˌbanə 'spilər]

jogo (m), partida (f)	kamp (m)	['kamp]
encontrar-se (vr)	å møtes	[ɔ 'møtəs]
final (m)	finale (m)	[fi'nalə]
semifinal (f)	semifinale (m)	[ˌsemifi'nalə]
campeonato (m)	mesterskap (n)	['mɛstæˌskap]

tempo (m)	omgang (m)	['ɔmgaŋ]
primeiro tempo (m)	første omgang (m)	['fœʂtə ˌɔmgaŋ]
intervalo (m)	halvtid (m)	['halˌtid]

goleira (f)	mål (n)	['mol]
goleiro (m)	målmann (m), målvakt (m/f)	['mo:lˌman], ['mo:lˌvakt]
trave (f)	stolpe (m)	['stɔlpə]
travessão (m)	tverrligger (m)	['tvæˌˌligər]
rede (f)	nett (n)	['nɛt]
tomar um gol	å slippe inn et mål	[ɔ 'ʂlipə in et 'mol]

bola (f)	ball (m)	['bal]
passe (m)	pasning (m/f)	['pasniŋ]
chute (m)	spark (m/n)	['spark]
chutar (vt)	å sparke	[ɔ 'sparkə]
pontapé (m)	frispark (m/n)	['friˌspark]
escanteio (m)	hjørnespark (m/n)	['jœːɳəˌspark]

ataque (m)	angrep (n)	['anˌgrɛp]
contra-ataque (m)	kontring (m/f)	['kɔntriŋ]
combinação (f)	kombinasjon (m)	[kumbina'ʂun]

árbitro (m)	dommer (m)	['dɔmər]
apitar (vi)	å blåse i fløyte	[ɔ 'blo:sə i 'fløjtə]
apito (m)	plystring (m/f)	['plystriŋ]
falta (f)	brudd (n), forseelse (m)	['brʉd], [fɔ'ʂeəlsə]
cometer a falta	å begå en forseelse	[ɔ be'gɔ en fɔ'ʂeəlsə]
expulsar (vt)	å utvise	[ɔ 'ʉtˌvisə]

cartão (m) amarelo	gult kort (n)	['gʉlt ˌkoːt]
cartão (m) vermelho	rødt kort (n)	['røt koːt]
desqualificação (f)	diskvalifisering (m)	['diskvalifiˌseriŋ]
desqualificar (vt)	å diskvalifisere	[ɔ 'diskvalifiˌserə]

pênalti (m)	straffespark (m/n)	['strafəˌspark]
barreira (f)	mur (m)	['mʉr]
marcar (vt)	å score	[ɔ 'skɔrə]
gol (m)	mål (n)	['mol]
marcar um gol	å score mål	[ɔ 'skɔrə ˌmol]

substituição (f)	erstatning (m)	['æˌstatniŋ]
substituir (vt)	å bytte ut	[ɔ 'bʏtə ʉt]
regras (f pl)	regler (m pl)	['rɛglər]
tática (f)	taktikk (m)	[tak'tik]
estádio (m)	stadion (m/n)	['stadiɔn]
arquibancadas (f pl)	tribune (m)	[tri'bʉnə]

| fã, torcedor (m) | fan (m) | ['fæn] |
| gritar (vi) | å skrike | [ɔ 'skrikə] |

| placar (m) | måltavle (m/f) | ['moːlˌtɑvlə] |
| resultado (m) | resultat (n) | [resʉl'tɑt] |

derrota (f)	nederlag (n)	['nedəˌlɑg]
perder (vt)	å tape	[ɔ 'tɑpə]
empate (m)	uavgjort (m)	[ʉːav'jɔːt]
empatar (vi)	å spille uavgjort	[ɔ 'spilə ʉːav'jɔːt]

| vitória (f) | seier (m) | ['sæjər] |
| vencer (vi, vt) | å vinne | [ɔ 'vinə] |

campeão (m)	mester (m)	['mɛstər]
melhor (adj)	best	['bɛst]
felicitar (vt)	å gratulere	[ɔ grɑtʉ'lerə]

comentarista (m)	kommentator (m)	[kʊmən'tɑtʉr]
comentar (vt)	å kommentere	[ɔ kʊmən'terə]
transmissão (f)	sending (m/f)	['sɛniŋ]

137. Esqui alpino

esqui (m)	ski (m/f pl)	['ʂi]
esquiar (vi)	å gå på ski	[ɔ 'gɔ pɔ 'ʂi]
estação (f) de esqui	skisted (n)	['ʂistəd]
teleférico (m)	skiheis (m)	['ʂiˌhæjs]

bastões (m pl) de esqui	skistaver (m pl)	['ʂiˌstɑvər]
declive (m)	skråning (m)	['skrɔniŋ]
slalom (m)	slalåm (m)	['ʂlɑlɔm]

138. Tênis. Golfe

golfe (m)	golf (m)	['gɔlf]
clube (m) de golfe	golfklubb (m)	['gɔlfˌklʉb]
jogador (m) de golfe	golfspiller (m)	['gɔlfˌspilər]

buraco (m)	hull (n)	['hʉl]
taco (m)	kølle (m/f)	['kølə]
trolley (m)	golftralle (m/f)	['gɔlfˌtrɑlə]

| tênis (m) | tennis (m) | ['tɛnis] |
| quadra (f) de tênis | tennisbane (m) | ['tɛnisˌbɑnə] |

| saque (m) | serve (m) | ['sɛrv] |
| sacar (vi) | å serve | [ɔ 'sɛrvə] |

raquete (f)	racket (m)	['rɛket]
rede (f)	nett (n)	['nɛt]
bola (f)	ball (m)	['bɑl]

139. Xadrez

xadrez (m)	sjakk (m)	['ṣak]
peças (f pl) de xadrez	sjakkbrikker (m/f pl)	['ṣak‚brikər]
jogador (m) de xadrez	sjakkspiller (m)	['ṣak‚spilər]
tabuleiro (m) de xadrez	sjakkbrett (n)	['ṣak‚brɛt]
peça (f)	sjakbrikke (m/f)	['ṣak‚brikə]
brancas (f pl)	hvite brikker (m/f pl)	['vitə ‚brikər]
pretas (f pl)	svarte brikker (m/f pl)	['sva:ʈə ‚brikər]
peão (m)	bonde (m)	['bɔnə]
bispo (m)	løper (m)	['løpər]
cavalo (m)	springer (m)	['sprinər]
torre (f)	tårn (n)	['tɔ:ɳ]
dama (f)	dronning (m/f)	['drɔniŋ]
rei (m)	konge (m)	['kʊŋə]
vez (f)	trekk (n)	['trɛk]
mover (vt)	å flytte	[ɔ 'flʏtə]
sacrificar (vt)	å ofre	[ɔ 'ɔfrə]
roque (m)	rokade (m)	[rʊ'kadə]
xeque (m)	sjakk (m)	['ṣak]
xeque-mate (m)	matt (m)	['mat]
torneio (m) de xadrez	sjakkturnering (m/f)	['ṣak tʉr‚neriŋ]
grão-mestre (m)	stormester (m)	['stʊr‚mɛstər]
combinação (f)	kombinasjon (m)	[kʊmbina'ṣun]
partida (f)	parti (n)	[pɑ:'ʈi]
jogo (m) de damas	damspill (n)	['dam‚spil]

140. Boxe

boxe (m)	boksing (m)	['bɔksiŋ]
combate (m)	kamp (m)	['kamp]
luta (f) de boxe	boksekamp (m)	['bɔksə‚kamp]
round (m)	runde (m)	['rʉndə]
ringue (m)	ring (m)	['riŋ]
gongo (m)	gong (m)	['gɔŋ]
murro, soco (m)	støt, slag (n)	['støt], ['ṣlag]
derrubada (f)	knockdown (m)	[nɔk'daʊn]
nocaute (m)	knockout (m)	[nɔk'aʊt]
nocautear (vt)	å slå ut	[ɔ 'ṣlɔ ʉt]
luva (f) de boxe	boksehanske (m)	['bɔksə‚hanskə]
juiz (m)	dommer (m)	['dɔmər]
peso-pena (m)	lettvekt (m/f)	['let‚vɛkt]
peso-médio (m)	mellomvekt (m/f)	['mɛlɔm‚vɛkt]
peso-pesado (m)	tungvekt (m/f)	['tʉŋ‚vɛkt]

141. Desportos. Diversos

Jogos (m pl) Olímpicos	de olympiske leker	[de u'lʏmpiskə 'lekər]
vencedor (m)	seierherre (m)	['sæjər‚hɛrə]
vencer (vi)	å vinne, å seire	[ɔ 'vinə], [ɔ 'sæjrə]
vencer (vi, vt)	å vinne	[ɔ 'vinə]
líder (m)	leder (m)	['ledər]
liderar (vt)	å lede	[ɔ 'ledə]
primeiro lugar (m)	førsteplass (m)	['fœʂtə‚plɑs]
segundo lugar (m)	annenplass (m)	['ɑnən‚plɑs]
terceiro lugar (m)	tredjeplass (m)	['trɛdjə‚plɑs]
medalha (f)	medalje (m)	[me'dɑljə]
troféu (m)	trofé (m/n)	[tro'fe]
taça (f)	pokal (m)	[pɔ'kɑl]
prêmio (m)	pris (m)	['pris]
prêmio (m) principal	hovedpris (m)	['hʊved‚pris]
recorde (m)	rekord (m)	[re'kɔrd]
estabelecer um recorde	å sette rekord	[ɔ 'sɛtə re'kɔrd]
final (m)	finale (m)	[fi'nɑlə]
final (adj)	finale-	[fi'nɑlə-]
campeão (m)	mester (m)	['mɛstər]
campeonato (m)	mesterskap (n)	['mɛstæ‚skɑp]
estádio (m)	stadion (m/n)	['stɑdiɔn]
arquibancadas (f pl)	tribune (m)	[tri'bʉnə]
fã, torcedor (m)	fan (m)	['fæn]
adversário (m)	motstander (m)	['mʊt‚stɑnər]
partida (f)	start (m)	['stɑːt]
linha (f) de chegada	mål (n), målstrek (m)	['moːl], ['moːl‚strek]
derrota (f)	nederlag (n)	['nedə‚lɑg]
perder (vt)	å tape	[ɔ 'tɑpə]
árbitro, juiz (m)	dommer (m)	['dɔmər]
júri (m)	jury (m)	['jʉry]
resultado (m)	resultat (n)	[resʉl'tɑt]
empate (m)	uavgjort (m)	[ʉːav'jɔːt]
empatar (vi)	å spille uavgjort	[ɔ 'spilə ʉːav'jɔːt]
ponto (m)	poeng (n)	[pɔ'ɛŋ]
resultado (m) final	resultat (n)	[resʉl'tɑt]
tempo (m)	periode (m)	[pæri'ʊdə]
intervalo (m)	halvtid (m)	['hɑl‚tid]
doping (m)	doping (m)	['dʊpiŋ]
penalizar (vt)	å straffe	[ɔ 'strɑfə]
desqualificar (vt)	å diskvalifisere	[ɔ 'diskvɑlifi‚serə]
aparelho, aparato (m)	redskap (m/n)	['rɛd‚skɑp]

dardo (m)	**spyd** (n)	['spyd]
peso (m)	**kule** (m/f)	['kʉːlə]
bola (f)	**kule** (m/f), **ball** (m)	['kʉːlə], ['bɑl]
alvo, objetivo (m)	**mål** (n)	['mol]
alvo (~ de papel)	**målskive** (m/f)	['moːlˌʂivə]
disparar, atirar (vi)	**å skyte**	[ɔ 'ʂytə]
preciso (tiro ~)	**fulltreffer**	['fʉlˌtrɛfər]
treinador (m)	**trener** (m)	['trenər]
treinar (vt)	**å trene**	[ɔ 'trenə]
treinar-se (vr)	**å trene**	[ɔ 'trenə]
treino (m)	**trening** (m/f)	['treniŋ]
academia (f) de ginástica	**idrettssal** (m)	['idrɛtsˌsɑl]
exercício (m)	**øvelse** (m)	['øvəlsə]
aquecimento (m)	**oppvarming** (m/f)	['ɔpˌvɑrmiŋ]

Educação

142. Escola

escola (f)	skole (m/f)	['skʉlə]
diretor (m) de escola	rektor (m)	['rektʉr]
aluno (m)	elev (m)	[e'lev]
aluna (f)	elev (m)	[e'lev]
estudante (m)	skolegutt (m)	['skʉlə‚gʉt]
estudante (f)	skolepike (m)	['skʉlə‚pikə]
ensinar (vt)	å undervise	[ɔ 'ʉnər‚visə]
aprender (vt)	å lære	[ɔ 'lærə]
decorar (vt)	å lære utenat	[ɔ 'lærə 'ʉtənat]
estudar (vi)	å lære	[ɔ 'lærə]
estar na escola	å gå på skolen	[ɔ 'gɔ pɔ 'skʉlən]
ir à escola	å gå på skolen	[ɔ 'gɔ pɔ 'skʉlən]
alfabeto (m)	alfabet (n)	[alfɑ'bet]
disciplina (f)	fag (n)	['fɑg]
sala (f) de aula	klasserom (m/f)	['klasə‚rʉm]
lição, aula (f)	time (m)	['timə]
recreio (m)	frikvarter (n)	['frikvɑː‚ʈər]
toque (m)	skoleklokke (m/f)	['skʉlə‚klɔkə]
classe (f)	skolepult (m)	['skʉlə‚pʉlt]
quadro (m) negro	tavle (m/f)	['tɑvlə]
nota (f)	karakter (m)	[karak'ter]
boa nota (f)	god karakter (m)	['gʉ karak'ter]
nota (f) baixa	dårlig karakter (m)	['doːḷi karak'ter]
dar uma nota	å gi en karakter	[ɔ 'ji en karak'ter]
erro (m)	feil (m)	['fæjl]
errar (vi)	å gjøre feil	[ɔ 'jørə ‚fæjl]
corrigir (~ um erro)	å rette	[ɔ 'rɛtə]
cola (f)	fuskelapp (m)	['fʉskə‚lap]
dever (m) de casa	lekser (m/f pl)	['leksər]
exercício (m)	øvelse (m)	['øvəlsə]
estar presente	å være til stede	[ɔ 'værə til 'stedə]
estar ausente	å være fraværende	[ɔ 'værə 'frɑ‚værənə]
faltar às aulas	å skulke skolen	[ɔ 'skʉlkə 'skʉlən]
punir (vt)	å straffe	[ɔ 'strɑfə]
punição (f)	straff, avstraffelse (m)	['strɑf], ['ɑf‚strɑfəlsə]
comportamento (m)	oppførsel (m)	['ɔp‚fœʂəl]

boletim (m) escolar	karakterbok (m/f)	[karak'ter‚bʊk]
lápis (m)	blyant (m)	['bly‚ant]
borracha (f)	viskelær (n)	['viskə‚lær]
giz (m)	kritt (n)	['krit]
porta-lápis (m)	pennal (n)	[pɛ'nal]

mala, pasta, mochila (f)	skoleveske (m/f)	['skʊlə‚vɛskə]
caneta (f)	penn (m)	['pɛn]
caderno (m)	skrivebok (m/f)	['skrivə‚bʊk]
livro (m) didático	lærebok (m/f)	['lærə‚bʊk]
compasso (m)	passer (m)	['pasər]

traçar (vt)	å tegne	[ɔ 'tæjnə]
desenho (m) técnico	teknisk tegning (m/f)	['tɛknisk ‚tæjniŋ]

poesia (f)	dikt (n)	['dikt]
de cor	utenat	['ʉtən‚at]
decorar (vt)	å lære utenat	[ɔ 'lærə 'ʉtənat]

férias (f pl)	skoleferie (m)	['skʊlə‚fɛriə]
estar de férias	å være på ferie	[ɔ 'værə pɔ 'fɛriə]
passar as férias	å tilbringe ferien	[ɔ 'til‚briŋə 'fɛriən]

teste (m), prova (f)	prøve (m/f)	['prøvə]
redação (f)	essay (n)	[ɛ'sɛj]
ditado (m)	diktat (m)	[dik'tat]
exame (m), prova (f)	eksamen (m)	[ɛk'samən]
fazer prova	å ta eksamen	[ɔ 'ta ɛk'samən]
experiência (~ química)	forsøk (n)	['fɔ'ʂøk]

143. Colégio. Universidade

academia (f)	akademi (n)	[akade'mi]
universidade (f)	universitet (n)	[ʉnivæʂi'tet]
faculdade (f)	fakultet (n)	[fakʉl'tet]

estudante (m)	student (m)	[stʉ'dɛnt]
estudante (f)	kvinnelig student (m)	['kvinəli stʉ'dɛnt]
professor (m)	lærer, foreleser (m)	['lærər], ['fʊrə‚lesər]

auditório (m)	auditorium (n)	[‚aʊdi'tʊrium]
graduado (m)	alumn (m)	[a'lʉmn]

diploma (m)	diplom (n)	[di'plʊm]
tese (f)	avhandling (m/f)	['av‚handliŋ]

estudo (obra)	studie (m)	['stʉdiə]
laboratório (m)	laboratorium (n)	[labʊra'tɔrium]

palestra (f)	forelesning (m)	['fɔrə‚lesniŋ]
colega (m) de curso	studiekamerat (m)	['stʉdiə kame‚rat]

bolsa (f) de estudos	stipendium (n)	[sti'pɛndium]
grau (m) acadêmico	akademisk grad (m)	[aka'demisk ‚grad]

144. Ciências. Disciplinas

matemática (f)	matematikk (m)	[matəma'tik]
álgebra (f)	algebra (m)	['algə,bra]
geometria (f)	geometri (m)	[geʊme'tri]

astronomia (f)	astronomi (m)	[astrʊnʊ'mi]
biologia (f)	biologi (m)	[biʊlʊ'gi]
geografia (f)	geografi (m)	[geʊgra'fi]
geologia (f)	geologi (m)	[geʊlʊ'gi]
história (f)	historie (m/f)	[hi'stʊriə]

medicina (f)	medisin (m)	[medi'sin]
pedagogia (f)	pedagogikk (m)	[pedagʊ'gik]
direito (m)	rett (m)	['rɛt]

física (f)	fysikk (m)	[fy'sik]
química (f)	kjemi (m)	[çe'mi]
filosofia (f)	filosofi (m)	[filʊsʊ'fi]
psicologia (f)	psykologi (m)	[sikʊlʊ'gi]

145. Sistema de escrita. Ortografia

gramática (f)	grammatikk (m)	[grama'tik]
vocabulário (m)	ordforråd (n)	['u:rfʊ,rod]
fonética (f)	fonetikk (m)	[fʊne'tik]

substantivo (m)	substantiv (n)	['sʉbstan,tiv]
adjetivo (m)	adjektiv (n)	['adjɛk,tiv]
verbo (m)	verb (n)	['værb]
advérbio (m)	adverb (n)	[ad'væ:b]

pronome (m)	pronomen (n)	[prʊ'nʊmən]
interjeição (f)	interjeksjon (m)	[interjɛk'ʂʊn]
preposição (f)	preposisjon (m)	[prɛpʊsi'ʂʊn]

raiz (f)	rot (m/f)	['rʊt]
terminação (f)	endelse (m)	['ɛnəlsə]
prefixo (m)	prefiks (n)	[prɛ'fiks]
sílaba (f)	stavelse (m)	['stavəlsə]
sufixo (m)	suffiks (n)	[sʉ'fiks]

| acento (m) | betoning (m), trykk (n) | ['be'tɔniŋ], ['trʏk] |
| apóstrofo (f) | apostrof (m) | [apʊ'strɔf] |

ponto (m)	punktum (n)	['pʉnktum]
vírgula (f)	komma (n)	['kɔma]
ponto e vírgula (m)	semikolon (n)	[,semikʊ'lɔn]
dois pontos (m pl)	kolon (n)	['kʊlɔn]
reticências (f pl)	tre prikker (m pl)	['tre 'prikər]

| ponto (m) de interrogação | spørsmålstegn (n) | ['spœʂmols,tæjn] |
| ponto (m) de exclamação | utropstegn (n) | ['ʉtrʊps,tæjn] |

aspas (f pl)	anførselstegn (n pl)	[anˈfœʂɛlsˌtejn]
entre aspas	i anførselstegn	[i anˈfœʂɛlsˌtejn]
parênteses (m pl)	parentes (m)	[parɛnˈtes]
entre parênteses	i parentes	[i parɛnˈtes]

hífen (m)	bindestrek (m)	[ˈbinəˌstrek]
travessão (m)	tankestrek (m)	[ˈtɑnkəˌstrek]
espaço (m)	mellomrom (n)	[ˈmɛlɔmˌrʊm]

letra (f)	bokstav (m)	[ˈbʊkstav]
letra (f) maiúscula	stor bokstav (m)	[ˈstʊr ˈbʊkstav]

vogal (f)	vokal (m)	[vʊˈkɑl]
consoante (f)	konsonant (m)	[kʊnsʊˈnɑnt]

frase (f)	setning (m)	[ˈsɛtniŋ]
sujeito (m)	subjekt (n)	[sʉbˈjɛkt]
predicado (m)	predikat (n)	[prɛdiˈkɑt]

linha (f)	linje (m)	[ˈlinjə]
em uma nova linha	på ny linje	[pɔ ny ˈlinjə]
parágrafo (m)	avsnitt (n)	[ˈɑfˌsnit]

palavra (f)	ord (n)	[ˈuːr]
grupo (m) de palavras	ordgruppe (m/f)	[ˈuːrˌgrʉpə]
expressão (f)	uttrykk (n)	[ˈʉtˌtrʏk]
sinônimo (m)	synonym (n)	[synʊˈnym]
antônimo (m)	antonym (n)	[ɑntʉˈnym]

regra (f)	regel (m)	[ˈrɛgəl]
exceção (f)	unntak (n)	[ˈʉnˌtak]
correto (adj)	riktig	[ˈrikti]

conjugação (f)	bøyning (m/f)	[ˈbøjniŋ]
declinação (f)	bøyning (m/f)	[ˈbøjniŋ]
caso (m)	kasus (m)	[ˈkasʉs]
pergunta (f)	spørsmål (n)	[ˈspœʂˌmol]
sublinhar (vt)	å understreke	[ɔ ˈʉnəˌstrekə]
linha (f) pontilhada	prikket linje (m)	[ˈprikət ˈlinjə]

146. Línguas estrangeiras

língua (f)	språk (n)	[ˈsprɔk]
estrangeiro (adj)	fremmed-	[ˈfremə-]
língua (f) estrangeira	fremmedspråk (n)	[ˈfremedˌsprɔk]
estudar (vt)	å studere	[ɔ stʉˈderə]
aprender (vt)	å lære	[ɔ ˈlærə]

ler (vt)	å lese	[ɔ ˈlese]
falar (vi)	å tale	[ɔ ˈtale]
entender (vt)	å forstå	[ɔ fɔˈʂtɔ]
escrever (vt)	å skrive	[ɔ ˈskrivə]
rapidamente	fort	[ˈfʊːt]
devagar, lentamente	langsomt	[ˈlaŋsɔmt]

fluentemente	flytende	['flytnə]
regras (f pl)	regler (m pl)	['rɛglər]
gramática (f)	grammatikk (m)	[grama'tik]
vocabulário (m)	ordforråd (n)	['uːrfʉˌrɔd]
fonética (f)	fonetikk (m)	[fʉne'tik]

livro (m) didático	lærebok (m/f)	['læːrəˌbʉk]
dicionário (m)	ordbok (m/f)	['uːrˌbʉk]
manual (m) autodidático	lærebok (m/f) for selvstudium	['læːrəˌbʉk fɔ 'selˌstʉdium]
guia (m) de conversação	parlør (m)	[paː'lør]

fita (f) cassete	kassett (m)	[ka'sɛt]
videoteipe (m)	videokassett (m)	['videʉ ka'sɛt]
CD (m)	CD-rom (m)	['sɛdɛˌrʉm]
DVD (m)	DVD (m)	[deve'de]

alfabeto (m)	alfabet (n)	[alfa'bet]
soletrar (vt)	å stave	[ɔ 'stavə]
pronúncia (f)	uttale (m)	['ʉtˌtalə]

sotaque (m)	aksent (m)	[ak'saŋ]
com sotaque	med aksent	[me ak'saŋ]
sem sotaque	uten aksent	['ʉtən ak'saŋ]

palavra (f)	ord (n)	['uːr]
sentido (m)	betydning (m)	[be'tʸdniŋ]

curso (m)	kurs (n)	['kʉʂ]
inscrever-se (vr)	å anmelde seg	[ɔ 'anˌmɛlə sæj]
professor (m)	lærer (m)	['læːrər]

tradução (processo)	oversettelse (m)	['ɔvəˌsɛtəlsə]
tradução (texto)	oversettelse (m)	['ɔvəˌsɛtəlsə]
tradutor (m)	oversetter (m)	['ɔvəˌsɛtər]
intérprete (m)	tolk (m)	['tɔlk]

poliglota (m)	polyglott (m)	[pʉlʸ'glɔt]
memória (f)	minne (n), hukommelse (m)	['minə], [hʉ'kɔməlsə]

147. Personagens de contos de fadas

Papai Noel (m)	Julenissen	['jʉləˌnisən]
Cinderela (f)	Askepott	['askəˌpɔt]
sereia (f)	havfrue (m/f)	['havˌfrʉə]
Netuno (m)	Neptun	[nɛp'tʉn]

bruxo, feiticeiro (m)	trollmann (m)	['trɔlˌman]
fada (f)	fe (m)	['fe]
mágico (adj)	trylle-	['trʸlə-]
varinha (f) mágica	tryllestav (m)	['trʸləˌstav]

conto (m) de fadas	eventyr (n)	['ɛvənˌtyr]
milagre (m)	mirakel (n)	[mi'rakəl]

anão (m)	gnom, dverg (m)	['gnʊm], ['dvɛrg]
transformar-se em ...	å forvandle seg til ...	[ɔ fɔr'vandlə sæj til ...]

fantasma (m)	fantom (m)	[fan'tɔm]
fantasma (m)	spøkelse (n)	['spøkəlsə]
monstro (m)	monster (n)	['mɔnstər]
dragão (m)	drage (m)	['dragə]
gigante (m)	gigant (m)	[gi'gant]

148. Signos do Zodíaco

Áries (f)	Væren (m)	['væɾən]
Touro (m)	Tyren (m)	['tyɾən]
Gêmeos (m pl)	Tvillingene (m pl)	['tviliŋənə]
Câncer (m)	Krepsen (m)	['krɛpsən]
Leão (m)	Løven (m)	['løvən]
Virgem (f)	Jomfruen (m)	['ʉmfɾʉən]

Libra (f)	Vekten (m)	['vɛktən]
Escorpião (m)	Skorpionen	[skɔrpi'ʊnən]
Sagitário (m)	Skytten (m)	['ʂytən]
Capricórnio (m)	Steinbukken (m)	['stæjn‚bʉkən]
Aquário (m)	Vannmannen (m)	['van‚manən]
Peixes (pl)	Fiskene (pl)	['fiskənə]

caráter (m)	karakter (m)	[karak'ter]
traços (m pl) do caráter	karaktertrekk (n pl)	[karak'ter‚trɛk]
comportamento (m)	oppførsel (m)	['ɔp‚fœʂəl]
prever a sorte	å spå	[ɔ 'spɔ]
adivinha (f)	spåkone (m/f)	['spoː‚kɔnə]
horóscopo (m)	horoskop (n)	[hʊrʊ'skɔp]

Artes

149. Teatro

teatro (m)	teater (n)	[te'atər]
ópera (f)	opera (m)	['ʊpera]
opereta (f)	operette (m)	[ʊpe'rɛtə]
balé (m)	ballett (m)	[ba'let]
cartaz (m)	plakat (m)	[pla'kat]
companhia (f) de teatro	teatertrupp (m)	[te'atər‚trʊp]
turnê (f)	turné (m)	[tʉr'ne:]
estar em turnê	å være på turné	[ɔ 'værə pɔ tʉr'ne:]
ensaiar (vt)	å repetere	[ɔ repe'terə]
ensaio (m)	repetisjon (m)	[repeti'ʂʊn]
repertório (m)	repertoar (n)	[repæː‚ʈʊ'ar]
apresentação (f)	forestilling (m/f)	['fɔrə‚stiliŋ]
espetáculo (m)	teaterstykke (n)	[te'atər‚stʏkə]
peça (f)	skuespill (n)	['skʉə‚spil]
entrada (m)	billett (m)	[bi'let]
bilheteira (f)	billettluke (m/f)	[bi'let‚lʉkə]
hall (m)	lobby, foajé (m)	['lɔbi], [fʊa'je]
vestiário (m)	garderobe (m)	[ga:də'rʊbə]
senha (f) numerada	garderobemerke (n)	[ga:də'rʊbə 'mærkə]
binóculo (m)	kikkert (m)	['çikɛː‚ʈ]
lanterninha (m)	plassanviser (m)	['plas an‚visər]
plateia (f)	parkett (m)	[par'kɛt]
balcão (m)	balkong (m)	[bal'kɔŋ]
primeiro balcão (m)	første losjerad (m)	['fœʂtə ‚lʊʂerad]
camarote (m)	losje (m)	['lʊʂə]
fila (f)	rad (m/f)	['rad]
assento (m)	plass (m)	['plas]
público (m)	publikum (n)	['pʊblikum]
espectador (m)	tilskuer (m)	['til‚skʉər]
aplaudir (vt)	å klappe	[ɔ 'klapə]
aplauso (m)	applaus (m)	[a'plaʊs]
ovação (f)	bifall (n)	['bi‚fal]
palco (m)	scene (m)	['se:nə]
cortina (f)	teppe (n)	['tɛpə]
cenário (m)	dekorasjon (m)	[dekʊra'ʂʊn]
bastidores (m pl)	kulisser (m pl)	[kʉ'lisər]
cena (f)	scene (m)	['se:nə]
ato (m)	akt (m)	['akt]
intervalo (m)	mellomakt (m)	['mɛlɔm‚akt]

150. Cinema

ator (m)	skuespiller (m)	['skʉə̯spilər]
atriz (f)	skuespillerinne (m/f)	['skʉə̯spilə'rinə]

cinema (m)	filmindustri (m)	['film indʉ'stri]
filme (m)	film (m)	['film]
episódio (m)	del (m)	['del]

filme (m) policial	kriminalfilm (m)	[krimi'nal,film]
filme (m) de ação	actionfilm (m)	['ɛkşən,film]
filme (m) de aventuras	eventyrfilm (m)	['ɛvəntyr,film]
filme (m) de ficção científica	Sci-Fi film (m)	['saj,faj film]
filme (m) de horror	skrekkfilm (m)	['skrɛk,film]

comédia (f)	komedie (m)	['kʊ'mediə]
melodrama (m)	melodrama (n)	[melɔ'drama]
drama (m)	drama (n)	['drama]

filme (m) de ficção	spillefilm (m)	['spilə,film]
documentário (m)	dokumentarfilm (m)	[dokʉmɛn'tar ,film]
desenho (m) animado	tegnefilm (m)	['tæjnə,film]
cinema (m) mudo	stumfilm (m)	['stʉm,film]

papel (m)	rolle (m/f)	['rɔlə]
papel (m) principal	hovedrolle (m)	['hʉvəd,rɔle]
representar (vt)	å spille	[ɔ 'spilə]

estrela (f) de cinema	filmstjerne (m)	['film,stjæ:ɳə]
conhecido (adj)	kjent	['çɛnt]
famoso (adj)	berømt	[be'rømt]
popular (adj)	populær	[pʊpʉ'lær]

roteiro (m)	manus (n)	['manʉs]
roteirista (m)	manusforfatter (m)	['manʉs fɔr'fatər]
diretor (m) de cinema	regissør (m)	[rɛşi'sør]
produtor (m)	produsent (m)	[prʊdʉ'sɛnt]
assistente (m)	assistent (m)	[asi'stɛnt]
diretor (m) de fotografia	kameramann (m)	['kamera,man]
dublê (m)	stuntmann (m)	['stant,man]
dublê (m) de corpo	stand-in (m)	[,stand'in]

filmar (vt)	å spille inn en film	[ɔ 'spilə in en 'film]
audição (f)	prøve (m/f)	['prøvə]
filmagem (f)	opptak (n)	['ɔp,tak]
equipe (f) de filmagem	filmteam (n)	['film,tim]
set (m) de filmagem	opptaksplass (m)	['ɔptaks,plas]
câmera (f)	filmkamera (n)	['film,kamera]

cinema (m)	kino (m)	['çinʉ]
tela (f)	filmduk (m)	['film,dʉk]
exibir um filme	å vise en film	[ɔ 'visə en 'film]

trilha (f) sonora	lydspor (n)	['lyd,spʊr]
efeitos (m pl) especiais	spesialeffekter (m pl)	['spesi'al e'fɛktər]

legendas (f pl)	undertekster (m/f)	['ʉnə‚tɛkstər]
crédito (m)	rulletekst (m)	['rʉlə‚tɛkst]
tradução (f)	oversettelse (m)	['ɔvə‚sɛtəlsə]

151. Pintura

arte (f)	kunst (m)	['kʉnst]
belas-artes (f pl)	de skjønne kunster	[de 'ʂønə 'kʉnstər]
galeria (f) de arte	kunstgalleri (n)	['kʉnst gale'ri]
exibição (f) de arte	maleriutstilling (m/f)	[‚male'ri ʉt‚stiliŋ]

pintura (f)	malerkunst (m)	['malər‚kʉnst]
arte (f) gráfica	grafikk (m)	[gra'fik]
arte (f) abstrata	abstrakt kunst (m)	[ab'strakt 'kʉnst]
impressionismo (m)	impresjonisme (m)	[imprɛʂu'nisme]

pintura (f), quadro (m)	maleri (m/f)	[‚male'ri]
desenho (m)	tegning (m/f)	['tæjniŋ]
cartaz, pôster (m)	plakat, poster (m)	['pla‚kat], ['pɔstər]

ilustração (f)	illustrasjon (m)	[ilʉstra'ʂʉn]
miniatura (f)	miniatyr (m)	[minia'tyr]
cópia (f)	kopi (m)	[kʉ'pi]
reprodução (f)	reproduksjon (m)	[reprʉdʉk'ʂʉn]

mosaico (m)	mosaikk (m)	[mʉsa'ik]
vitral (m)	glassmaleri (n)	['glas‚male'ri]
afresco (m)	freske (m)	['frɛskə]
gravura (f)	gravyr (m)	[gra'vyr]

busto (m)	byste (m)	['bystə]
escultura (f)	skulptur (m)	[skʉlp'tʉr]
estátua (f)	statue (m)	['statʉə]
gesso (m)	gips (m)	['jips]
em gesso (adj)	gips-	['jips-]

retrato (m)	portrett (n)	[pɔ:'ʈrɛt]
autorretrato (m)	selvportrett (n)	['sɛl‚pɔ:'ʈrɛt]
paisagem (f)	landskapsmaleri (n)	['lanskaps‚male'ri]
natureza (f) morta	stilleben (n)	['stil‚lebən]
caricatura (f)	karikatur (m)	[karika'tʉr]
esboço (m)	skisse (m/f)	['ʂisə]

tinta (f)	maling (m/f)	['maliŋ]
aquarela (f)	akvarell (m)	[akva'rɛl]
tinta (f) a óleo	olje (f)	['ɔljə]
lápis (m)	blyant (m)	['bly‚ant]
tinta (f) nanquim	tusj (m/n)	['tʉʂ]
carvão (m)	kull (n)	['kʉl]

desenhar (vt)	å tegne	[ɔ 'tæjnə]
pintar (vt)	å male	[ɔ 'malə]
posar (vi)	å posere	[ɔ pɔ'serə]
modelo (m)	modell (m)	[mʉ'dɛl]

modelo (f)	modell (m)	[mu'dɛl]
pintor (m)	kunstner (m)	['kʉnstnər]
obra (f)	kunstverk (n)	['kʉnstˌværk]
obra-prima (f)	mesterverk (n)	['mɛstɛrˌværk]
estúdio (m)	atelier (n)	[ate'lje]

tela (f)	kanvas (m/n), lerret (n)	['kanvɑs], ['leret]
cavalete (m)	staffeli (n)	[stɑfe'li]
paleta (f)	palett (m)	[pɑ'let]

moldura (f)	ramme (m/f)	['ramə]
restauração (f)	restaurering (m)	[rɛstaʉ'reriŋ]
restaurar (vt)	å restaurere	[ɔ rɛstaʉ'rerə]

152. Literatura & Poesia

literatura (f)	litteratur (m)	[litərɑ'tʉr]
autor (m)	forfatter (m)	[for'fatər]
pseudônimo (m)	pseudonym (n)	[sewdʉ'nym]

livro (m)	bok (m/f)	['bʉk]
volume (m)	bind (n)	['bin]
índice (m)	innholdsfortegnelse (m)	['inhɔls fɔː'ʈæjnəlsə]
página (f)	side (m/f)	['sidə]
protagonista (m)	hovedperson (m)	['hʉvəd pæ'ʂʉn]
autógrafo (m)	autograf (m)	[aʉtʉ'graf]

conto (m)	novelle (m/f)	[nʉ'vɛlə]
novela (f)	kortroman (m)	['kʉːʈ rʉˌman]
romance (m)	roman (m)	[rʉ'man]
obra (f)	verk (n)	['værk]
fábula (m)	fabel (m)	['fabəl]
romance (m) policial	kriminalroman (m)	[krimi'nal rʉˌman]

verso (m)	dikt (n)	['dikt]
poesia (f)	poesi (m)	[pɔɛ'si]
poema (m)	epos (n)	['ɛpɔs]
poeta (m)	poet, dikter (m)	['pɔɛt], ['diktər]

ficção (f)	skjønnlitteratur (m)	['ʂøn litərɑ'tʉr]
ficção (f) científica	science fiction (m)	['sajəns ˌfikʂn]
aventuras (f pl)	eventyr (n pl)	['ɛvənˌtyr]
literatura (f) didática	undervisningslitteratur (m)	['ʉnərˌvisniŋs litərɑ'tʉr]
literatura (f) infantil	barnelitteratur (m)	['baːɳə litərɑ'tʉr]

153. Circo

circo (m)	sirkus (m/n)	['sirkʉs]
circo (m) ambulante	ambulerende sirkus (n)	['ambʉˌlerɛnə 'sirkʉs]
programa (m)	program (n)	[prʉ'gram]
apresentação (f)	forestilling (m/f)	['fɔrɛˌstiliŋ]
número (m)	nummer (n)	['nʉmər]

picadeiro (f)	manesje, arena (m)	[ma'neşə], [a'rena]
pantomima (f)	pantomime (m)	[pantʉ'mimə]
palhaço (m)	klovn (m)	['klɔvn]

acrobata (m)	akrobat (m)	[akrʉ'bat]
acrobacia (f)	akrobatikk (m)	[akrʉba'tik]
ginasta (m)	gymnast (m)	[gʏm'nast]
ginástica (f)	gymnastikk (m)	[gʏmna'stik]
salto (m) mortal	salto (m)	['saltʉ]

homem (m) forte	atlet (m)	[at'let]
domador (m)	dyretemmer (m)	['dyrə‚tɛmər]
cavaleiro (m) equilibrista	rytter (m)	['rʏtər]
assistente (m)	assistent (m)	[asi'stɛnt]

truque (m)	trikk, triks (n)	['trik], ['triks]
truque (m) de mágica	trylletriks (n)	['trʏlə‚triks]
ilusionista (m)	tryllekunstner (m)	['trʏlə‚kʉnstnər]

malabarista (m)	sjonglør (m)	[şɔŋ'lør]
fazer malabarismos	å sjonglere	[ɔ 'şɔŋ‚lerə]
adestrador (m)	dressør (m)	[drɛ'sør]
adestramento (m)	dressur (m)	[drɛ'sʉr]
adestrar (vt)	å dressere	[ɔ drɛ'serə]

154. Música. Música popular

música (f)	musikk (m)	[mʉ'sik]
músico (m)	musiker (m)	['mʉsikər]
instrumento (m) musical	musikkinstrument (n)	[mʉ'sik instrʉ'mɛnt]
tocar ...	å spille ...	[ɔ 'spilə ...]

guitarra (f)	gitar (m)	['gi‚tar]
violino (m)	fiolin (m)	[fiʉ'lin]
violoncelo (m)	cello (m)	['sɛlʉ]
contrabaixo (m)	kontrabass (m)	['kʉntra‚bas]
harpa (f)	harpe (m)	['harpə]

piano (m)	piano (n)	[pi'anʉ]
piano (m) de cauda	flygel (n)	['flygəl]
órgão (m)	orgel (n)	['ɔrgəl]

instrumentos (m pl) de sopro	blåseinstrumenter (n pl)	['blo:sə instrʉ'mɛntər]
oboé (m)	obo (m)	[ʉ'bʉ]
saxofone (m)	saksofon (m)	[saksʉ'fʉn]
clarinete (m)	klarinett (m)	[klari'nɛt]
flauta (f)	fløyte (m)	['fløjtə]
trompete (m)	trompet (m)	[trʉm'pet]

| acordeão (m) | trekkspill (n) | ['trɛk‚spil] |
| tambor (m) | tromme (m) | ['trʉmə] |

| dueto (m) | duett (m) | [dʉ'ɛt] |
| trio (m) | trio (m) | ['triʉ] |

quarteto (m)	**kvartett** (m)	[kvɑ:'tɛt]
coro (m)	**kor** (n)	['kʊr]
orquestra (f)	**orkester** (n)	[ɔr'kɛstər]
música (f) pop	**popmusikk** (m)	['pɔp mʉ'sik]
música (f) rock	**rockmusikk** (m)	['rɔk mʉ'sik]
grupo (m) de rock	**rockeband** (n)	['rɔkə‚bɛnd]
jazz (m)	**jazz** (m)	['jas]
ídolo (m)	**idol** (n)	[i'dʊl]
fã, admirador (m)	**beundrer** (m)	[be'ʉndrər]
concerto (m)	**konsert** (m)	[kʊn'sæ:t]
sinfonia (f)	**symfoni** (m)	[sʏmfʊ'ni]
composição (f)	**komposisjon** (m)	[kʊmpʊzi'ʂʊn]
compor (vt)	**å komponere**	[ɔ kʊmpʊ'nerə]
canto (m)	**synging** (m/f)	['sʏŋiŋ]
canção (f)	**sang** (m)	['sɑŋ]
melodia (f)	**melodi** (m)	[melɔ'di]
ritmo (m)	**rytme** (m)	['rʏtmə]
blues (m)	**blues** (m)	['blʉs]
notas (f pl)	**noter** (m pl)	['nʊtər]
batuta (f)	**taktstokk** (m)	['tɑkt‚stɔk]
arco (m)	**bue, boge** (m)	['bʉ:ə], ['bɔgə]
corda (f)	**streng** (m)	['strɛŋ]
estojo (m)	**futteral** (n), **kasse** (m/f)	[fʉte'rɑl], ['kɑsə]

Descanso. Entretenimento. Viagens

155. Viagens

turismo (m)	turisme (m)	[tʉ'rismə]
turista (m)	turist (m)	[tʉ'rist]
viagem (f)	reise (m/f)	['ræjsə]
aventura (f)	eventyr (n)	['ɛvən,tyr]
percurso (curta viagem)	tripp (m)	['trip]
férias (f pl)	ferie (m)	['fɛriə]
estar de férias	å være på ferie	[ɔ 'værə pɔ 'fɛriə]
descanso (m)	hvile (m/f)	['vilə]
trem (m)	tog (n)	['tɔg]
de trem (chegar ~)	med tog	[me 'tɔg]
avião (m)	fly (n)	['fly]
de avião	med fly	[me 'fly]
de carro	med bil	[me 'bil]
de navio	med skip	[me 'ṣip]
bagagem (f)	bagasje (m)	[ba'gaṣə]
mala (f)	koffert (m)	['kʉfɛ:t]
carrinho (m)	bagasjetralle (m/f)	[ba'gaṣə,tralə]
passaporte (m)	pass (n)	['pas]
visto (m)	visum (n)	['visʉm]
passagem (f)	billett (m)	[bi'let]
passagem (f) aérea	flybillett (m)	['fly bi'let]
guia (m) de viagem	reisehåndbok (m/f)	['ræjsə,hɔnbʉk]
mapa (m)	kart (n)	['ka:t]
área (f)	område (n)	['ɔm,ro:də]
lugar (m)	sted (n)	['sted]
exótico (adj)	eksotisk	[ɛk'sʉtisk]
surpreendente (adj)	forunderlig	[fɔ'rʉnde:[i]
grupo (m)	gruppe (m)	['grʉpə]
excursão (f)	utflukt (m/f)	['ʉt,flʉkt]
guia (m)	guide (m)	['gajd]

156. Hotel

hotel (m)	hotell (n)	[hʉ'tɛl]
motel (m)	motell (n)	[mʉ'tɛl]
três estrelas	trestjernet	['tre,stjæ:ŋə]
cinco estrelas	femstjernet	['fɛm,stjæ:ŋə]

ficar (vi, vt)	å bo	[ɔ 'buː]
quarto (m)	rom (n)	['rʊm]
quarto (m) individual	enkeltrom (n)	['ɛnkelt,rʊm]
quarto (m) duplo	dobbeltrom (n)	['dɔbelt,rʊm]
reservar um quarto	å reservere rom	[ɔ resɛr'verə 'rʊm]
meia pensão (f)	halvpensjon (m)	['hal pan,ʂʊn]
pensão (f) completa	fullpensjon (m)	['fʉl pan,ʂʊn]
com banheira	med badekar	[me 'badə,kar]
com chuveiro	med dusj	[me 'dʉʂ]
televisão (m) por satélite	satellitt-TV (m)	[satɛ'lit 'tevɛ]
ar (m) condicionado	klimaanlegg (n)	['klima'an,leg]
toalha (f)	håndkle (n)	['hɔn,kle]
chave (f)	nøkkel (m)	['nøkəl]
administrador (m)	administrator (m)	[admini'straːtʊr]
camareira (f)	stuepike (m/f)	['stʉə,pikə]
bagageiro (m)	pikkolo (m)	['pikɔlɔ]
porteiro (m)	portier (m)	[pɔ:'tje]
restaurante (m)	restaurant (m)	[rɛstʊ'raŋ]
bar (m)	bar (m)	['bar]
café (m) da manhã	frokost (m)	['frʊkɔst]
jantar (m)	middag (m)	['mi,da]
bufê (m)	buffet (m)	[bʉ'fɛ]
saguão (m)	hall, lobby (m)	['hal], ['lɔbi]
elevador (m)	heis (m)	['hæjs]
NÃO PERTURBE	VENNLIGST IKKE FORSTYRR!	['vɛnligt ikə fɔ'ʂtyr]
PROIBIDO FUMAR!	RØYKING FORBUDT	['røjkiŋ fɔr'bʉt]

157. Livros. Leitura

livro (m)	bok (m/f)	['bʊk]
autor (m)	forfatter (m)	[fɔr'fatər]
escritor (m)	forfatter (m)	[fɔr'fatər]
escrever (~ um livro)	å skrive	[ɔ 'skrivə]
leitor (m)	leser (m)	['lesər]
ler (vt)	å lese	[ɔ 'lesə]
leitura (f)	lesning (m/f)	['lesniŋ]
para si	for seg selv	[fɔr sæj 'sɛl]
em voz alta	høyt	['højt]
publicar (vt)	å publisere	[ɔ pʉbli'serə]
publicação (f)	publisering (m/f)	[pʉbli'seriŋ]
editor (m)	forlegger (m)	['fɔː,legər]
editora (f)	forlag (n)	['fɔː,lag]
sair (vi)	å komme ut	[ɔ 'kɔmə ʉt]
lançamento (m)	utgivelse (m)	['ʉt,jivəlsə]

tiragem (f)	opplag (n)	['ɔpˌlag]
livraria (f)	bokhandel (m)	['bʊkˌhandəl]
biblioteca (f)	bibliotek (n)	[bibliʊ'tek]

novela (f)	kortroman (m)	['kʊːʈ rʊˌman]
conto (m)	novelle (m/f)	[nʊ'vɛlə]
romance (m)	roman (m)	[rʊ'man]
romance (m) policial	kriminalroman (m)	[krimi'nal rʊˌman]

memórias (f pl)	memoarer (pl)	[memʊ'arər]
lenda (f)	legende (m)	['le'gɛndə]
mito (m)	myte (m)	['my:tə]

poesia (f)	dikt (n pl)	['dikt]
autobiografia (f)	selvbiografi (m)	['sɛlˌbiʊgra'fi]
obras (f pl) escolhidas	utvalgte verker (n pl)	['ʉtˌvalgtə 'værkər]
ficção (f) científica	science fiction (m)	['sajəns ˌfikʂn]
título (m)	tittel (m)	['titəl]
introdução (f)	innledning (m)	['inˌledniŋ]
folha (f) de rosto	tittelblad (n)	['titəlˌbla]

capítulo (m)	kapitel (n)	[ka'pitəl]
excerto (m)	utdrag (n)	['ʉtˌdrag]
episódio (m)	episode (m)	[ɛpi'sʊdə]

enredo (m)	handling (m/f)	['handliŋ]
conteúdo (m)	innhold (n)	['inˌhɔl]
índice (m)	innholdsfortegnelse (m)	['inhɔls fɔ:'ʈæjnəlsə]
protagonista (m)	hovedperson (m)	['hʊvəd pæ'ʂʊn]

volume (m)	bind (n)	['bin]
capa (f)	omslag (n)	['ɔmˌslag]
encadernação (f)	bokbind (n)	['bʊkˌbin]
marcador (m) de página	bokmerke (n)	['bʊkˌmærkə]

página (f)	side (m/f)	['sidə]
folhear (vt)	å bla	[ɔ 'bla]
margem (f)	marger (m pl)	['margər]
anotação (f)	annotering (n)	[anʊ'tɛriŋ]
nota (f) de rodapé	anmerkning (m)	['anˌmærkniŋ]

texto (m)	tekst (m/f)	['tɛkst]
fonte (f)	skrift, font (m)	['skrift], ['fɔnt]
falha (f) de impressão	trykkfeil (m)	['trʏkˌfæjl]

tradução (f)	oversettelse (m)	['ɔveˌsɛtəlsə]
traduzir (vt)	å oversette	[ɔ 'ɔveˌsɛtə]
original (m)	original (m)	[ɔrigi'nal]

famoso (adj)	berømt	[be'rømt]
desconhecido (adj)	ukjent	['ʉˌçɛnt]
interessante (adj)	interessant	[intere'san]
best-seller (m)	bestselger (m)	['bɛstˌsɛlər]
dicionário (m)	ordbok (m/f)	['uːrˌbʊk]
livro (m) didático	lærebok (m/f)	['lærəˌbʊk]
enciclopédia (f)	encyklopedi (m)	[ɛnsʏklɔpe'di]

158. Caça. Pesca

caça (f)	jakt (m/f)	['jakt]
caçar (vi)	å jage	[ɔ 'jagə]
caçador (m)	jeger (m)	['jɛːgər]
disparar, atirar (vi)	å skyte	[ɔ 'ʂytə]
rifle (m)	gevær (n)	[ge'vær]
cartucho (m)	patron (m)	[pɑ'trʊn]
chumbo (m) de caça	hagl (n)	['hagl]
armadilha (f)	saks (m/f)	['sɑks]
armadilha (com corda)	felle (m/f)	['fɛlə]
cair na armadilha	å fanges i felle	[ɔ 'faŋəs i 'fɛlə]
pôr a armadilha	å sette opp felle	[ɔ 'sɛtə ɔp 'fɛlə]
caçador (m) furtivo	tyvskytter (m)	['tyf,ʂytər]
caça (animais)	vilt (n)	['vilt]
cão (m) de caça	jakthund (m)	['jakt,hʉn]
safári (m)	safari (m)	[sɑ'fari]
animal (m) empalhado	utstoppet dyr (n)	['ʉt,stɔpet ,dyr]
pescador (m)	fisker (m)	['fiskər]
pesca (f)	fiske (n)	['fiskə]
pescar (vt)	å fiske	[ɔ 'fiskə]
vara (f) de pesca	fiskestang (m/f)	['fiskə,staŋ]
linha (f) de pesca	fiskesnøre (n)	['fiskə,snøre]
anzol (m)	krok (m)	['krʊk]
boia (f), flutuador (m)	dupp (m)	['dʉp]
isca (f)	agn (m)	['aŋn]
lançar a linha	å kaste ut	[ɔ 'kastə ʉt]
morder (peixe)	å bite	[ɔ 'bitə]
pesca (f)	fangst (m)	['faŋst]
buraco (m) no gelo	hull (n) i isen	['hʉl i ,isən]
rede (f)	nett (n)	['nɛt]
barco (m)	båt (m)	['bɔt]
pescar com rede	å fiske med nett	[ɔ 'fiskə me 'nɛt]
lançar a rede	å kaste nettet	[ɔ 'kastə 'nɛtə]
puxar a rede	å hale opp nettet	[ɔ 'halə ɔp 'nɛtə]
cair na rede	å bli fanget i nett	[ɔ 'bli 'faŋet i 'nɛt]
baleeiro (m)	hvalfanger (m)	['val,faŋər]
baleeira (f)	hvalbåt (m)	['val,bɔt]
arpão (m)	harpun (m)	[har'pʉn]

159. Jogos. Bilhar

bilhar (m)	biljard (m)	[bil'jaːɖ]
sala (f) de bilhar	biljardsalong (m)	[bil'jaːɖsɑ,loŋ]
bola (f) de bilhar	biljardkule (m/f)	[bil'jaːɖkʉ:lə]

embolsar uma bola	å støte en kule	[ɔ 'støtə en 'kʉ:lə]
taco (m)	kø (m)	['kø]
caçapa (f)	hull (n)	['hʉl]

160. Jogos. Jogar cartas

ouros (m pl)	ruter (m pl)	['rʉtər]
espadas (f pl)	spar (m pl)	['spar]
copas (f pl)	hjerter (m)	['jæ:tər]
paus (m pl)	kløver (m)	['kløvər]
ás (m)	ess (n)	['ɛs]
rei (m)	konge (m)	['kʉŋə]
dama (f), rainha (f)	dame (m/f)	['damə]
valete (m)	knekt (m)	['knɛkt]
carta (f) de jogar	kort (n)	['kɔ:t]
cartas (f pl)	kort (n pl)	['kɔ:t]
trunfo (m)	trumf (m)	['trʉmf]
baralho (m)	kortstokk (m)	['kɔ:t,stɔk]
ponto (m)	poeng (n)	[pɔ'ɛŋ]
dar, distribuir (vt)	å gi, å dele ut	[ɔ 'ji], [ɔ 'delə ʉt]
embaralhar (vt)	å blande	[ɔ 'blanə]
vez, jogada (f)	trekk (n)	['trɛk]
trapaceiro (m)	falskspiller (m)	['falsk,spilər]

161. Casino. Roleta

cassino (m)	kasino (n)	[ka'sinʉ]
roleta (f)	rulett (m)	[rʉ'let]
aposta (f)	innsats (m)	['in,sats]
apostar (vt)	å satse	[ɔ 'satsə]
vermelho (m)	rød (m)	['rø]
preto (m)	svart (m)	['sva:t]
apostar no vermelho	å satse på rød	[ɔ 'satsə pɔ 'rø]
apostar no preto	å satse på svart	[ɔ 'satsə pɔ 'sva:t]
croupier (m, f)	croupier, dealer (m)	[kru'pje], ['dilər]
girar da roleta	å snurre hjulet	[ɔ 'snʉrə 'jʉle]
regras (f pl) do jogo	spilleregler (m pl)	['spilə,reglər]
ficha (f)	sjetong (m)	[ʂɛ'tɔŋ]
ganhar (vi, vt)	å vinne	[ɔ 'vinə]
ganho (m)	gevinst (m)	[ge'vinst]
perder (dinheiro)	å tape	[ɔ 'tapə]
perda (f)	tap (n)	['tap]
jogador (m)	spiller (m)	['spilər]
blackjack, vinte-e-um (m)	blackjack (m)	['blek,ʂɛk]

jogo (m) de dados	terningspill (n)	['tæ:ɲiŋˌspil]
dados (m pl)	terninger (m/f pl)	['tæ:ɲiŋər]
caça-níqueis (m)	spilleautomat (m)	['spilə aʊtʊ'mɑt]

162. Descanso. Jogos. Diversos

passear (vi)	å spasere	[ɔ spɑ'serə]
passeio (m)	spasertur (m)	[spɑ'sɛːˌtʉr]
viagem (f) de carro	kjøretur (m)	['çœːrəˌtʉr]
aventura (f)	eventyr (n)	['ɛvənˌtyr]
piquenique (m)	piknik (m)	['piknik]

jogo (m)	spill (n)	['spil]
jogador (m)	spiller (m)	['spilər]
partida (f)	parti (n)	[pɑ:'ti]

colecionador (m)	samler (m)	['samlər]
colecionar (vt)	å samle	[ɔ 'samlə]
coleção (f)	samling (m/f)	['samliŋ]

palavras (f pl) cruzadas	kryssord (n)	['krʏsˌʊːr]
hipódromo (m)	travbane (m)	['travˌbanə]
discoteca (f)	diskotek (n)	[diskʊ'tek]

| sauna (f) | sauna (m) | ['saʊnɑ] |
| loteria (f) | lotteri (n) | [lɔte'ri] |

campismo (m)	campingtur (m)	['kampiŋˌtʉr]
acampamento (m)	leir (m)	['læjr]
barraca (f)	telt (n)	['tɛlt]
bússola (f)	kompass (m/n)	[kʊm'pas]
campista (m)	camper (m)	['kampər]

ver (vt), assistir à ...	å se på	[ɔ 'se pɔ]
telespectador (m)	TV-seer (m)	['tɛvɛ ˌseːər]
programa (m) de TV	TV-show (n)	['tɛvɛ ˌçɔːw]

163. Fotografia

| máquina (f) fotográfica | kamera (n) | ['kamera] |
| foto, fotografia (f) | foto, fotografi (n) | ['fɔtɔ], ['fɔtɔgrɑ'fi] |

fotógrafo (m)	fotograf (m)	[fɔtɔ'graf]
estúdio (m) fotográfico	fotostudio (n)	['fɔtɔˌstʉdiɔ]
álbum (m) de fotografias	fotoalbum (n)	['fɔtɔˌalbʉm]

lente (f) fotográfica	objektiv (n)	[ɔbjɛk'tiv]
lente (f) teleobjetiva	teleobjektiv (n)	['teleɔbjek'tiv]
filtro (m)	filter (n)	['filtər]
lente (f)	linse (m/f)	['linsə]
ótica (f)	optikk (m)	[ɔp'tik]
abertura (f)	blender (m)	['blenər]

| exposição (f) | eksponeringstid (m/f) | [ɛkspu'nɛriŋs,tid] |
| visor (m) | søker (m) | ['søkər] |

câmera (f) digital	digitalkamera (n)	[digi'tal ,kamera]
tripé (m)	stativ (m)	[sta'tiv]
flash (m)	blits (m)	['blits]

fotografar (vt)	å fotografere	[ɔ fɔtɔgra'ferə]
tirar fotos	å ta bilder	[ɔ 'ta 'bildər]
fotografar-se (vr)	å bli fotografert	[ɔ 'bli fɔtɔgra'fɛ:t]

foco (m)	fokus (n)	['fɔkɵs]
focar (vt)	å stille skarphet	[ɔ 'stilə 'skarp,het]
nítido (adj)	skarp	['skarp]
nitidez (f)	skarphet (m)	['skarp,het]

| contraste (m) | kontrast (m) | [kɵn'trast] |
| contrastante (adj) | kontrast- | [kɵn'trast-] |

retrato (m)	bilde (n)	['bildə]
negativo (m)	negativ (m/n)	['nega,tiv]
filme (m)	film (m)	['film]
fotograma (m)	bilde (n)	['bildə]
imprimir (vt)	å skrive ut	[ɔ skrivə ɵt]

164. Praia. Natação

praia (f)	badestrand (m/f)	['badə,stran]
areia (f)	sand (m)	['san]
deserto (adj)	øde	['ødə]

bronzeado (m)	solbrenthet (m)	['sɵlbrɛnt,het]
bronzear-se (vr)	å sole seg	[ɔ 'sɵlə sæj]
bronzeado (adj)	solbrent	['sɵl,brɛnt]
protetor (m) solar	solkrem (m)	['sɵl,krɛm]

biquíni (m)	bikini (m)	[bi'kini]
maiô (m)	badedrakt (m/f)	['badə,drakt]
calção (m) de banho	badebukser (m/f)	['badə,bɵksər]

piscina (f)	svømmebasseng (n)	['svœmə,ba'sɛn]
nadar (vi)	å svømme	[ɔ 'svœmə]
chuveiro (m), ducha (f)	dusj (m)	['dɵʃ]
mudar, trocar (vt)	å kle seg om	[ɔ 'kle sæj ,ɔm]
toalha (f)	håndkle (n)	['hɔn,kle]

| barco (m) | båt (m) | ['bɔt] |
| lancha (f) | motorbåt (m) | ['mɔtɵr,bɔt] |

esqui (m) aquático	vannski (m pl)	['van,ʃi]
barco (m) de pedais	pedalbåt (m)	['pe'dal,bɔt]
surf, surfe (m)	surfing (m/f)	['sørfiŋ]
surfista (m)	surfer (m)	['sørfər]
equipamento (m) de mergulho	scuba (n)	['skɵba]

pé (m pl) de pato	svømmeføtter (m pl)	['svœmə‚fœtər]
máscara (f)	maske (m/f)	['mɑskə]
mergulhador (m)	dykker (m)	['dʏkər]
mergulhar (vi)	å dykke	[ɔ 'dʏkə]
debaixo d'água	under vannet	['ʉnər 'vɑnə]

guarda-sol (m)	parasoll (m)	[pɑrɑ'sɔl]
espreguiçadeira (f)	liggestol (m)	['ligə‚stʉl]
óculos (m pl) de sol	solbriller (m pl)	['sʉl‚brilər]
colchão (m) de ar	luftmadrass (m)	['lʉftmɑ‚drɑs]

brincar (vi)	å leke	[ɔ 'lekə]
ir nadar	å bade	[ɔ 'bɑdə]

bola (f) de praia	ball (m)	['bɑl]
encher (vt)	å blåse opp	[ɔ 'blɔːsə ɔp]
inflável (adj)	luft-, oppblåsbar	['lʉft-], [ɔp'blɔːsbɑr]

onda (f)	bølge (m)	['bølgə]
boia (f)	bøye (m)	['bøjə]
afogar-se (vr)	å drukne	[ɔ 'drʉknə]

salvar (vt)	å redde	[ɔ 'rɛdə]
colete (m) salva-vidas	redningsvest (m)	['rɛdniŋs‚vɛst]
observar (vt)	å observere	[ɔ ɔbsɛr'verə]
salva-vidas (pessoa)	badevakt (m/f)	['bɑdə‚vakt]

EQUIPAMENTO TÉCNICO. TRANSPORTES

Equipamento técnico. Transportes

165. Computador

computador (m)	datamaskin (m)	['dɑtɑ mɑˌʂin]
computador (m) portátil	bærbar, laptop (m)	['bær,bɑr], ['lɑptɔp]
ligar (vt)	å slå på	[ɔ 'ʂlɔ pɔ]
desligar (vt)	å slå av	[ɔ 'ʂlɔ ɑ:]
teclado (m)	tastatur (n)	[tɑstɑ'tʉr]
tecla (f)	tast (m)	['tɑst]
mouse (m)	mus (m/f)	['mʉs]
tapete (m) para mouse	musematte (m/f)	['mʉsə,mɑtə]
botão (m)	knapp (m)	['knɑp]
cursor (m)	markør (m)	[mɑr'kør]
monitor (m)	monitor (m)	['mɔnitɔr]
tela (f)	skjerm (m)	['ʂærm]
disco (m) rígido	harddisk (m)	['hɑr,disk]
capacidade (f) do disco rígido	harddiskkapasitet (m)	['hɑr,disk kɑpɑsi'tet]
memória (f)	minne (n)	['minə]
memória RAM (f)	hovedminne (n)	['hɔvəd,minə]
arquivo (m)	fil (m)	['fil]
pasta (f)	mappe (m/f)	['mɑpə]
abrir (vt)	å åpne	[ɔ 'ɔpnə]
fechar (vt)	å lukke	[ɔ 'lʉkə]
salvar (vt)	å lagre	[ɔ 'lɑgrə]
deletar (vt)	å slette, å fjerne	[ɔ 'ʂletə], [ɔ 'fjæ:ɳə]
copiar (vt)	å kopiere	[ɔ kʉ'pjerə]
ordenar (vt)	å sortere	[ɔ sɔ:'ʈerə]
copiar (vt)	å overføre	[ɔ 'ɔvər,førə]
programa (m)	program (n)	[prʉ'grɑm]
software (m)	programvare (m/f)	[prʉ'grɑm,vɑrə]
programador (m)	programmerer (m)	[prʉgrɑ'merər]
programar (vt)	å programmere	[ɔ prʉgrɑ'merə]
hacker (m)	hacker (m)	['hɑkər]
senha (f)	passord (n)	['pɑsˌu:r]
vírus (m)	virus (m)	['virʉs]
detectar (vt)	å oppdage	[ɔ 'ɔp,dɑgə]
byte (m)	byte (m)	['bɑjt]

megabyte (m)	megabyte (m)	['mega,bajt]
dados (m pl)	data (m pl)	['data]
base (f) de dados	database (m)	['data,base]

cabo (m)	kabel (m)	['kabəl]
desconectar (vt)	å koble fra	[ɔ 'kɔblə fra]
conectar (vt)	å koble	[ɔ 'kɔblə]

166. Internet. E-mail

internet (f)	Internett	['intə,nɛt]
browser (m)	nettleser (m)	['nɛt,lesər]
motor (m) de busca	søkemotor (m)	['søkə,mɔtʊr]
provedor (m)	leverandør (m)	[levəran'dør]

webmaster (m)	webmaster (m)	['vɛb,mastər]
website (m)	webside, hjemmeside (m/f)	['vɛb,sidə], ['jɛmə,sidə]
web page (f)	nettside (m)	['nɛt,sidə]

| endereço (m) | adresse (m) | [a'drɛsə] |
| livro (m) de endereços | adressebok (f) | [a'drɛsə,bʊk] |

caixa (f) de correio	postkasse (m/f)	['pɔst,kasə]
correio (m)	post (m)	['pɔst]
cheia (caixa de correio)	full	['fʊl]

mensagem (f)	melding (m/f)	['mɛliŋ]
mensagens (f pl) recebidas	innkommende meldinger	['in,kɔmenə 'mɛliŋər]
mensagens (f pl) enviadas	utgående meldinger	['ʉt,gɔənə 'mɛliŋər]
remetente (m)	avsender (m)	['af,sɛnər]
enviar (vt)	å sende	[ɔ 'sɛnə]
envio (vt)	avsending (m)	['af,sɛniŋ]
destinatário (m)	mottaker (m)	['mɔt,takər]
receber (vt)	å motta	[ɔ 'mɔta]

| correspondência (f) | korrespondanse (m) | [kʊrespɔn'dansə] |
| corresponder-se (vr) | å brevveksle | [ɔ 'brɛv,vɛkslə] |

arquivo (m)	fil (m)	['fil]
fazer download, baixar (vt)	å laste ned	[ɔ 'lastə 'ne]
criar (vt)	å opprette	[ɔ 'ɔp,rɛtə]
deletar (vt)	å slette, å fjerne	[ɔ 'ʂletə], [ɔ 'fjæ:nə]
deletado (adj)	slettet	['ʂletət]

conexão (f)	forbindelse (m)	[fɔr'binəlsə]
velocidade (f)	hastighet (m/f)	['hasti,het]
modem (m)	modem (n)	['mʊ'dɛm]
acesso (m)	tilgang (m)	['til,gaŋ]
porta (f)	port (m)	['pɔ:t]

conexão (f)	tilkobling (m/f)	['til,kɔbliŋ]
conectar (vi)	å koble	[ɔ 'kɔblə]
escolher (vt)	å velge	[ɔ 'vɛlgə]
buscar (vt)	å søke etter ...	[ɔ 'søkə ˌɛtər ...]

167. Eletricidade

eletricidade (f)	elektrisitet (m)	[ɛlektrisi'tet]
elétrico (adj)	elektrisk	[ɛ'lektrisk]
planta (f) elétrica	kraftverk (n)	['kraft,værk]
energia (f)	energi (m)	[ɛnær'gi]
energia (f) elétrica	elkraft (m/f)	['ɛl,kraft]
lâmpada (f)	lyspære (m/f)	['lys,pærə]
lanterna (f)	lommelykt (m/f)	['lʊmə,lʏkt]
poste (m) de iluminação	gatelykt (m/f)	['gatə,lʏkt]
luz (f)	lys (n)	['lys]
ligar (vt)	å slå på	[ɔ 'ʂlɔ pɔ]
desligar (vt)	å slå av	[ɔ 'ʂlɔ a:]
apagar a luz	å slokke lyset	[ɔ 'ʂløkə 'lysə]
queimar (vi)	å brenne ut	[ɔ 'brɛnə ʉt]
curto-circuito (m)	kortslutning (m)	['kʊ:ʈ,ʂlʉtniŋ]
ruptura (f)	kabelbrudd (n)	['kabəl,brʉd]
contato (m)	kontakt (m)	[kʊn'takt]
interruptor (m)	strømbryter (m)	['strøm,brytər]
tomada (de parede)	stikkontakt (m)	['stik kʊn,takt]
plugue (m)	støpsel (n)	['støpsəl]
extensão (f)	skjøteledning (m)	['ʂøtə,ledniŋ]
fusível (m)	sikring (m)	['sikriŋ]
fio, cabo (m)	ledning (m)	['ledniŋ]
instalação (f) elétrica	ledningsnett (n)	['ledniŋs,nɛt]
ampère (m)	ampere (m)	[am'pɛr]
amperagem (f)	strømstyrke (m)	['strøm,styrkə]
volt (m)	volt (m)	['vɔlt]
voltagem (f)	spenning (m/f)	['spɛniŋ]
aparelho (m) elétrico	elektrisk apparat (n)	[ɛ'lektrisk apa'rat]
indicador (m)	indikator (m)	[indi'katʊr]
eletricista (m)	elektriker (m)	[ɛ'lektrikər]
soldar (vt)	å lodde	[ɔ 'lodə]
soldador (m)	loddebolt (m)	['lodə,bolt]
corrente (f) elétrica	strøm (m)	['strøm]

168. Ferramentas

ferramenta (f)	verktøy (n)	['værk,tøj]
ferramentas (f pl)	verktøy (n pl)	['værk,tøj]
equipamento (m)	utstyr (n)	['ʉt,styr]
martelo (m)	hammer (m)	['hamər]
chave (f) de fenda	skrutrekker (m)	['skrʉ,trɛkər]
machado (m)	øks (m/f)	['øks]

serra (f)	sag (m/f)	['sag]
serrar (vt)	å sage	[ɔ 'sagə]
plaina (f)	høvel (m)	['høvəl]
aplainar (vt)	å høvle	[ɔ 'høvlə]
soldador (m)	loddebolt (m)	['lɔdə,bɔlt]
soldar (vt)	å lodde	[ɔ 'lɔdə]
lima (f)	fil (m/f)	['fil]
tenaz (f)	knipetang (m/f)	['knipə,taŋ]
alicate (m)	flattang (m/f)	['flat,taŋ]
formão (m)	hoggjern, huggjern (n)	['hʉg,jæːŋ]
broca (f)	bor (m/n)	['bʉr]
furadeira (f) elétrica	boremaskin (m)	['bɔre ma,ʂin]
furar (vt)	å bore	[ɔ 'bɔrə]
faca (f)	kniv (m)	['kniv]
lâmina (f)	blad (n)	['bla]
afiado (adj)	skarp	['skarp]
cego (adj)	sløv	['sløv]
embotar-se (vr)	å bli sløv	[ɔ 'bli 'sløv]
afiar, amolar (vt)	å skjerpe, å slipe	[ɔ 'ʂɛrpə], [ɔ 'ʂlipə]
parafuso (m)	bolt (m)	['bɔlt]
porca (f)	mutter (m)	['mʉtər]
rosca (f)	gjenge (n)	['jɛŋə]
parafuso (para madeira)	skrue (m)	['skrʉə]
prego (m)	spiker (m)	['spikər]
cabeça (f) do prego	spikerhode (n)	['spikər,hʉde]
régua (f)	linjal (m)	[li'njal]
fita (f) métrica	målebånd (n)	['moːlə,bɔn]
nível (m)	vater, vaterpass (n)	['vatər], ['vatər,pas]
lupa (f)	lupe (m/f)	['lʉpə]
medidor (m)	måleinstrument (n)	['moːlə instrʉ'mɛnt]
medir (vt)	å måle	[ɔ 'moːlə]
escala (f)	skala (m)	['skala]
indicação (f), registro (m)	avlesninger (m/f pl)	['av,lesniŋər]
compressor (m)	kompressor (m)	[kʉm'presʉr]
microscópio (m)	mikroskop (n)	[mikrʉ'skʉp]
bomba (f)	pumpe (m/f)	['pʉmpə]
robô (m)	robot (m)	['rɔbot]
laser (m)	laser (m)	['lasər]
chave (f) de boca	skrunøkkel (m)	['skrʉ,nøkəl]
fita (f) adesiva	pakketeip (m)	['pakə,tɛjp]
cola (f)	lim (n)	['lim]
lixa (f)	sandpapir (n)	['sanpa,pir]
mola (f)	fjær (m/f)	['fjær]
ímã (m)	magnet (m)	[maŋ'net]

luva (f)	hansker (m pl)	['hɑnskər]
corda (f)	reip, rep (n)	['ræjp], ['rɛp]
cabo (~ de nylon, etc.)	snor (m/f)	['snʊr]
fio (m)	ledning (m)	['ledniŋ]
cabo (~ elétrico)	kabel (m)	['kɑbəl]
marreta (f)	slegge (m/f)	['şlegə]
pé de cabra (m)	spett, jernspett (n)	['spɛt], ['jæːn̩spɛt]
escada (f) de mão	stige (m)	['stiːə]
escada (m)	trappstige (m/f)	['trɑp̩stiːə]
enroscar (vt)	å skru fast	[ɔ 'skrʉ 'fɑst]
desenroscar (vt)	å skru løs	[ɔ 'skrʉ ˌløs]
apertar (vt)	å klemme	[ɔ 'klemə]
colar (vt)	å klistre, å lime	[ɔ 'klistrə], [ɔ 'limə]
cortar (vt)	å skjære	[ɔ 'şæːrə]
falha (f)	funksjonsfeil (m)	['fʉnkşɔnsˌfæjl]
conserto (m)	reparasjon (m)	[repɑrɑ'şʉn]
consertar, reparar (vt)	å reparere	[ɔ repɑ'rerə]
regular, ajustar (vt)	å justere	[ɔ jʉ'sterə]
verificar (vt)	å sjekke	[ɔ 'şɛkə]
verificação (f)	kontroll (m)	[kʊn'trɔl]
indicação (f), registro (m)	avlesninger (m/f pl)	['ɑvˌlesniŋər]
seguro (adj)	pålitelig	[pɔ'liteli]
complicado (adj)	komplisert	[kʊmpli'sɛːt̩]
enferrujar (vi)	å ruste	[ɔ 'rʉstə]
enferrujado (adj)	rusten, rustet	['rʉstən], ['rʉstət]
ferrugem (f)	rust (m/f)	['rʉst]

Transportes

169. Avião

avião (m)	fly (n)	['fly]
passagem (f) aérea	flybillett (m)	['fly bi'let]
companhia (f) aérea	flyselskap (n)	['flysəl,skɑp]
aeroporto (m)	flyplass (m)	['fly,plɑs]
supersônico (adj)	overlyds-	['ɔvə,lyds-]
comandante (m) do avião	kaptein (m)	[kap'tæjn]
tripulação (f)	besetning (m/f)	[be'sɛtniŋ]
piloto (m)	pilot (m)	[pi'lɔt]
aeromoça (f)	flyvertinne (m/f)	[flyvɛ:'ʈinə]
copiloto (m)	styrmann (m)	['styr,mɑn]
asas (f pl)	vinger (m pl)	['viŋər]
cauda (f)	hale (m)	['hɑlə]
cabine (f)	cockpit, førerkabin (m)	['kɔkpit], ['førərkɑ,bin]
motor (m)	motor (m)	['mɔtʉr]
trem (m) de pouso	landingshjul (n)	['lɑniŋsjʉl]
turbina (f)	turbin (m)	[tʉr'bin]
hélice (f)	propell (m)	[prʉ'pɛl]
caixa-preta (f)	svart boks (m)	['svɑ:ʈ bɔks]
coluna (f) de controle	ratt (n)	['rɑt]
combustível (m)	brensel (n)	['brɛnsəl]
instruções (f pl) de segurança	sikkerhetsbrosjyre (m)	['sikərhɛts,brɔ'ʂyrə]
máscara (f) de oxigênio	oksygenmaske (m/f)	['ɔksygən,maskə]
uniforme (m)	uniform (m)	[ʉni'fɔrm]
colete (m) salva-vidas	redningsvest (m)	['rɛdniŋs,vɛst]
paraquedas (m)	fallskjerm (m)	['fɑl,ʂærm]
decolagem (f)	start (m)	['stɑ:ʈ]
descolar (vi)	å løfte	[ɔ 'lœftə]
pista (f) de decolagem	startbane (m)	['stɑ:ʈ,bɑnə]
visibilidade (f)	siktbarhet (m)	['siktbɑr,het]
voo (m)	flyging (m/f)	['flygiŋ]
altura (f)	høyde (m)	['højdə]
poço (m) de ar	lufthull (n)	['lʉft,hʉl]
assento (m)	plass (m)	['plɑs]
fone (m) de ouvido	hodetelefoner (n pl)	['hodətelə,fʉnər]
mesa (f) retrátil	klappbord (n)	['klɑp,bʉr]
janela (f)	vindu (n)	['vindʉ]
corredor (m)	midtgang (m)	['mit,gɑŋ]

170. Comboio

trem (m)	tog (n)	['tɔg]
trem (m) elétrico	lokaltog (n)	[lɔ'kal‚tɔg]
trem (m)	ekspresstog (n)	[ɛks'prɛs‚tɔg]
locomotiva (f) diesel	diesellokomotiv (n)	['disel lʊkɔmɔ'tiv]
locomotiva (f) a vapor	damplokomotiv (n)	['damp lʊkɔmɔ'tiv]
vagão (f) de passageiros	vogn (m)	['vɔŋn]
vagão-restaurante (m)	restaurantvogn (m/f)	[rɛstʊ'raŋ‚vɔŋn]
carris (m pl)	skinner (m/f pl)	['ʂinər]
estrada (f) de ferro	jernbane (m)	['jæːn̩‚banə]
travessa (f)	sville (m/f)	['svilə]
plataforma (f)	perrong, plattform (m/f)	[pɛ'rɔŋ], ['platfɔrm]
linha (f)	spor (n)	['spʊr]
semáforo (m)	semafor (m)	[sema'fʊr]
estação (f)	stasjon (m)	[sta'ʂʊn]
maquinista (m)	lokfører (m)	['lʊk‚førər]
bagageiro (m)	bærer (m)	['bærər]
hospedeiro, -a (m, f)	betjent (m)	['be'tjɛnt]
passageiro (m)	passasjer (m)	[pasa'ʂɛr]
revisor (m)	billett inspektør (m)	[bi'let inspɛk'tør]
corredor (m)	korridor (m)	[kʊri'dɔr]
freio (m) de emergência	nødbrems (m)	['nød‚brɛms]
compartimento (m)	kupé (m)	[kʉ'pe]
cama (f)	køye (m/f)	['køjə]
cama (f) de cima	overkøye (m/f)	['ɔvər‚køjə]
cama (f) de baixo	underkøye (m/f)	['ʉnər‚køjə]
roupa (f) de cama	sengetøy (n)	['sɛŋə‚tøj]
passagem (f)	billett (m)	[bi'let]
horário (m)	rutetabell (m)	['rʉtə‚ta'bɛl]
painel (m) de informação	informasjonstavle (m/f)	[infɔrma'ʂʊns ‚tavlə]
partir (vt)	å avgå	[ɔ 'avgɔ]
partida (f)	avgang (m)	['av‚gaŋ]
chegar (vi)	å ankomme	[ɔ 'an‚kɔmə]
chegada (f)	ankomst (m)	['an‚kɔmst]
chegar de trem	å ankomme med toget	[ɔ 'an‚kɔmə me 'tɔgə]
pegar o trem	å gå på toget	[ɔ 'gɔ pɔ 'tɔgə]
descer de trem	å gå av toget	[ɔ 'gɔ aː 'tɔgə]
acidente (m) ferroviário	togulykke (m/n)	['tɔg ʉ'lʏkə]
descarrilar (vi)	å spore av	[ɔ 'spʊrə aː]
locomotiva (f) a vapor	damplokomotiv (n)	['damp lʊkɔmɔ'tiv]
foguista (m)	fyrbøter (m)	['fyr‚bøtər]
fornalha (f)	fyrrom (n)	['fyr‚rʊm]
carvão (m)	kull (n)	['kʉl]

171. Barco

| navio (m) | skip (n) | ['ṣip] |
| embarcação (f) | fartøy (n) | ['fɑːˌtøj] |

barco (m) a vapor	dampskip (n)	['dɑmpˌṣip]
barco (m) fluvial	elvebåt (m)	['ɛlvəˌbɔt]
transatlântico (m)	cruiseskip (n)	['krʉsˌṣip]
cruzeiro (m)	krysser (m)	['krʏsər]

iate (m)	jakt (m/f)	['jakt]
rebocador (m)	bukserbåt (m)	[bʉk'serˌbɔt]
barcaça (f)	lastepram (m)	['lastəˌpram]
ferry (m)	ferje, ferge (m/f)	['færjə], ['færgə]

| veleiro (m) | seilbåt (n) | ['sæjlˌbɔt] |
| bergantim (m) | brigantin (m) | [brigan'tin] |

| quebra-gelo (m) | isbryter (m) | ['isˌbrytər] |
| submarino (m) | ubåt (m) | ['ʉːˌbɔt] |

bote, barco (m)	båt (m)	['bɔt]
baleeira (bote salva-vidas)	jolle (m/f)	['jɔlə]
bote (m) salva-vidas	livbåt (m)	['livˌbɔt]
lancha (f)	motorbåt (m)	['mɔtʉrˌbot]

capitão (m)	kaptein (m)	[kap'tæjn]
marinheiro (m)	matros (m)	[ma'trʊs]
marujo (m)	sjømann (m)	['ṣøˌman]
tripulação (f)	besetning (m/f)	[be'sɛtniŋ]

contramestre (m)	båtsmann (m)	['bɔsˌman]
grumete (m)	skipsgutt, jungmann (m)	['ṣipsˌgʉt], ['jʉŋˌman]
cozinheiro (m) de bordo	kokk (m)	['kʊk]
médico (m) de bordo	skipslege (m)	['ṣipsˌlegə]

convés (m)	dekk (n)	['dɛk]
mastro (m)	mast (m/f)	['mast]
vela (f)	seil (n)	['sæjl]

porão (m)	lasterom (n)	['lastəˌrʊm]
proa (f)	baug (m)	['bæu]
popa (f)	akterende (m)	['aktəˌrɛnə]
remo (m)	åre (m)	['oːrə]
hélice (f)	propell (m)	[prʊ'pɛl]

cabine (m)	hytte (m)	['hʏte]
sala (f) dos oficiais	offisersmesse (m/f)	[ɔfi'sɛrsˌmɛsə]
sala (f) das máquinas	maskinrom (n)	[ma'ṣinˌrʊm]
ponte (m) de comando	kommandobro (m/f)	[kɔ'mandʉˌbrʉ]
sala (f) de comunicações	radiorom (m)	['radiʉˌrʊm]
onda (f)	bølge (m/f)	['bølgə]
diário (m) de bordo	loggbok (m/f)	['lɔgˌbʊk]
luneta (f)	langkikkert (m)	['laŋˌkikeːt̩]
sino (m)	klokke (m/f)	['klɔkə]

bandeira (f)	flagg (n)	['flag]
cabo (m)	trosse (m/f)	['trʊsə]
nó (m)	knute (m)	['knʉtə]

corrimão (m)	rekkverk (n)	['rɛkˌværk]
prancha (f) de embarque	landgang (m)	['lanˌgaŋ]

âncora (f)	anker (n)	['ankər]
recolher a âncora	å lette anker	[ɔ 'letə 'ankər]
jogar a âncora	å kaste anker	[ɔ 'kastə 'ankər]
amarra (corrente de âncora)	ankerkjetting (m)	['ankərˌçɛtiŋ]

porto (m)	havn (m/f)	['havn]
cais, amarradouro (m)	kai (m/f)	['kaj]
atracar (vi)	å fortøye	[ɔ fɔːˈʈøjə]
desatracar (vi)	å kaste loss	[ɔ 'kastə lɔs]

viagem (f)	reise (m/f)	['ræjsə]
cruzeiro (m)	cruise (m)	['krʉs]
rumo (m)	kurs (m)	['kʉʂ]
itinerário (m)	rute (m/f)	['rʉtə]

canal (m) de navegação	seilrende (m)	['sæjlˌrɛnə]
banco (m) de areia	grunne (m/f)	['grʉnə]
encalhar (vt)	å gå på grunn	[ɔ 'gɔ pɔ 'grʉn]

tempestade (f)	storm (m)	['stɔrm]
sinal (m)	signal (n)	[siŋ'nal]
afundar-se (vr)	å synke	[ɔ 'synkə]
Homem ao mar!	Mann over bord!	['man ˌover 'bʊr]
SOS	SOS (n)	[ɛsʊ'ɛs]
boia (f) salva-vidas	livbøye (m/f)	['livˌbøjə]

172. Aeroporto

aeroporto (m)	flyplass (m)	['flyˌplas]
avião (m)	fly (n)	['fly]
companhia (f) aérea	flyselskap (n)	['flysəlˌskap]
controlador (m) de tráfego aéreo	flygeleder (m)	['flygəˌledər]

partida (f)	avgang (m)	['avˌgaŋ]
chegada (f)	ankomst (m)	['anˌkɔmst]
chegar (vi)	å ankomme	[ɔ 'anˌkɔmə]

hora (f) de partida	avgangstid (m/f)	['avgaŋsˌtid]
hora (f) de chegada	ankomsttid (m/f)	[an'kɔmsˌtid]

estar atrasado	å bli forsinket	[ɔ 'bli fɔ'ʂinkət]
atraso (m) de voo	avgangsforsinkelse (m)	['avgaŋs fɔ'ʂinkəlsə]

painel (m) de informação	informasjonstavle (m/f)	[informa'ʂʊns ˌtavlə]
informação (f)	informasjon (m)	[informa'ʂʊn]
anunciar (vt)	å meddele	[ɔ 'mɛdˌdelə]

voo (m)	fly (n)	['fly]
alfândega (f)	toll (m)	['tɔl]
funcionário (m) da alfândega	tollbetjent (m)	['tɔlbe̩tjɛnt]

declaração (f) alfandegária	tolldeklarasjon (m)	['tɔldɛklɑrɑ'ʂʉn]
preencher (vt)	å utfylle	[ɔ 'ʉt̩fʏle]
preencher a declaração	å utfylle en tolldeklarasjon	[ɔ 'ʉt̩fʏle en 'tɔldɛklɑrɑ̩ʂʉn]
controle (m) de passaporte	passkontroll (m)	['pɑskʉn̩trɔl]

bagagem (f)	bagasje (m)	[bɑ'gɑʂe]
bagagem (f) de mão	håndbagasje (m)	['hɔn̩bɑ'gɑʂe]
carrinho (m)	bagasjetralle (m/f)	[bɑ'gɑʂe̩trɑle]

pouso (m)	landing (m)	['lɑniŋ]
pista (f) de pouso	landingsbane (m)	['lɑniŋs̩bɑne]
aterrissar (vi)	å lande	[ɔ 'lɑne]
escada (f) de avião	trapp (m/f)	['trɑp]

check-in (m)	innsjekking (m/f)	['in̩sɛkiŋ]
balcão (m) do check-in	innsjekkingsskranke (m)	['in̩sɛkiŋs ̩skrɑnke]
fazer o check-in	å sjekke inn	[ɔ 'ʂɛke in]
cartão (m) de embarque	boardingkort (n)	['bɔːd̩iŋ̩kɔːt]
portão (m) de embarque	gate (m/f)	['gejt]

trânsito (m)	transitt (m)	[trɑn'sit]
esperar (vi, vt)	å vente	[ɔ 'vɛnte]
sala (f) de espera	ventehall (m)	['vɛnte̩hɑl]
despedir-se (acompanhar)	å ta avskjed	[ɔ 'tɑ 'ɑf̩sɛd]
despedir-se (dizer adeus)	å si farvel	[ɔ 'si fɑr'vɛl]

173. Bicicleta. Motocicleta

bicicleta (f)	sykkel (m)	['sʏkel]
lambreta (f)	skooter (m)	['skutər]
moto (f)	motorsykkel (m)	['mɔtʉr̩sʏkel]

ir de bicicleta	å sykle	[ɔ 'sʏkle]
guidão (m)	styre (n)	['styre]
pedal (m)	pedal (m)	[pe'dɑl]
freios (m pl)	bremser (m pl)	['brɛmsər]
banco, selim (m)	sete (n)	['sete]

bomba (f)	pumpe (m/f)	['pʉmpe]
bagageiro (m) de teto	bagasjebrett (n)	[bɑ'gɑʂe̩brɛt]
lanterna (f)	lykt (m/f)	['lʏkt]
capacete (m)	hjelm (m)	['jɛlm]

roda (f)	hjul (n)	['jʉl]
para-choque (m)	skjerm (m)	['ʂærm]
aro (m)	felg (m)	['fɛlg]
raio (m)	eik (m/f)	['æjk]

Carros

174. Tipos de carros

carro, automóvel (m)	**bil** (m)	['bil]
carro (m) esportivo	**sportsbil** (m)	['spɔ:ʦ,bil]
limusine (f)	**limousin** (m)	[limʉ'sin]
todo o terreno (m)	**terrengbil** (m)	[tɛ'rɛŋ,bil]
conversível (m)	**kabriolet** (m)	[kabriʉ'le]
minibus (m)	**minibuss** (m)	['mini,bʉs]
ambulância (f)	**ambulanse** (m)	[ambʉ'lansə]
limpa-neve (m)	**snøplog** (m)	['snø,plɔg]
caminhão (m)	**lastebil** (m)	['lastə,bil]
caminhão-tanque (m)	**tankbil** (m)	['tank,bil]
perua, van (f)	**skapbil** (m)	['skap,bil]
caminhão-trator (m)	**trekkvogn** (m/f)	['trɛk,vɔŋn]
reboque (m)	**tilhenger** (m)	['til,hɛŋər]
confortável (adj)	**komfortabel**	[kʊmfɔ:'ʈabəl]
usado (adj)	**brukt**	['brʉkt]

175. Carros. Carroçaria

capô (m)	**panser** (n)	['pansər]
para-choque (m)	**skjerm** (m)	['ʂærm]
teto (m)	**tak** (n)	['tak]
para-brisa (m)	**frontrute** (m/f)	['front,rʉtə]
retrovisor (m)	**bakspeil** (n)	['bak,spæjl]
esguicho (m)	**vindusspyler** (m)	['vindʉs,spylər]
limpadores (m) de para-brisas	**viskerblader** (n pl)	['viskəblaer]
vidro (m) lateral	**siderute** (m/f)	['sidə,rʉtə]
elevador (m) do vidro	**vindusheis** (m)	['vindʉs,hæjs]
antena (f)	**antenne** (m)	[an'tɛnə]
teto (m) solar	**takluke** (m/f), **soltak** (n)	['tak,lʉkə], ['sʊl,tak]
para-choque (m)	**støtfanger** (m)	['støt,faŋər]
porta-malas (f)	**bagasjerom** (n)	[ba'gaʂə,rʊm]
bagageira (f)	**takgrind** (m/f)	['tak,grin]
porta (f)	**dør** (m/f)	['dœr]
maçaneta (f)	**dørhåndtak** (n)	['dœr,hɔntak]
fechadura (f)	**dørlås** (m/n)	['dœr,lɔs]
placa (f)	**nummerskilt** (n)	['nʉmər,ʂilt]
silenciador (m)	**lyddemper** (m)	['lyd,dɛmpər]

tanque (m) de gasolina	bensintank (m)	[bɛn'sin‚tɑnk]
tubo (m) de exaustão	eksosrør (n)	['ɛksʊs‚rør]

acelerador (m)	gass (m)	['gɑs]
pedal (m)	pedal (m)	[pe'dɑl]
pedal (m) do acelerador	gasspedal (m)	['gɑs pe'dɑl]

freio (m)	brems (m)	['brɛms]
pedal (m) do freio	bremsepedal (m)	['brɛmsə pe'dɑl]
frear (vt)	å bremse	[ɔ 'brɛmsə]
freio (m) de mão	håndbrekk (n)	['hɔn‚brɛk]

embreagem (f)	koppling (m)	['kɔpliŋ]
pedal (m) da embreagem	kopplingspedal (m)	['kɔpliŋs pe'dɑl]
disco (m) de embreagem	koplingsskive (m/f)	['kɔpliŋs‚sive]
amortecedor (m)	støtdemper (m)	['støt‚dɛmpər]

roda (f)	hjul (n)	['jʉl]
pneu (m) estepe	reservehjul (n)	[re'sɛrvə jʉl]
pneu (m)	dekk (n)	['dɛk]
calota (f)	hjulkapsel (m)	['jʉl‚kɑpsəl]

rodas (f pl) motrizes	drivhjul (n pl)	['driv‚jʉl]
de tração dianteira	forhjulsdrevet	['forjʉls‚drevət]
de tração traseira	bakhjulsdrevet	['bɑkjʉls‚drevət]
de tração às 4 rodas	firehjulsdrevet	['firəjʉls‚drevət]

caixa (f) de mudanças	girkasse (m/f)	['gir‚kɑsə]
automático (adj)	automatisk	[ɑʉtu'mɑtisk]
mecânico (adj)	mekanisk	[me'kɑnisk]
alavanca (f) de câmbio	girspak (m)	['gi‚spɑk]

farol (m)	lyskaster (m)	['lys‚kɑstər]
faróis (m pl)	lyskastere (m pl)	['lys‚kɑstərə]

farol (m) baixo	nærlys (n)	['nær‚lys]
farol (m) alto	fjernlys (n)	['fjæ:n‚lys]
luzes (f pl) de parada	stopplys, bremselys (n)	['stɔp‚lys], ['brɛmsə‚lys]

luzes (f pl) de posição	parkeringslys (n)	[pɑr'keriŋs‚lys]
luzes (f pl) de emergência	varselblinklys (n)	['vɑsəl‚blink lys]
faróis (m pl) de neblina	tåkelys (n)	['to:kə‚lys]
pisca-pisca (m)	blinklys (n)	['blink‚lys]
luz (f) de marcha ré	baklys (n)	['bɑk‚lys]

176. Carros. Habitáculo

interior (do carro)	interiør (n), innredning (m/f)	[inter'jør], ['in‚rɛdniŋ]
de couro	lær-	['lær-]
de veludo	velur	[ve'lʉr]
estofamento (m)	trekk (n)	['trɛk]

indicador (m)	instrument (n)	[instrʉ'mɛnt]
painel (m)	dashbord (n)	['dɑʂbɔ:d]

| velocímetro (m) | speedometer (n) | [spidʊ'metər] |
| ponteiro (m) | viser (m) | ['visər] |

hodômetro, odômetro (m)	kilometerteller (m)	[çilu'metər͵tɛlər]
indicador (m)	indikator (m)	[indi'katʊr]
nível (m)	nivå (n)	[ni'vo]
luz (f) de aviso	varsellampe (m/f)	['vaʂəl͵lampə]

volante (m)	ratt (n)	['rat]
buzina (f)	horn (n)	['hʊːŋ]
botão (m)	knapp (m)	['knap]
interruptor (m)	bryter (m)	['brytər]

assento (m)	sete (n)	['setə]
costas (f pl) do assento	seterygg (m)	['setə͵rʏg]
cabeceira (f)	nakkestøtte (m/f)	['nakə͵stœtə]
cinto (m) de segurança	sikkerhetsbelte (m)	['sikərhɛts͵bɛltə]
apertar o cinto	å spenne	[ɔ 'spɛnə
	fast sikkerhetsbeltet	fast 'sikərhets͵bɛltə]

| ajuste (m) | justering (m/f) | [jʉ'steriŋ] |

| airbag (m) | kollisjonspute (m/f) | ['kʊliʂuns͵pʉtə] |
| ar (m) condicionado | klimaanlegg (n) | ['klima'an͵leg] |

rádio (m)	radio (m)	['radiʊ]
leitor (m) de CD	CD-spiller (m)	['sɛdɛ ͵spilər]
ligar (vt)	å slå på	[ɔ 'ʂlo pɔ]
antena (f)	antenne (m)	[an'tɛnə]
porta-luvas (m)	hanskerom (n)	['hanskə͵rʊm]
cinzeiro (m)	askebeger (n)	['askə͵begər]

177. Carros. Motor

motor (m)	motor (m)	['motʊr]
a diesel	diesel-	['disəl-]
a gasolina	bensin-	[bɛn'sin-]

cilindrada (f)	motorvolum (n)	['motʊr vo'lʉm]
potência (f)	styrke (m)	['styrkə]
cavalo (m) de potência	hestekraft (m/f)	['hɛstə͵kraft]
pistão (m)	stempel (n)	['stɛmpəl]
cilindro (m)	sylinder (m)	[sy'lindər]
válvula (f)	ventil (m)	[vɛn'til]

injetor (m)	injektor (m)	[i'njɛktʊr]
gerador (m)	generator (m)	[gene'ratʊr]
carburador (m)	forgasser (m)	[for'gasər]
óleo (m) de motor	motorolje (m)	['motʊr͵ɔljə]

radiador (m)	radiator (m)	[radi'atʊr]
líquido (m) de arrefecimento	kjølevæske (m/f)	['çœlə͵væskə]
ventilador (m)	vifte (m/f)	['viftə]
bateria (f)	batteri (n)	[batɛ'ri]
dispositivo (m) de arranque	starter (m)	['staːʈər]

| ignição (f) | tenning (m/f) | ['tɛniŋ] |
| vela (f) de ignição | tennplugg (m) | ['tɛn‚plʉg] |

terminal (m)	klemme (m/f)	['klemə]
terminal (m) positivo	plussklemme (m/f)	['plʉs‚klemə]
terminal (m) negativo	minusklemme (m/f)	['minʉs‚klemə]
fusível (m)	sikring (m)	['sikriŋ]

filtro (m) de ar	luftfilter (n)	['lʉft‚filtər]
filtro (m) de óleo	oljefilter (n)	['ɔljə‚filtər]
filtro (m) de combustível	brenselsfilter (n)	['brɛnsəls‚filtər]

178. Carros. Batidas. Reparação

acidente (m) de carro	bilulykke (m/f)	['bil ʉ'lʏkə]
acidente (m) rodoviário	trafikkulykke (m/f)	[trɑ'fik ʉ'lʏkə]
bater (~ num muro)	å kjøre inn i …	[ɔ 'çœːrə in i …]
sofrer um acidente	å havarere	[ɔ hɑvɑ'rerə]
dano (m)	skade (m)	['skɑdə]
intato	uskadd	['ʉ‚skɑd]

pane (f)	havari (n)	[hɑvɑ'ri]
avariar (vi)	å bryte sammen	[ɔ 'brytə 'sɑmən]
cabo (m) de reboque	slepetau (n)	['ʂlepə‚taʉ]

furo (m)	punktering (m)	[pʉn'teriŋ]
estar furado	å være punktert	[ɔ 'værə pʉnk'tɛːt]
encher (vt)	å pumpe opp	[ɔ 'pʉmpə ɔp]
pressão (f)	trykk (n)	['trʏk]
verificar (vt)	å sjekke	[ɔ 'ʂɛkə]

reparo (m)	reparasjon (m)	[repɑrɑ'ʂʉn]
oficina (f) automotiva	bilverksted (n)	['bil 'værk‚sted]
peça (f) de reposição	reservedel (m)	[re'sɛrvə‚del]
peça (f)	del (m)	['del]

parafuso (com porca)	bolt (m)	['bɔlt]
parafuso (m)	skrue (m)	['skrʉə]
porca (f)	mutter (m)	['mʉtər]
arruela (f)	skive (m/f)	['ʂivə]
rolamento (m)	lager (n)	['lɑgər]

tubo (m)	rør (m)	['rør]
junta, gaxeta (f)	pakning (m/f)	['pɑkniŋ]
fio, cabo (m)	ledning (m)	['ledniŋ]

macaco (m)	jekk (m), donkraft (m/f)	['jɛk], ['dɔn‚krɑft]
chave (f) de boca	skrunøkkel (m)	['skrʉ‚nøkəl]
martelo (m)	hammer (m)	['hɑmər]
bomba (f)	pumpe (m/f)	['pʉmpə]
chave (f) de fenda	skrutrekker (m)	['skrʉ‚trɛkər]

| extintor (m) | brannslukker (n) | ['brɑn‚ʂlʉkər] |
| triângulo (m) de emergência | varseltrekant (m) | ['vɑʂəl 'trɛ‚kɑnt] |

morrer (motor)	å skjære	[ɔ 'ʂæːrə]
paragem, "morte" (f)	stans (m), stopp (m/n)	['stɑns], ['stɔp]
estar quebrado	å være ødelagt	[ɔ 'værə 'ødə‚lɑkt]

superaquecer-se (vr)	å bli overopphetet	[ɔ 'bli 'ɔvərɔp‚hetət]
entupir-se (vr)	å bli tilstoppet	[ɔ 'bli til'stɔpət]
congelar-se (vr)	å fryse	[ɔ 'frysə]
rebentar (vi)	å sprekke, å briste	[ɔ 'sprɛkə], [ɔ 'bristə]

pressão (f)	trykk (n)	['trʏk]
nível (m)	nivå (n)	[ni'vo]
frouxo (adj)	slakk	['ʂlɑk]

batida (f)	bulk (m)	['bʉlk]
ruído (m)	bankelyd (m), dunk (m/n)	['bɑnkə‚lyd], ['dʉnk]
fissura (f)	sprekk (m)	['sprɛk]
arranhão (m)	ripe (m/f)	['ripə]

179. Carros. Estrada

estrada (f)	vei (m)	['væj]
autoestrada (f)	hovedvei (m)	['hʊvəd‚væj]
rodovia (f)	motorvei (m)	['motʊr‚væj]
direção (f)	retning (m/f)	['rɛtniŋ]
distância (f)	avstand (m)	['ɑf‚stɑn]

ponte (f)	bro (m/f)	['brʊ]
parque (m) de estacionamento	parkeringsplass (m)	[par'keriŋs‚plɑs]
praça (f)	torg (n)	['tɔr]
nó (m) rodoviário	trafikkmaskin (m)	[tra'fik ma‚ʂin]
túnel (m)	tunnel (m)	['tʉnəl]

posto (m) de gasolina	bensinstasjon (m)	[bɛn'sin‚stɑ'ʂʉn]
parque (m) de estacionamento	parkeringsplass (m)	[par'keriŋs‚plɑs]
bomba (f) de gasolina	bensinpumpe (m/f)	[bɛn'sin‚pʉmpə]
oficina (f) automotiva	bilverksted (n)	['bil 'værk‚sted]
abastecer (vt)	å tanke opp	[ɔ 'tɑnkə ɔp]
combustível (m)	brensel (n)	['brɛnsəl]
galão (m) de gasolina	bensinkanne (m/f)	[bɛn'sin‚kɑnə]

asfalto (m)	asfalt (m)	['ɑs‚fɑlt]
marcação (f) de estradas	vegoppmerking (m/f)	['veg 'ɔp‚mærkiŋ]
meio-fio (m)	fortauskant (m)	['foː‚tɑʊs‚kɑnt]
guard-rail (m)	autovern, veirekkverk (n)	['aʊtɔ‚væːn], ['væj‚rekværk]
valeta (f)	veigrøft (m/f)	['væj‚grœft]
acostamento (m)	veikant (m)	['væj‚kɑnt]
poste (m) de luz	lyktestolpe (m)	['lʏktə‚stɔlpə]

dirigir (vt)	å kjøre	[ɔ 'çœːrə]
virar (~ para a direita)	å svinge	[ɔ 'sviŋə]
dar retorno	å ta en U-sving	[ɔ 'ta en 'ʉː‚sviŋ]
ré (f)	revers (m)	[re'væʂ]
buzinar (vi)	å tute	[ɔ 'tʉtə]
buzina (f)	tut (n)	['tʉt]

atolar-se (vr)	å kjøre seg fast	[ɔ 'çœːrə sæj 'fɑst]
patinar (na lama)	å spinne	[ɔ 'spinə]
desligar (vt)	å stanse	[ɔ 'stɑnsə]

velocidade (f)	hastighet (m/f)	['hɑstiˌhet]
exceder a velocidade	å overskride fartsgrensen	[ɔ 'ɔvəˌskridə 'fɑːʦˌgrɛnsən]
multar (vt)	å gi bot	[ɔ 'ji 'bʉt]
semáforo (m)	trafikklys (n)	[trɑ'fikˌlys]
carteira (f) de motorista	førerkort (n)	['førərˌkɔːt]

passagem (f) de nível	planovergang (m)	['plɑn 'ɔvərˌgɑŋ]
cruzamento (m)	veikryss (n)	['væjkrʏs]
faixa (f)	fotgjengerovergang (m)	['fʉtjɛŋər 'ɔvərˌgɑŋ]
curva (f)	kurve (m)	['kʉrvə]
zona (f) de pedestres	gågate (m/f)	['goːˌgɑtə]

180. Sinais de trânsito

código (m) de trânsito	trafikkregler (m pl)	[trɑ'fikˌrɛglər]
sinal (m) de trânsito	trafikkskilt (n)	[trɑ'fikˌʂilt]
ultrapassagem (f)	forbikjøring (m/f)	['fɔrbiˌçœriŋ]
curva (f)	Sving	['sviŋ]
retorno (m)	u-sving, u-vending	['ʉːˌsviŋ], ['ʉːˌvɛniŋ]
rotatória (f)	rundkjøring	['rʉnˌçœriŋ]

sentido proibido	Innkjøring forbudt	['in'çœriŋ fɔr'bʉt]
trânsito proibido	Trafikkforbud	[trɑ'fik fɔrˌbʉt]
proibido de ultrapassar	Forbikjøring forbudt	['fɔrbiˌçœriŋ fɔr'bʉt]
estacionamento proibido	Parkering forbudt	[pɑr'keriŋ fɔr'bʉt]
paragem proibida	Stans forbudt	['stɑns fɔr'bʉt]

curva (f) perigosa	Farlig sving	['fɑːli ˌsviŋ]
descida (f) perigosa	Bratt bakke	['brɑt ˌbɑkə]
trânsito de sentido único	Enveiskjøring	['ɛnvæjsˌsøriŋ]
faixa (f)	fotgjengerovergang (m)	['fʉtjɛŋər 'ɔvərˌgɑŋ]
pavimento (m) escorregadio	Glatt kjørebane	['glɑt 'çœːrəˌbɑnə]
conceder passagem	Vikeplikt	['vikəˌplikt]

PESSOAS. EVENTOS

Eventos

181. Férias. Evento

festa (f)	fest (m)	['fɛst]
feriado (m) nacional	nasjonaldag (m)	[naʂuˈnalˌda]
feriado (m)	festdag (m)	['fɛstˌda]
festejar (vt)	å feire	[ɔ ˈfæjrə]
evento (festa, etc.)	begivenhet (m/f)	[beˈjivenˌhet]
evento (banquete, etc.)	evenement (n)	[ɛvenəˈman]
banquete (m)	bankett (m)	[banˈkɛt]
recepção (f)	resepsjon (m)	[resɛpˈʂun]
festim (m)	fest (n)	['fɛst]
aniversário (m)	årsdag (m)	['oːʂˌda]
jubileu (m)	jubileum (n)	[jʉbiˈleʉm]
celebrar (vt)	å feire	[ɔ ˈfæjrə]
Ano (m) Novo	nytt år (n)	['nʏt ˌoːr]
Feliz Ano Novo!	Godt nytt år!	['gɔt nʏt ˌoːr]
Papai Noel (m)	Julenissen	['jʉləˌnisən]
Natal (m)	Jul (m/f)	['jʉl]
Feliz Natal!	Gledelig jul!	['gledəli ˈjʉl]
árvore (f) de Natal	juletre (n)	['jʉləˌtrɛ]
fogos (m pl) de artifício	fyrverkeri (n)	[ˌfyrværkəˈri]
casamento (m)	bryllup (n)	['brʏlʉp]
noivo (m)	brudgom (m)	['brʉdˌgɔm]
noiva (f)	brud (m/f)	['brʉd]
convidar (vt)	å innby, å invitere	[ɔ ˈinby], [ɔ inviˈterə]
convite (m)	innbydelse (m)	[inˈbydəlse]
convidado (m)	gjest (m)	['jɛst]
visitar (vt)	å besøke	[ɔ beˈsøkə]
receber os convidados	å hilse på gjestene	[ɔ ˈhilsə pɔ ˈjɛstenə]
presente (m)	gave (m/f)	['gavə]
oferecer, dar (vt)	å gi	[ɔ ˈji]
receber presentes	å få gaver	[ɔ ˈfɔ ˈgavər]
buquê (m) de flores	bukett (m)	[bʉˈkɛt]
felicitações (f pl)	lykkønskning (m/f)	['lʏkˌønsknin]
felicitar (vt)	å gratulere	[ɔ gratʉˈlerə]
cartão (m) de parabéns	gratulasjonskort (n)	[gratʉlaˈʂunsˌkoːt]

| enviar um cartão postal | à sende postkort | [ɔ 'sɛnə 'pɔstˌkɔːt] |
| receber um cartão postal | à få postkort | [ɔ 'fɔ 'pɔstˌkɔːt] |

brinde (m)	skål (m/f)	['skɔl]
oferecer (vt)	à tilby	[ɔ 'tilby]
champanhe (m)	champagne (m)	[ʂam'panjə]

divertir-se (vr)	à more seg	[ɔ 'mʊrə sæj]
diversão (f)	munterhet (m)	['mʊntərˌhet]
alegria (f)	glede (m/f)	['gledə]

| dança (f) | dans (m) | ['dɑns] |
| dançar (vi) | à danse | [ɔ 'dɑnsə] |

| valsa (f) | vals (m) | ['vɑls] |
| tango (m) | tango (m) | ['tɑŋgʊ] |

182. Funerais. Enterro

cemitério (m)	gravplass, kirkegård (m)	['gravˌplɑs], ['çirkəˌgɔːr]
sepultura (f), túmulo (m)	grav (m)	['grav]
cruz (f)	kors (n)	['kɔːʂ]
lápide (f)	gravstein (m)	['grafˌstæjn]
cerca (f)	gjerde (n)	['jærə]
capela (f)	kapell (n)	[ka'pɛl]

morte (f)	død (m)	['dø]
morrer (vi)	à dø	[ɔ 'dø]
defunto (m)	den avdøde	[den 'avˌdødə]
luto (m)	sorg (m/f)	['sɔr]

enterrar, sepultar (vt)	à begrave	[ɔ be'gravə]
funerária (f)	begravelsesbyrå (n)	[be'gravəlsəs byˌro]
funeral (m)	begravelse (m)	[be'gravəlsə]

coroa (f) de flores	krans (m)	['krɑns]
caixão (m)	likkiste (m/f)	['likˌçistə]
carro (m) funerário	likbil (m)	['likˌbil]
mortalha (f)	likklede (n)	['likˌkledə]

procissão (f) funerária	gravfølge (n)	['gravˌfølgə]
urna (f) funerária	askeurne (m/f)	['askəˌʉːŋə]
crematório (m)	krematorium (n)	[krɛma'tʊrium]

obituário (m), necrologia (f)	nekrolog (m)	[nekrʊ'lɔg]
chorar (vi)	à gråte	[ɔ 'groːtə]
soluçar (vi)	à hulke	[ɔ 'hʉlkə]

183. Guerra. Soldados

| pelotão (m) | tropp (m) | ['trɔp] |
| companhia (f) | kompani (n) | [kʊmpa'ni] |

regimento (m)	regiment (n)	[rɛgi'mɛnt]
exército (m)	hær (m)	['hær]
divisão (f)	divisjon (m)	[divi'ʂʊn]

| esquadrão (m) | tropp (m) | ['trɔp] |
| hoste (f) | hær (m) | ['hær] |

| soldado (m) | soldat (m) | [sʊl'dɑt] |
| oficial (m) | offiser (m) | [ɔfi'sɛr] |

soldado (m) raso	menig (m)	['meni]
sargento (m)	sersjant (m)	[sær'ʂɑnt]
tenente (m)	løytnant (m)	['løjt‚nɑnt]
capitão (m)	kaptein (m)	[kɑp'tæjn]
major (m)	major (m)	[mɑ'jɔr]
coronel (m)	oberst (m)	['ʊbɛʂt]
general (m)	general (m)	[gene'rɑl]

marujo (m)	sjømann (m)	['ʂø‚mɑn]
capitão (m)	kaptein (m)	[kɑp'tæjn]
contramestre (m)	båtsmann (m)	['bɔs‚mɑn]

artilheiro (m)	artillerist (m)	[‚ɑ:ţile'rist]
soldado (m) paraquedista	fallskjermjeger (m)	['fɑl‚ʂærm 'jɛ:gər]
piloto (m)	flyger, flyver (m)	['flygər], ['flyvər]
navegador (m)	styrmann (m)	['styr‚mɑn]
mecânico (m)	mekaniker (m)	[me'kɑnikər]

sapador-mineiro (m)	pioner (m)	[piʊ'ner]
paraquedista (m)	fallskjermhopper (m)	['fɑl‚ʂærm 'hɔpər]
explorador (m)	oppklaringssoldat (m)	['ɔp‚klɑriŋ sʊl'dɑt]
atirador (m) de tocaia	skarpskytte (m)	['skɑrp‚ʂʏtə]

patrulha (f)	patrulje (m)	[pɑ'trʉlje]
patrulhar (vt)	å patruljere	[ɔ patrʉ'ljerə]
sentinela (f)	vakt (m)	['vɑkt]

| guerreiro (m) | kriger (m) | ['krigər] |
| patriota (m) | patriot (m) | [pɑtri'ɔt] |

| herói (m) | helt (m) | ['hɛlt] |
| heroína (f) | heltinne (m) | ['hɛlt‚inə] |

| traidor (m) | forræder (m) | [fɔ'rædər] |
| trair (vt) | å forråde | [ɔ fɔ'rɔ:də] |

| desertor (m) | desertør (m) | [desæ:'ţør] |
| desertar (vt) | å desertere | [ɔ desæ:'ţerə] |

mercenário (m)	leiesoldat (m)	['læjəsʊl‚dɑt]
recruta (m)	rekrutt (m)	[re'krʉt]
voluntário (m)	frivillig (m)	['fri‚vili]

morto (m)	drept (m)	['drɛpt]
ferido (m)	såret (m)	['so:rə]
prisioneiro (m) de guerra	fange (m)	['faŋə]

184. Guerra. Ações militares. Parte 1

guerra (f)	krig (m)	['krig]
guerrear (vt)	å være i krig	[ɔ 'være i ˌkrig]
guerra (f) civil	borgerkrig (m)	['bɔrgerˌkrig]
perfidamente	lumsk, forræderisk	['lʉmsk], [fɔ'ræderisk]
declaração (f) de guerra	krigserklæring (m)	['krigs ær ˌklæriŋ]
declarar guerra	å erklære	[ɔ ær'klære]
agressão (f)	aggresjon (m)	[agre'ʂʉn]
atacar (vt)	å angripe	[ɔ 'anˌgripe]
invadir (vt)	å invadere	[ɔ inva'dere]
invasor (m)	angriper (m)	['anˌgriper]
conquistador (m)	erobrer (m)	[ɛ'rʉbrer]
defesa (f)	forsvar (n)	['fʉˌsvar]
defender (vt)	å forsvare	[ɔ fɔ'ʂvare]
defender-se (vr)	å forsvare seg	[ɔ fɔ'ʂvare sæj]
inimigo (m)	fiende (m)	['fiɛnde]
adversário (m)	motstander (m)	['mʉtˌstaner]
inimigo (adj)	fiendtlig	['fjɛntli]
estratégia (f)	strategi (m)	[strate'gi]
tática (f)	taktikk (m)	[tak'tik]
ordem (f)	ordre (m)	['ɔrdre]
comando (m)	ordre, kommando (m/f)	['ɔrdre], ['kʉ'mandʉ]
ordenar (vt)	å beordre	[ɔ be'ɔrdre]
missão (f)	oppdrag (m)	['ɔpdrag]
secreto (adj)	hemmelig	['hɛmeli]
batalha (f), combate (m)	slag (n)	['ʂlag]
batalha (f)	batalje (m)	[ba'talje]
combate (m)	kamp (m)	['kamp]
ataque (m)	angrep (n)	['anˌgrɛp]
assalto (m)	storm (m)	['stɔrm]
assaltar (vt)	å storme	[ɔ 'stɔrme]
assédio, sítio (m)	beleiring (m/f)	[be'læjriŋ]
ofensiva (f)	offensiv (m), angrep (n)	['ɔfenˌsif], ['anˌgrɛp]
tomar à ofensiva	å angripe	[ɔ 'anˌgripe]
retirada (f)	retrett (m)	[rɛ'trɛt]
retirar-se (vr)	å retirere	[ɔ reti'rere]
cerco (m)	omringing (m/f)	['ɔmˌriŋiŋ]
cercar (vt)	å omringe	[ɔ 'ɔmˌriŋe]
bombardeio (m)	bombing (m/f)	['bʉmbiŋ]
lançar uma bomba	å slippe bombe	[ɔ 'ʂlipe 'bʉmbe]
bombardear (vt)	å bombardere	[ɔ bʉmba:'dere]
explosão (f)	eksplosjon (m)	[ɛksplʉ'ʂʉn]

tiro (m)	skudd (n)	['skʉd]
dar um tiro	å skyte av	[ɔ 'şytə ɑ:]
tiroteio (m)	skytning (m/f)	['şytniŋ]

apontar para ...	å sikte på ...	[ɔ 'siktə pɔ ...]
apontar (vt)	å rette	[ɔ 'rɛtə]
acertar (vt)	å treffe	[ɔ 'trɛfə]

afundar (~ um navio, etc.)	å senke	[ɔ 'sɛnkə]
brecha (f)	hull (n)	['hʉl]
afundar-se (vr)	å synke	[ɔ 'synkə]

frente (m)	front (m)	['frɔnt]
evacuação (f)	evakuering (m/f)	[ɛvɑkʉ'eriŋ]
evacuar (vt)	å evakuere	[ɔ ɛvɑkʉ'erə]

trincheira (f)	skyttergrav (m)	['şytə,grɑv]
arame (m) enfarpado	piggtråd (m)	['pig,trɔd]
barreira (f) anti-tanque	hinder (n), sperring (m/f)	['hindər], ['spɛriŋ]
torre (f) de vigia	vakttårn (n)	['vɑkt,tɔ:n]

hospital (m) militar	militærsykehus (n)	[mili'tær,sykə'hʉs]
ferir (vt)	å såre	[ɔ 'so:rə]
ferida (f)	sår (n)	['sɔr]
ferido (m)	såret (n)	['so:rə]
ficar ferido	å bli såret	[ɔ 'bli 'so:rət]
grave (ferida ~)	alvorlig	[ɑl'vɔ:ʃi]

185. Guerra. Ações militares. Parte 2

cativeiro (m)	fangeskap (n)	['fɑŋə,skɑp]
capturar (vt)	å ta til fange	[ɔ 'ta til 'fɑŋə]
estar em cativeiro	å være i fangeskap	[ɔ 'værə i 'fɑŋə,skɑp]
ser aprisionado	å bli tatt til fange	[ɔ 'bli tat til 'fɑŋə]

campo (m) de concentração	konsentrasjonsleir (m)	[kʉnsəntra'şʉns,læjr]
prisioneiro (m) de guerra	fange (m)	['fɑŋə]
escapar (vi)	å flykte	[ɔ 'flʏktə]

trair (vt)	å forråde	[ɔ fɔ'rɔ:də]
traidor (m)	forræder (m)	[fɔ'rædər]
traição (f)	forræderi (n)	[fɔrædə'ri]

| fuzilar, executar (vt) | å henrette ved skyting | [ɔ 'hɛn,rɛtə ve 'şytiŋ] |
| fuzilamento (m) | skyting (m/f) | ['şytiŋ] |

equipamento (m)	mundering (m/f)	[mʉn'dɛriŋ]
insígnia (f) de ombro	skulderklaff (m)	['skʉldər,klɑf]
máscara (f) de gás	gassmaske (m/f)	['gɑs,mɑskə]

rádio (m)	feltradio (m)	['fɛlt,rɑdiʉ]
cifra (f), código (m)	chiffer (n)	['şifər]
conspiração (f)	hemmeligholdelse (m)	['hɛməli,holəlsə]
senha (f)	passord (n)	['pɑs,u:r]

mina (f)	mine (m/f)	['minə]
minar (vt)	å minelegge	[ɔ 'minə‚legə]
campo (m) minado	minefelt (n)	['minə‚fɛlt]

alarme (m) aéreo	flyalarm (m)	['fly a'lɑrm]
alarme (m)	alarm (m)	[a'lɑrm]
sinal (m)	signal (n)	[siŋ'nal]
sinalizador (m)	signalrakett (m)	[siŋ'nal ra'kɛt]

quartel-general (m)	stab (m)	['stab]
reconhecimento (m)	oppklaring (m/f)	['ɔp‚klariŋ]
situação (f)	situasjon (m)	[situa'ʂʉn]
relatório (m)	rapport (m)	[ra'pɔːt]
emboscada (f)	bakhold (n)	['bak‚hɔl]
reforço (m)	forsterkning (m/f)	[fo'ʂtærkniŋ]

alvo (m)	mål (n)	['mol]
campo (m) de tiro	skytefelt (n)	['ʂytə‚fɛlt]
manobras (f pl)	manøverer (m pl)	[ma'nøvər]

pânico (m)	panikk (m)	[pa'nik]
devastação (f)	ødeleggelse (m)	['ødə‚legəlsə]
ruínas (f pl)	ruiner (m pl)	[rʉ'inər]
destruir (vt)	å ødelegge	[ɔ 'ødə‚legə]

sobreviver (vi)	å overleve	[ɔ 'ovə‚leve]
desarmar (vt)	å avvæpne	[ɔ 'av‚væpnə]
manusear (vt)	å handtere	[ɔ han'terə]

| Sentido! | Rett! \| Gi-akt! | ['rɛt], ['jiː'akt] |
| Descansar! | Hvil! | ['vil] |

façanha (f)	bedrift (m)	[be'drift]
juramento (m)	ed (m)	['ɛd]
jurar (vi)	å sverge	[ɔ 'sværgə]

condecoração (f)	belønning (m/f)	[be'lœniŋ]
condecorar (vt)	å belønne	[ɔ be'lœnə]
medalha (f)	medalje (m)	[me'daljə]
ordem (f)	orden (m)	['ɔrdən]

vitória (f)	seier (m)	['sæjər]
derrota (f)	nederlag (n)	['nedə‚lag]
armistício (m)	våpenhvile (m)	['vɔpən‚vilə]

bandeira (f)	fane (m)	['fanə]
glória (f)	berømmelse (m)	[be'rœməlsə]
parada (f)	parade (m)	[pa'radə]
marchar (vi)	å marsjere	[ɔ ma'ʂerə]

186. Armas

| arma (f) | våpen (n) | ['vɔpən] |
| arma (f) de fogo | skytevåpen (n) | ['ʂytə‚vɔpən] |

arma (f) branca	blankvåpen (n)	['blank‚vɔpən]
arma (f) química	kjemisk våpen (n)	['çemisk ‚vɔpən]
nuclear (adj)	kjerne-	['çæːŋə-]
arma (f) nuclear	kjernevåpen (n)	['çæːŋə‚vɔpən]
bomba (f)	bombe (m)	['bʊmbə]
bomba (f) atômica	atombombe (m)	[ɑ'tʊm‚bʊmbə]
pistola (f)	pistol (m)	[pi'stʊl]
rifle (m)	gevær (n)	[ge'vær]
semi-automática (f)	maskinpistol (m)	[mɑ'ʂin pi‚stʊl]
metralhadora (f)	maskingevær (n)	[mɑ'ʂin ge‚vær]
boca (f)	munning (m)	['mʉniŋ]
cano (m)	løp (n)	['løp]
calibre (m)	kaliber (m/n)	[kɑ'libər]
gatilho (m)	avtrekker (m)	['ɑv‚trɛkər]
mira (f)	sikte (n)	['siktə]
carregador (m)	magasin (n)	[mɑgɑ'sin]
coronha (f)	kolbe (m)	['kɔlbə]
granada (f) de mão	håndgranat (m)	['hɔn‚grɑ'nɑt]
explosivo (m)	sprengstoff (n)	['sprɛŋ‚stɔf]
bala (f)	kule (m/f)	['kʉːlə]
cartucho (m)	patron (m)	[pɑ'trʊn]
carga (f)	ladning (m)	['lɑdniŋ]
munições (f pl)	ammunisjon (m)	[ɑmʉni'ʂʊn]
bombardeiro (m)	bombefly (n)	['bʊmbə‚fly]
avião (m) de caça	jagerfly (n)	['jɑgər‚fly]
helicóptero (m)	helikopter (n)	[heli'kɔptər]
canhão (m) antiaéreo	luftvernkanon (m)	['lʉftvɛːɳ kɑ'nʊn]
tanque (m)	stridsvogn (m/f)	['strids‚vɔŋn]
canhão (de um tanque)	kanon (m)	[kɑ'nʊn]
artilharia (f)	artilleri (n)	[‚ɑːʈile'ri]
canhão (m)	kanon (m)	[kɑ'nʊn]
fazer a pontaria	å rette	[ɔ 'rɛtə]
projétil (m)	projektil (m)	[prʊek'til]
granada (f) de morteiro	granat (m/f)	[grɑ'nɑt]
morteiro (m)	granatkaster (m)	[grɑ'nɑt‚kɑstər]
estilhaço (m)	splint (m)	['splint]
submarino (m)	ubåt (m)	['ʉː‚bɔt]
torpedo (m)	torpedo (m)	[tʊr'pedʊ]
míssil (m)	rakett (m)	[rɑ'kɛt]
carregar (uma arma)	å lade	[ɔ 'lɑdə]
disparar, atirar (vi)	å skyte	[ɔ 'ʂytə]
apontar para ...	å sikte på ...	[ɔ 'siktə pɔ ...]
baioneta (f)	bajonett (m)	[bɑjo'nɛt]
espada (f)	kårde (m)	['koːrdə]

sabre (m)	sabel (m)	['sabəl]
lança (f)	spyd (n)	['spyd]
arco (m)	bue (m)	['bʉ:ə]
flecha (f)	pil (m/f)	['pil]
mosquete (m)	muskett (m)	[mʉ'skɛt]
besta (f)	armbrøst (m)	['arm̩brøst]

187. Povos da antiguidade

primitivo (adj)	ur-	['ʉr-]
pré-histórico (adj)	forhistorisk	['forhi̩stʉrisk]
antigo (adj)	oldtidens, antikkens	['ɔl̩tidəns], [an'tikəns]

Idade (f) da Pedra	Steinalderen	['stæjn̩alderən]
Idade (f) do Bronze	bronsealder (m)	['brɔnsə̩aldər]
Era (f) do Gelo	istid (m/f)	['is̩tid]

tribo (f)	stamme (m)	['stamə]
canibal (m)	kannibal (m)	[kani'bal]
caçador (m)	jeger (m)	['jɛ:gər]
caçar (vi)	å jage	[ɔ 'jagə]
mamute (m)	mammut (m)	['mamʉt]

caverna (f)	grotte (m/f)	['grɔtə]
fogo (m)	ild (m)	['il]
fogueira (f)	bål (n)	['bɔl]
pintura (f) rupestre	helleristning (m/f)	['hɛlə̩ristniŋ]

ferramenta (f)	redskap (m/n)	['rɛd̩skap]
lança (f)	spyd (n)	['spyd]
machado (m) de pedra	steinøks (m/f)	['stæjn̩øks]
guerrear (vt)	å være i krig	[ɔ 'værə i ̩krig]
domesticar (vt)	å temme	[ɔ 'tɛmə]

| ídolo (m) | idol (n) | [i'dʉl] |
| adorar, venerar (vt) | å dyrke | [ɔ 'dyrkə] |

| superstição (f) | overtro (m) | ['ɔvə̩trʉ] |
| ritual (m) | ritual (n) | [ritʉ'al] |

| evolução (f) | evolusjon (m) | [ɛvolʉ'ʂʉn] |
| desenvolvimento (m) | utvikling (m/f) | ['ʉt̩vikliŋ] |

| extinção (f) | forsvinning (m/f) | [fɔ'ʂviniŋ] |
| adaptar-se (vr) | å tilpasse seg | [ɔ 'til̩pasə sæj] |

arqueologia (f)	arkeologi (m)	[̩arkeʉlʉ'gi]
arqueólogo (m)	arkeolog (m)	[̩arkeʉ'lɔg]
arqueológico (adj)	arkeologisk	[̩arkeʉ'lɔgisk]

escavação (sítio)	utgravingssted (n)	['ʉt̩graviŋs ̩sted]
escavações (f pl)	utgravinger (m/f pl)	['ʉt̩graviŋər]
achado (m)	funn (n)	['fʉn]
fragmento (m)	fragment (n)	[frag'mɛnt]

188. Idade média

povo (m)	folk (n)	['fɔlk]
povos (m pl)	folk (n pl)	['fɔlk]
tribo (f)	stamme (m)	['stamə]
tribos (f pl)	stammer (m pl)	['stamər]

bárbaros (pl)	barbarer (m pl)	[bar'barər]
galeses (pl)	gallere (m pl)	['galere]
godos (pl)	gotere (m pl)	['gɔterə]
eslavos (pl)	slavere (m pl)	['slavɛrə]
viquingues (pl)	vikinger (m pl)	['vikiŋər]

| romanos (pl) | romere (m pl) | ['rʊmerə] |
| romano (adj) | romersk | ['rʊmæʂk] |

bizantinos (pl)	bysantiner (m pl)	[bysan'tinər]
Bizâncio	Bysants	[by'sants]
bizantino (adj)	bysantinsk	[bysan'tinsk]

imperador (m)	keiser (m)	['kæjsər]
líder (m)	høvding (m)	['høvdiŋ]
poderoso (adj)	mektig	['mɛkti]
rei (m)	konge (m)	['kʊŋə]
governante (m)	hersker (m)	['hæʂkər]

cavaleiro (m)	ridder (m)	['ridər]
senhor feudal (m)	føydalherre (m)	['føjdal͵hɛrə]
feudal (adj)	føydal	['føjdal]
vassalo (m)	vasall (m)	[va'sal]

duque (m)	hertug (m)	['hæːʈɵg]
conde (m)	greve (m)	['grevə]
barão (m)	baron (m)	[ba'rʊn]
bispo (m)	biskop (m)	['biskɔp]

armadura (f)	rustning (m/f)	['rɵstniŋ]
escudo (m)	skjold (n)	['ʂɔl]
espada (f)	sverd (n)	['sværd]
viseira (f)	visir (n)	[vi'sir]
cota (f) de malha	ringbrynje (m/f)	['riŋ͵brynje]

| cruzada (f) | korstog (n) | ['kɔːʂ͵tog] |
| cruzado (m) | korsfarer (m) | ['kɔːʂ͵farər] |

território (m)	territorium (n)	[tɛri'tʊrium]
atacar (vt)	å angripe	[ɔ 'an͵gripə]
conquistar (vt)	å erobre	[ɔ ɛ'rʊbrə]
ocupar, invadir (vt)	å okkupere	[ɔ ɔkɵ'perə]

assédio, sítio (m)	beleiring (m/f)	[be'læjriŋ]
sitiado (adj)	beleiret	[be'læjrət]
assediar, sitiar (vt)	å beleire	[ɔ be'læjre]
inquisição (f)	inkvisisjon (m)	[inkvisi'ʂun]
inquisidor (m)	inkvisitor (m)	[inkvi'sitʊr]

tortura (f)	tortur (m)	[tɔ:'tʉr]
cruel (adj)	brutal	[brʉ'tal]
herege (m)	kjetter (m)	['çɛtər]
heresia (f)	kjetteri (n)	[çɛtə'ri]

navegação (f) marítima	sjøfart (m)	['şø,faːt]
pirata (m)	pirat, sjørøver (m)	['pi'rat], ['şø,røvər]
pirataria (f)	sjørøveri (n)	['şø røvɛ'ri]
abordagem (f)	entring (m/f)	['ɛntriŋ]
presa (f), butim (m)	bytte (n)	['bʏtə]
tesouros (m pl)	skatter (m pl)	['skatər]

descobrimento (m)	oppdagelse (m)	['ɔp,dagəlsə]
descobrir (novas terras)	å oppdage	[ɔ 'ɔp,dagə]
expedição (f)	ekspedisjon (m)	[ɛkspedi'şʉn]

mosqueteiro (m)	musketer (m)	[mʉskə'ter]
cardeal (m)	kardinal (m)	[kaːdi'nal]
heráldica (f)	heraldikk (m)	[heral'dik]
heráldico (adj)	heraldisk	[he'raldisk]

189. Líder. Chefe. Autoridades

rei (m)	konge (m)	['kʊŋə]
rainha (f)	dronning (m/f)	['drɔniŋ]
real (adj)	kongelig	['kʊŋəli]
reino (m)	kongerike (n)	['kʊŋə,rikə]

príncipe (m)	prins (m)	['prins]
princesa (f)	prinsesse (m/f)	[prin'sɛsə]

presidente (m)	president (m)	[prɛsi'dɛnt]
vice-presidente (m)	visepresident (m)	['visə prɛsi'dɛnt]
senador (m)	senator (m)	[se'natʉr]

monarca (m)	monark (m)	[mʊ'nark]
governante (m)	hersker (m)	['hæşkər]
ditador (m)	diktator (m)	[dik'tatʉr]
tirano (m)	tyrann (m)	[ty'ran]
magnata (m)	magnat (m)	[maŋ'nat]

diretor (m)	direktør (m)	[dirɛk'tør]
chefe (m)	sjef (m)	['şɛf]
gerente (m)	forstander (m)	[fɔ'ştandər]
patrão (m)	boss (m)	['bɔs]
dono (m)	eier (m)	['æjər]

líder (m)	leder (m)	['ledər]
chefe (m)	leder (m)	['ledər]
autoridades (f pl)	myndigheter (m pl)	['mʏndi,hetər]
superiores (m pl)	overordnede (pl)	['ɔvər,ɔrdnedə]

governador (m)	guvernør (m)	[gʉver'nør]
cônsul (m)	konsul (m)	['kʊn,sʉl]

diplomata (m)	diplomat (m)	[diplu'mat]
Presidente (m) da Câmara	borgermester (m)	[bɔrgər'mɛstər]
xerife (m)	sheriff (m)	[ʂɛ'rif]

imperador (m)	keiser (m)	['kæjsər]
czar (m)	tsar (m)	['tsɑr]
faraó (m)	farao (m)	['fɑrɑu]
cã, khan (m)	khan (m)	['kɑn]

190. Estrada. Caminho. Direções

| estrada (f) | vei (m) | ['væj] |
| via (f) | vei (m) | ['væj] |

rodovia (f)	motorvei (m)	['mɔtʊr‚væj]
autoestrada (f)	hovedvei (m)	['hʊvəd‚væj]
estrada (f) nacional	riksvei (m)	['riks‚væj]

| estrada (f) principal | hovedvei (m) | ['hʊvəd‚væj] |
| estrada (f) de terra | bygdevei (m) | ['bʏgdə‚væj] |

| trilha (f) | sti (m) | ['sti] |
| pequena trilha (f) | sti (m) | ['sti] |

Onde?	Hvor?	['vʊr]
Para onde?	Hvorhen?	['vʊrhen]
De onde?	Hvorfra?	['vʊrfrɑ]

| direção (f) | retning (m/f) | ['rɛtniŋ] |
| indicar (~ o caminho) | å peke | [ɔ 'pekə] |

para a esquerda	til venstre	[til 'vɛnstrə]
para a direita	til høyre	[til 'højrə]
em frente	rett frem	['rɛt frem]
para trás	tilbake	[til'bɑkə]

curva (f)	kurve (m)	['kʉrvə]
virar (~ para a direita)	å svinge	[ɔ 'sviŋə]
dar retorno	å ta en U-sving	[ɔ 'tɑ en 'ʉː‚sviŋ]

| estar visível | å være synlig | [ɔ 'værə 'synli] |
| aparecer (vi) | å vise seg | [ɔ 'visə sæj] |

paragem (pausa)	stopp (m), hvile (m/f)	['stɔp], ['vilə]
descansar (vi)	å hvile	[ɔ 'vilə]
descanso, repouso (m)	hvile (m/f)	['vilə]

perder-se (vr)	å gå seg vill	[ɔ 'gɔ sæj 'vil]
conduzir a ... (caminho)	å føre til ...	[ɔ 'førə til ...]
chegar a ...	å komme ut ...	[ɔ 'kɔmə ʉt ...]
trecho (m)	strekning (m)	['strɛkniŋ]

| asfalto (m) | asfalt (m) | ['ɑs‚falt] |
| meio-fio (m) | fortauskant (m) | ['fɔːʈaʊs‚kant] |

valeta (f)	veigrøft (m/f)	['væej̶,grœft]
tampa (f) de esgoto	kum (m), kumlokk (n)	['kʉm], ['kʉm,lɔk]
acostamento (m)	veikant (m)	['væej̶,kant]
buraco (m)	grop (m/f)	['grʉp]
ir (a pé)	å gå	[ɔ 'gɔ]
ultrapassar (vt)	å passere	[ɔ pɑ'serə]
passo (m)	skritt (n)	['skrit]
a pé	til fots	[til 'fʉts]
bloquear (vt)	å sperre	[ɔ 'spɛrə]
cancela (f)	bom (m)	['bʉm]
beco (m) sem saída	blindgate (m/f)	['blin,gɑtə]

191. Violação da lei. Criminosos. Parte 1

bandido (m)	banditt (m)	[bɑn'dit]
crime (m)	forbrytelse (m)	[for'brytəlsə]
criminoso (m)	forbryter (m)	[for'brytər]
ladrão (m)	tyv (m)	['tyv]
roubar (vt)	å stjele	[ɔ 'stjelə]
raptar, sequestrar (vt)	å kidnappe	[ɔ 'kid,nɛpə]
sequestro (m)	kidnapping (m)	['kid,nɛpiŋ]
sequestrador (m)	kidnapper (m)	['kid,nɛpər]
resgate (m)	løsepenger (m pl)	['løsə,pɛŋər]
pedir resgate	å kreve løsepenger	[ɔ 'krevə 'løsə,pɛŋər]
roubar (vt)	å rane	[ɔ 'rɑnə]
assalto, roubo (m)	ran (n)	['rɑn]
assaltante (m)	raner (m)	['rɑnər]
extorquir (vt)	å presse ut	[ɔ 'prɛsə ʉt]
extorsionário (m)	utpresser (m)	['ʉt,prɛsər]
extorsão (f)	utpressing (m/f)	['ʉt,prɛsiŋ]
matar, assassinar (vt)	å myrde	[ɔ 'mʏ:ɖə]
homicídio (m)	mord (n)	['mʉr]
homicida, assassino (m)	morder (m)	['mʉrdər]
tiro (m)	skudd (n)	['skʉd]
dar um tiro	å skyte av	[ɔ 'ʂytə ɑ:]
matar a tiro	å skyte ned	[ɔ 'ʂytə ne]
disparar, atirar (vi)	å skyte	[ɔ 'ʂytə]
tiroteio (m)	skyting, skytning (m/f)	['ʂytiŋ], ['ʂytniŋ]
incidente (m)	hendelse (m)	['hɛndəlsə]
briga (~ de rua)	slagsmål (n)	['ʂlɑks,mol]
Socorro!	Hjelp!	['jɛlp]
vítima (f)	offer (n)	['ɔfər]
danificar (vt)	å skade	[ɔ 'skɑdə]

dano (m)	skade (m)	['skadə]
cadáver (m)	lik (n)	['lik]
grave (adj)	alvorlig	[al'vɔːli]

atacar (vt)	å anfalle	[ɔ 'anˌfalə]
bater (espancar)	å slå	[ɔ 'slɔ]
espancar (vt)	å klå opp	[ɔ 'klɔ ɔp]
tirar, roubar (dinheiro)	å berøve	[ɔ be'røvə]
esfaquear (vt)	å stikke i hjel	[ɔ 'stikə i 'jel]
mutilar (vt)	å lemleste	[ɔ 'lemˌlestə]
ferir (vt)	å såre	[ɔ 'soːrə]

chantagem (f)	utpressing (m/f)	['ʉtˌprɛsiŋ]
chantagear (vt)	å utpresse	[ɔ 'ʉtˌprɛsə]
chantagista (m)	utpresser (m)	['ʉtˌprɛsər]

extorsão (f)	utpressing (m/f)	['ʉtˌprɛsiŋ]
extorsionário (m)	utpresser (m)	['ʉtˌprɛsər]
gângster (m)	gangster (m)	['gɛŋstər]
máfia (f)	mafia (m)	['mafia]

punguista (m)	lommetyv (m)	['lʊməˌtyv]
assaltante, ladrão (m)	innbruddstyv (m)	['inbrʉdsˌtyv]
contrabando (m)	smugling (m/f)	['smʉgliŋ]
contrabandista (m)	smugler (m)	['smʉglər]

falsificação (f)	forfalskning (m/f)	[for'falskniŋ]
falsificar (vt)	å forfalske	[ɔ for'falskə]
falsificado (adj)	falsk	['falsk]

192. Violação da lei. Criminosos. Parte 2

estupro (m)	voldtekt (m)	['vɔlˌtɛkt]
estuprar (vt)	å voldta	[ɔ 'vɔlˌta]
estuprador (m)	voldtektsmann (m)	['vɔlˌtɛkts man]
maníaco (m)	maniker (m)	['manikər]

prostituta (f)	prostituert (m)	[prʊstitʉ'eːt]
prostituição (f)	prostitusjon (m)	[prʊstitʉ'ʂun]
cafetão (m)	hallik (m)	['halik]

| drogado (m) | narkoman (m) | [narkʊ'man] |
| traficante (m) | narkolanger (m) | ['narkɔˌlaŋər] |

explodir (vt)	å sprenge	[ɔ 'sprɛŋə]
explosão (f)	eksplosjon (m)	[ɛksplʊ'ʂun]
incendiar (vt)	å sette fyr	[ɔ 'sɛtə ˌfyr]
incendiário (m)	brannstifter (m)	['branˌstiftər]

terrorismo (m)	terrorisme (m)	[tɛrʊ'rismə]
terrorista (m)	terrorist (m)	[tɛrʊ'rist]
refém (m)	gissel (m)	['jisəl]
enganar (vt)	å bedra	[ɔ be'dra]
engano (m)	bedrag (n)	[be'drag]

vigarista (m)	bedrager, svindler (m)	[be'dragər], ['svindlər]
subornar (vt)	å bestikke	[ɔ be'stikə]
suborno (atividade)	bestikkelse (m)	[be'stikəlsə]
suborno (dinheiro)	bestikkelse (m)	[be'stikəlsə]

veneno (m)	gift (m/f)	['jift]
envenenar (vt)	å forgifte	[ɔ fɔr'jiftə]
envenenar-se (vr)	å forgifte seg selv	[ɔ fɔr'jiftə sæj sɛl]

suicídio (m)	selvmord (n)	['sɛl,mur]
suicida (m)	selvmorder (m)	['sɛl,murdər]

ameaçar (vt)	å true	[ɔ 'truə]
ameaça (f)	trussel (m)	['trusəl]
atentar contra a vida de ...	å begå mordforsøk	[ɔ be'gɔ 'murdfɔ,søk]
atentado (m)	mordforsøk (n)	['murdfɔ,søk]

roubar (um carro)	å stjele	[ɔ 'stjelə]
sequestrar (um avião)	å kapre	[ɔ 'kaprə]

vingança (f)	hevn (m)	['hɛvn]
vingar (vt)	å hevne	[ɔ 'hɛvnə]

torturar (vt)	å torturere	[ɔ tɔ:[u'rerə]
tortura (f)	tortur (m)	[tɔ:'tur]
atormentar (vt)	å plage	[ɔ 'plagə]

pirata (m)	pirat, sjørøver (m)	['pi'rat], ['ʂø,røvər]
desordeiro (m)	bølle (m)	['bølə]
armado (adj)	bevæpnet	[be'væpnət]
violência (f)	vold (m)	['vɔl]
ilegal (adj)	illegal	['ile,gal]

espionagem (f)	spionasje (m)	[spiu'naʂə]
espionar (vi)	å spionere	[ɔ spiu'nerə]

193. Polícia. Lei. Parte 1

justiça (sistema de ~)	justis (m), rettspleie (m/f)	['ju'stis], ['rɛts,plæje]
tribunal (m)	rettssal (m)	['rɛts,sal]

juiz (m)	dommer (m)	['dɔmər]
jurados (m pl)	lagrettemedlemmer (n pl)	['lag,rɛtə medle'mer]
tribunal (m) do júri	lagrette, juryordning (m)	['lag,rɛtə], ['juri,ɔrdniŋ]
julgar (vt)	å dømme	[ɔ 'dœmə]

advogado (m)	advokat (m)	[advu'kat]
réu (m)	anklaget (m)	['an,klaget]
banco (m) dos réus	anklagebenk (m)	[an'klagə,bɛnk]

acusação (f)	anklage (m)	['an,klagə]
acusado (m)	anklagede (m)	['an,klagedə]
sentença (f)	dom (m)	['dɔm]
sentenciar (vt)	å dømme	[ɔ 'dœmə]

culpado (m)	skyldige (m)	['ʂyldiə]
punir (vt)	å straffe	[ɔ 'strafə]
punição (f)	straff, avstraffelse (m)	['straf], ['af͵strafəlsə]

multa (f)	bot (m/f)	['bʊt]
prisão (f) perpétua	livsvarig fengsel (n)	['lifs͵vari 'fɛŋsəl]
pena (f) de morte	dødsstraff (m/f)	['død͵straf]
cadeira (f) elétrica	elektrisk stol (m)	[ɛ'lektrisk ͵stʊl]
forca (f)	galge (m)	['galgə]

| executar (vt) | å henrette | [ɔ 'hɛn͵rɛtə] |
| execução (f) | henrettelse (m) | ['hɛn͵rɛtəlsə] |

| prisão (f) | fengsel (n) | ['fɛŋsəl] |
| cela (f) de prisão | celle (m) | ['sɛlə] |

escolta (f)	eskorte (m)	[ɛs'kɔːʈə]
guarda (m) prisional	fangevokter (m)	['faŋə͵vɔktər]
preso, prisioneiro (m)	fange (m)	['faŋə]

| algemas (f pl) | håndjern (n pl) | ['hɔn͵jæːɳ] |
| algemar (vt) | å sette håndjern | [ɔ 'sɛtə 'hɔn͵jæːɳ] |

fuga, evasão (f)	flykt (m/f)	['flʏkt]
fugir (vi)	å flykte, å rømme	[ɔ 'flʏktə], [ɔ 'rœmə]
desaparecer (vi)	å forsvinne	[ɔ fɔ'ʂvinə]
soltar, libertar (vt)	å løslate	[ɔ 'løs͵latə]
anistia (f)	amnesti (m)	[amnɛ'sti]

polícia (instituição)	politi (n)	[pʊli'ti]
polícia (m)	politi (m)	[pʊli'ti]
delegacia (f) de polícia	politistasjon (m)	[pʊli'ti͵sta'ʂʊn]
cassetete (m)	gummikølle (m/f)	['gʊmi͵kølə]
megafone (m)	megafon (m)	[mega'fʊn]

carro (m) de patrulha	patruljebil (m)	[pa'trʊljə͵bil]
sirene (f)	sirene (m/f)	[si'renə]
ligar a sirene	å slå på sirenen	[ɔ 'ʂlɔ pɔ si'renən]
toque (m) da sirene	sirene hyl (n)	[si'renə ͵hyl]

cena (f) do crime	åsted (n)	['ɔsted]
testemunha (f)	vitne (n)	['vitnə]
liberdade (f)	frihet (m)	['fri͵het]
cúmplice (m)	medskyldig (m)	['mɛ͵ʂyldi]
escapar (vi)	å flykte	[ɔ 'flʏktə]
traço (não deixar ~s)	spor (n)	['spʊr]

194. Polícia. Lei. Parte 2

procura (f)	ettersøking (m/f)	['ɛtə͵søkiŋ]
procurar (vt)	å søke etter ...	[ɔ 'søkə ͵ɛtər ...]
suspeita (f)	mistanke (m)	['mis͵tankə]
suspeito (adj)	mistenkelig	[mis'tɛnkəli]
parar (veículo, etc.)	å stoppe	[ɔ 'stɔpə]

deter (fazer parar)	å anholde	[ɔ 'anˌhɔlə]
caso (~ criminal)	sak (m/f)	['sak]
investigação (f)	etterforskning (m/f)	['ɛtərˌfɔʂkniŋ]
detetive (m)	detektiv (m)	[detɛk'tiv]
investigador (m)	etterforsker (m)	['ɛtərˌfɔʂkər]
versão (f)	versjon (m)	[væ'ʂʊn]
motivo (m)	motiv (n)	[mʊ'tiv]
interrogatório (m)	forhør (n)	[fɔr'hør]
interrogar (vt)	å forhøre	[ɔ fɔr'hørə]
questionar (vt)	å avhøre	[ɔ 'avˌhørə]
verificação (f)	sjekking (m/f)	['ʂɛkiŋ]
batida (f) policial	rassia, razzia (m)	['rasia]
busca (f)	ransakelse (m)	['ranˌsakəlsə]
perseguição (f)	jakt (m/f)	['jakt]
perseguir (vt)	å forfølge	[ɔ fɔr'følə]
seguir, rastrear (vt)	å spore	[ɔ 'spʊrə]
prisão (f)	arrest (m)	[a'rɛst]
prender (vt)	å arrestere	[ɔ arɛ'sterə]
pegar, capturar (vt)	å fange	[ɔ 'faŋə]
captura (f)	pågripelse (m)	['pɔˌgripəlsə]
documento (m)	dokument (n)	[dɔkʉ'mɛnt]
prova (f)	bevis (n)	[be'vis]
provar (vt)	å bevise	[ɔ be'visə]
pegada (f)	fotspor (n)	['fʊtˌspʊr]
impressões (f pl) digitais	fingeravtrykk (n pl)	['fiŋərˌavtrʏk]
prova (f)	bevis (n)	[be'vis]
álibi (m)	alibi (n)	['alibi]
inocente (adj)	uskyldig	[ʉ'ʂyldi]
injustiça (f)	urettferdighet (m)	['ʉrɛtfærdiˌhet]
injusto (adj)	urettferdig	['ʉrɛtˌfærdi]
criminal (adj)	kriminell	[krimi'nɛl]
confiscar (vt)	å konfiskere	[ɔ kʊnfi'skerə]
droga (f)	narkotika (m)	[nar'kɔtika]
arma (f)	våpen (n)	['vɔpən]
desarmar (vt)	å avvæpne	[ɔ 'avˌvæpnə]
ordenar (vt)	å befale	[ɔ be'falə]
desaparecer (vi)	å forsvinne	[ɔ fɔ'ʂvinə]
lei (f)	lov (m)	['lɔv]
legal (adj)	lovlig	['lɔvli]
ilegal (adj)	ulovlig	[ʉ'lɔvli]
responsabilidade (f)	ansvar (n)	['anˌsvar]
responsável (adj)	ansvarlig	[ans'va:li]

NATUREZA

A Terra. Parte 1

195. Espaço sideral

espaço, cosmo (m)	rommet, kosmos (n)	['rʊmə], ['kɔsmɔs]
espacial, cósmico (adj)	rom-	['rʊm-]
espaço (m) cósmico	ytre rom (n)	['ytrə ˌrʊm]
mundo (m)	verden (m)	['værdən]
universo (m)	univers (n)	[ʉni'væʂ]
galáxia (f)	galakse (m)	[gɑ'lɑksə]
estrela (f)	stjerne (m/f)	['stjæːŋə]
constelação (f)	stjernebilde (n)	['stjæːŋəˌbildə]
planeta (m)	planet (m)	[plɑ'net]
satélite (m)	satellitt (m)	[sɑtɛ'lit]
meteorito (m)	meteoritt (m)	[meteʊ'rit]
cometa (m)	komet (m)	[kʊ'met]
asteroide (m)	asteroide (n)	[asterʊ'idə]
órbita (f)	bane (m)	['bɑnə]
girar (vi)	å rotere	[ɔ rɔ'terə]
atmosfera (f)	atmosfære (m)	[atmʊ'sfærə]
Sol (m)	Solen	['sʊlən]
Sistema (m) Solar	solsystem (n)	['sʊl sʏ'stem]
eclipse (m) solar	solformørkelse (m)	['sʊl fɔr'mœrkəlsə]
Terra (f)	Jorden	['juːrən]
Lua (f)	Månen	['moːnən]
Marte (m)	Mars	['mɑʂ]
Vênus (f)	Venus	['venʉs]
Júpiter (m)	Jupiter	['jʉpitər]
Saturno (m)	Saturn	['sɑˌtʉːŋ]
Mercúrio (m)	Merkur	[mær'kʉr]
Urano (m)	Uranus	[ʉ'rɑnʉs]
Netuno (m)	Neptun	[nɛp'tʉn]
Plutão (m)	Pluto	['plʉtʉ]
Via Láctea (f)	Melkeveien	['mɛlkəˌvæjən]
Ursa Maior (f)	den Store Bjørn	['dən 'stʉrə ˌbjœːɳ]
Estrela Polar (f)	Nordstjernen, Polaris	['nʊːrˌstjæːŋən], [pɔ'laris]
marciano (m)	marsbeboer (m)	['mɑʂˌbebʊər]
extraterrestre (m)	utenomjordisk vesen (n)	['ʉtənɔmˌjuːrdisk 'vesən]

alienígena (m)	romvesen (n)	['rʊm‚vesən]
disco (m) voador	flygende tallerken (m)	['flygenə ta'lærkən]
espaçonave (f)	romskip (n)	['rʊm‚ʂip]
estação (f) orbital	romstasjon (m)	['rʊm‚sta'ʂʊn]
lançamento (m)	start (m), oppskyting (m/f)	['sta:ţ], ['ɔp‚ʂytiŋ]
motor (m)	motor (m)	['mɔtʊr]
bocal (m)	dyse (m)	['dysə]
combustível (m)	brensel (n), drivstoff (n)	['brɛnsəl], ['drif‚stɔf]
cabine (f)	cockpit (m), flydekk (n)	['kɔkpit], ['fly‚dɛk]
antena (f)	antenne (m)	[an'tɛnə]
vigia (f)	koøye (n)	['kʊ‚øjə]
bateria (f) solar	solbatteri (n)	['sʊl batɛ'ri]
traje (m) espacial	romdrakt (m/f)	['rʊm‚drakt]
imponderabilidade (f)	vektløshet (m/f)	['vɛktløs‚het]
oxigênio (m)	oksygen (n)	['ɔksy'gen]
acoplagem (f)	dokking (m/f)	['dɔkiŋ]
fazer uma acoplagem	å dokke	[ɔ 'dɔkə]
observatório (m)	observatorium (n)	[ɔbsərva'tʊrium]
telescópio (m)	teleskop (n)	[tele'skʊp]
observar (vt)	å observere	[ɔ ɔbsɛr'verə]
explorar (vt)	å utforske	[ɔ 'ʉt‚føʂkə]

196. A Terra

Terra (f)	Jorden	['ju:rən]
globo terrestre (Terra)	jordklode (m)	['ju:r‚klɔdə]
planeta (m)	planet (m)	[pla'net]
atmosfera (f)	atmosfære (m)	[atmʊ'sfærə]
geografia (f)	geografi (m)	[geʊgra'fi]
natureza (f)	natur (m)	[na'tʉr]
globo (mapa esférico)	globus (m)	['glɔbʉs]
mapa (m)	kart (n)	['ka:ţ]
atlas (m)	atlas (n)	['atlas]
Europa (f)	Europa	[ɛʉ'rʊpa]
Ásia (f)	Asia	['asia]
África (f)	Afrika	['afrika]
Austrália (f)	Australia	[aʉ'stralia]
América (f)	Amerika	[a'merika]
América (f) do Norte	Nord-Amerika	['nʊ:r a'merika]
América (f) do Sul	Sør-Amerika	['sør a'merika]
Antártida (f)	Antarktis	[an'tarktis]
Ártico (m)	Arktis	['arktis]

197. Pontos cardeais

norte (m)	nord (n)	['nuːr]
para norte	mot nord	[mut 'nuːr]
no norte	i nord	[i 'nuːr]
do norte (adj)	nordlig	['nuːrli]
sul (m)	syd, sør	['syd], ['sør]
para sul	mot sør	[mut 'sør]
no sul	i sør	[i 'sør]
do sul (adj)	sydlig, sørlig	['sydli], ['søːʟi]
oeste, ocidente (m)	vest (m)	['vɛst]
para oeste	mot vest	[mut 'vɛst]
no oeste	i vest	[i 'vɛst]
ocidental (adj)	vestlig, vest-	['vɛstli]
leste, oriente (m)	øst (m)	['øst]
para leste	mot øst	[mut 'øst]
no leste	i øst	[i 'øst]
oriental (adj)	østlig	['østli]

198. Mar. Oceano

mar (m)	hav (n)	['hɑv]
oceano (m)	verdenshav (n)	[værdəns'hɑv]
golfo (m)	bukt (m/f)	['bʉkt]
estreito (m)	sund (n)	['sʉn]
terra (f) firme	fastland (n)	['fɑstˌlɑn]
continente (m)	fastland, kontinent (n)	['fɑstˌlɑn], [kʉnti'nɛnt]
ilha (f)	øy (m/f)	['øj]
península (f)	halvøy (m/f)	['hɑlˌøːj]
arquipélago (m)	skjærgård (m), arkipelag (n)	['ʂæɾˌgoɾ], [arkipe'lɑg]
baía (f)	bukt (m/f)	['bʉkt]
porto (m)	havn (m/f)	['hɑvn]
lagoa (f)	lagune (m)	[lɑ'gʉnə]
cabo (m)	nes (n), kapp (n)	['nes], ['kɑp]
atol (m)	atoll (m)	[ɑ'tɔl]
recife (m)	rev (n)	['rev]
coral (m)	korall (m)	[kʉ'rɑl]
recife (m) de coral	korallrev (n)	[kʉ'rɑlˌrɛv]
profundo (adj)	dyp	['dyp]
profundidade (f)	dybde (m)	['dʏbdə]
abismo (m)	avgrunn (m)	['ɑvˌgrʉn]
fossa (f) oceânica	dyphavsgrop (m/f)	['dyphɑfsˌgrɔp]
corrente (f)	strøm (m)	['strøm]
banhar (vt)	å omgi	[ɔ 'ɔmˌji]
litoral (m)	kyst (m)	['çyst]

costa (f)	kyst (m)	['çyst]
maré (f) alta	flo (m/f)	['flʉ]
refluxo (m)	ebbe (m), fjære (m/f)	['ɛbə], ['fjærə]
restinga (f)	sandbanke (m)	['san‚bankə]
fundo (m)	bunn (m)	['bʉn]

onda (f)	bølge (m)	['bølgə]
crista (f) da onda	bølgekam (m)	['bølgə‚kam]
espuma (f)	skum (n)	['skʉm]

tempestade (f)	storm (m)	['stɔrm]
furacão (m)	orkan (m)	[ɔr'kan]
tsunami (m)	tsunami (m)	[tsʉ'nami]
calmaria (f)	stille (m/f)	['stilə]
calmo (adj)	stille	['stilə]

| polo (m) | pol (m) | ['pʉl] |
| polar (adj) | pol-, polar | ['pʉl-], [pʉ'lar] |

latitude (f)	bredde, latitude (m)	['brɛdə], ['lati‚tʉdə]
longitude (f)	lengde (m/f)	['leŋdə]
paralela (f)	breddegrad (m)	['brɛdə‚grad]
equador (m)	ekvator (m)	[ɛ'kvatʉr]

céu (m)	himmel (m)	['himəl]
horizonte (m)	horisont (m)	[hʉri'sɔnt]
ar (m)	luft (f)	['lʉft]

farol (m)	fyr (n)	['fyr]
mergulhar (vi)	å dykke	[ɔ 'dʏkə]
afundar-se (vr)	å synke	[ɔ 'sʏnkə]
tesouros (m pl)	skatter (m pl)	['skatər]

199. Nomes de Mares e Oceanos

Oceano (m) Atlântico	Atlanterhavet	[at'lantər‚have]
Oceano (m) Índico	Indiahavet	['india‚have]
Oceano (m) Pacífico	Stillehavet	['stilə‚have]
Oceano (m) Ártico	Polhavet	['pɔl‚have]

Mar (m) Negro	Svartehavet	['sva:ʈə‚have]
Mar (m) Vermelho	Rødehavet	['rødə‚have]
Mar (m) Amarelo	Gulehavet	['gʉlə‚have]
Mar (m) Branco	Kvitsjøen, Hvitehavet	['kvit‚ʂø:n], ['vit‚have]

Mar (m) Cáspio	Kaspihavet	['kaspi‚have]
Mar (m) Morto	Dødehavet	['dødə'have]
Mar (m) Mediterrâneo	Middelhavet	['midəl‚have]

| Mar (m) Egeu | Egeerhavet | [ɛ'ge:ər‚have] |
| Mar (m) Adriático | Adriahavet | ['adria‚have] |

| Mar (m) Arábico | Arabiahavet | [a'rabia‚have] |
| Mar (m) do Japão | Japanhavet | ['japan‚have] |

Mar (m) de Bering	**Beringhavet**	['beriŋˌhavе]
Mar (m) da China Meridional	**Sør-Kina-havet**	['sørˌçina 'havе]

Mar (m) de Coral	**Korallhavet**	[kʊ'ralˌhavе]
Mar (m) de Tasman	**Tasmanhavet**	[tas'manˌhavе]
Mar (m) do Caribe	**Karibhavet**	[ka'ribˌhavе]

Mar (m) de Barents	**Barentshavet**	['barɛnsˌhavе]
Mar (m) de Kara	**Karahavet**	['karaˌhavе]

Mar (m) do Norte	**Nordsjøen**	['nʊːrˌşøːn]
Mar (m) Báltico	**Østersjøen**	['østəˌşøːn]
Mar (m) da Noruega	**Norskehavet**	['nɔşkəˌhavе]

200. Montanhas

montanha (f)	**fjell** (n)	['fjɛl]
cordilheira (f)	**fjellkjede** (m)	['fjɛlˌçɛːdə]
serra (f)	**fjellrygg** (m)	['fjɛlˌrʏg]

cume (m)	**topp** (m)	['tɔp]
pico (m)	**tind** (m)	['tin]
pé (m)	**fot** (m)	['fʊt]
declive (m)	**skråning** (m)	['skrɔniŋ]

vulcão (m)	**vulkan** (m)	[vʉl'kan]
vulcão (m) ativo	**virksom vulkan** (m)	['virksɔm vʉl'kan]
vulcão (m) extinto	**utslukt vulkan** (m)	['ʉtˌşlʉkt vʉl'kan]

erupção (f)	**utbrudd** (n)	['ʉtˌbrʉd]
cratera (f)	**krater** (n)	['kratər]
magma (m)	**magma** (m/n)	['magma]
lava (f)	**lava** (f)	['lava]
fundido (lava ~a)	**glødende**	['glødenə]

cânion, desfiladeiro (m)	**canyon** (m)	['kanjən]
garganta (f)	**gjel** (n), **kløft** (m)	['jel], ['klœft]
fenda (f)	**renne** (m/f)	['rɛnə]
precipício (m)	**avgrunn** (m)	['avˌgrʉn]

passo, colo (m)	**pass** (n)	['pas]
planalto (m)	**platå** (n)	[pla'to]
falésia (f)	**klippe** (m)	['klipə]
colina (f)	**ås** (m)	['ɔs]

geleira (f)	**bre, jøkel** (m)	['bre], ['jøkəl]
cachoeira (f)	**foss** (m)	['fɔs]
gêiser (m)	**geysir** (m)	['gɛjsir]
lago (m)	**innsjø** (m)	['in'şø]

planície (f)	**slette** (m/f)	['şletə]
paisagem (f)	**landskap** (n)	['lanˌskap]
eco (m)	**ekko** (n)	['ɛkʊ]
alpinista (m)	**alpinist** (m)	[alpi'nist]

escalador (m)	fjellklatrer (m)	['fjɛlˌklɑtrər]
conquistar (vt)	å erobre	[ɔ ɛ'rʉbrə]
subida, escalada (f)	bestigning (m/f)	[be'stigniŋ]

201. Nomes de montanhas

Alpes (m pl)	**Alpene**	['ɑlpenə]
Monte Branco (m)	**Mont Blanc**	[ˌmɔn'blɑn]
Pirineus (m pl)	**Pyreneene**	[pyre'ne:ənə]
Cárpatos (m pl)	**Karpatene**	[kɑr'pɑtenə]
Urais (m pl)	**Uralfjellene**	[ʉ'rɑl ˌfjɛlenə]
Cáucaso (m)	**Kaukasus**	['kaʉkɑsʉs]
Elbrus (m)	**Elbrus**	[ɛl'brʉs]
Altai (m)	**Altaj**	[ɑl'tɑj]
Tian Shan (m)	**Tien Shan**	[ti'enˌʂɑn]
Pamir (m)	**Pamir**	[pɑ'mir]
Himalaia (m)	**Himalaya**	[himɑ'lɑjɑ]
monte Everest (m)	**Everest**	['ɛve'rɛst]
Cordilheira (f) dos Andes	**Andes**	['ɑndəs]
Kilimanjaro (m)	**Kilimanjaro**	[kilimɑn'dʂɑrʉ]

202. Rios

rio (m)	**elv** (m/f)	['ɛlv]
fonte, nascente (f)	**kilde** (m)	['çildə]
leito (m) de rio	**elveleie** (n)	['ɛlvəˌlæje]
bacia (f)	**flodbasseng** (n)	['flʉd bɑˌseŋ]
desaguar no …	**å munne ut …**	[ɔ 'mʉnə ʉt …]
afluente (m)	**bielv** (m/f)	['biˌelv]
margem (do rio)	**bredd** (m)	['brɛd]
corrente (f)	**strøm** (m)	['strøm]
rio abaixo	**medstrøms**	['meˌstrøms]
rio acima	**motstrøms**	['mʉtˌstrøms]
inundação (f)	**oversvømmelse** (m)	['ɔvəˌsvœmelsə]
cheia (f)	**flom** (m)	['flɔm]
transbordar (vi)	**å overflø**	[ɔ 'ɔverˌflø]
inundar (vt)	**å oversvømme**	[ɔ 'ɔveˌsvœmə]
banco (m) de areia	**grunne** (m/f)	['grʉnə]
corredeira (f)	**stryk** (m/n)	['stryk]
barragem (f)	**demning** (m)	['dɛmniŋ]
canal (m)	**kanal** (m)	[kɑ'nɑl]
reservatório (m) de água	**reservoar** (n)	[resɛrvʉ'ɑr]
eclusa (f)	**sluse** (m)	['ʂlʉsə]
corpo (m) de água	**vannmasse** (m)	['vɑnˌmɑsə]

pântano (m)	myr, sump (m)	['myr], ['sʉmp]
lamaçal (m)	hengemyr (m)	['hɛŋəˌmyr]
redemoinho (m)	virvel (m)	['virvəl]

riacho (m)	bekk (m)	['bɛk]
potável (adj)	drikke-	['drikə-]
doce (água)	fersk-	['fæʂk-]

gelo (m)	is (m)	['is]
congelar-se (vr)	å fryse til	[ɔ 'frysə til]

203. Nomes de rios

rio Sena (m)	Seine	['sɛːn]
rio Loire (m)	Loire	[luˈɑːr]

rio Tâmisa (m)	Themsen	['tɛmsən]
rio Reno (m)	Rhinen	['riːnən]
rio Danúbio (m)	Donau	['dɔnaʊ]

rio Volga (m)	Volga	['vɔlgɑ]
rio Don (m)	Don	['dɔn]
rio Lena (m)	Lena	['lenɑ]

rio Amarelo (m)	Huang He	[ˌhwɑnˈhɛ]
rio Yangtzé (m)	Yangtze	['jaŋtse]
rio Mekong (m)	Mekong	[meˈkɔŋ]
rio Ganges (m)	Ganges	['gɑŋes]

rio Nilo (m)	Nilen	['nilən]
rio Congo (m)	Kongo	['kɔŋgʊ]
rio Cubango (m)	Okavango	[ʊkɑ'vɑngʊ]
rio Zambeze (m)	Zambezi	[sɑm'besi]
rio Limpopo (m)	Limpopo	[limpɔ'pɔ]
rio Mississippi (m)	Mississippi	['misi'sipi]

204. Floresta

floresta (f), bosque (m)	skog (m)	['skʊg]
florestal (adj)	skog-	['skʊg-]

mata (f) fechada	tett skog (n)	['tɛt ˌskʊg]
arvoredo (m)	lund (m)	['lʉn]
clareira (f)	glenne (m/f)	['glenə]

matagal (m)	krattskog (m)	['krɑtˌskʊg]
mato (m), caatinga (f)	kratt (n)	['krɑt]

pequena trilha (f)	sti (m)	['sti]
ravina (f)	ravine (m)	[rɑ'vinə]
árvore (f)	tre (n)	['trɛ]
folha (f)	blad (n)	['blɑ]

folhagem (f)	løv (n)	['løv]
queda (f) das folhas	løvfall (n)	['løv,fal]
cair (vi)	å falle	[ɔ 'falə]
topo (m)	tretopp (m)	['trɛ,tɔp]

ramo (m)	kvist, gren (m)	['kvist], ['gren]
galho (m)	gren, grein (m/f)	['gren], ['græjn]
botão (m)	knopp (m)	['knɔp]
agulha (f)	nål (m/f)	['nɔl]
pinha (f)	kongle (m/f)	['kuŋlə]

buraco (m) de árvore	trehull (n)	['trɛ,hʉl]
ninho (m)	reir (n)	['ræjr]
toca (f)	hule (m/f)	['hʉlə]

tronco (m)	stamme (m)	['stamə]
raiz (f)	rot (m/f)	['rʊt]
casca (f) de árvore	bark (m)	['bɑrk]
musgo (m)	mose (m)	['mʊsə]

arrancar pela raiz	å rykke opp med roten	[ɔ 'rʏkə ɔp me 'rutən]
cortar (vt)	å felle	[ɔ 'fɛlə]
desflorestar (vt)	å hogge ned	[ɔ 'hɔgə 'ne]
toco, cepo (m)	stubbe (m)	['stʉbə]

fogueira (f)	bål (n)	['bɔl]
incêndio (m) florestal	skogbrann (m)	['skʊg,brɑn]
apagar (vt)	å slokke	[ɔ 'ʂløkə]

guarda-parque (m)	skogvokter (m)	['skʊg,vɔktər]
proteção (f)	vern (n), beskyttelse (m)	['væːn], ['be'ʂytəlsə]
proteger (a natureza)	å beskytte	[ɔ be'ʂytə]
caçador (m) furtivo	tyvskytter (m)	['tyf,ʂytər]
armadilha (f)	saks (m/f)	['sɑks]

| colher (cogumelos, bagas) | å plukke | [ɔ 'plʉkə] |
| perder-se (vr) | å gå seg vill | [ɔ 'gɔ sæj 'vil] |

205. Recursos naturais

recursos (m pl) naturais	naturressurser (m pl)	[nɑ'tʉr rɛ'sʉʂər]
minerais (m pl)	mineraler (n pl)	[mine'rɑlər]
depósitos (m pl)	forekomster (m pl)	['fɔrə,kɔmstər]
jazida (f)	felt (m)	['fɛlt]

extrair (vt)	å utvinne	[ɔ 'ʉt,vinə]
extração (f)	utvinning (m/f)	['ʉt,viniŋ]
minério (m)	malm (m)	['mɑlm]
mina (f)	gruve (m/f)	['grʉvə]
poço (m) de mina	gruvesjakt (m/f)	['grʉvə,ʂɑkt]
mineiro (m)	gruvearbeider (m)	['grʉvə'ɑr,bæjdər]

| gás (m) | gass (m) | ['gɑs] |
| gasoduto (m) | gassledning (m) | ['gɑs,ledniŋ] |

petróleo (m)	olje (m)	['ɔljə]
oleoduto (m)	oljeledning (m)	['ɔljə‚ledniŋ]
poço (m) de petróleo	oljebrønn (m)	['ɔljə‚brœn]
torre (f) petrolífera	boretårn (n)	['boːrə‚tɔːŋ]
petroleiro (m)	tankskip (n)	['tɑnk‚ʂip]

areia (f)	sand (m)	['sɑn]
calcário (m)	kalkstein (m)	['kɑlk‚stæjn]
cascalho (m)	grus (m)	['grʉs]
turfa (f)	torv (m/f)	['tɔrv]
argila (f)	leir (n)	['læjr]
carvão (m)	kull (n)	['kʉl]

ferro (m)	jern (n)	['jæːŋ]
ouro (m)	gull (n)	['gʉl]
prata (f)	sølv (n)	['søl]
níquel (m)	nikkel (m)	['nikəl]
cobre (m)	kobber (n)	['kɔbər]

zinco (m)	sink (m/n)	['sink]
manganês (m)	mangan (m/n)	[mɑ'ŋɑn]
mercúrio (m)	kvikksølv (n)	['kvik‚søl]
chumbo (m)	bly (n)	['bly]

mineral (m)	mineral (n)	[minə'rɑl]
cristal (m)	krystall (m/n)	[kry'stɑl]
mármore (m)	marmor (m/n)	['mɑrmʉr]
urânio (m)	uran (m/n)	[ʉ'rɑn]

A Terra. Parte 2

206. Tempo

tempo (m)	vær (n)	['vær]
previsão (f) do tempo	værvarsel (n)	['vær͵vaşəl]
temperatura (f)	temperatur (m)	[tɛmpəra'tʉr]
termômetro (m)	termometer (n)	[tɛrmʊ'metər]
barômetro (m)	barometer (n)	[barʊ'metər]
úmido (adj)	fuktig	['fʉkti]
umidade (f)	fuktighet (m)	['fʉkti͵het]
calor (m)	hete (m)	['he:tə]
tórrido (adj)	het	['het]
está muito calor	det er hett	[de ær 'het]
está calor	det er varmt	[de ær 'varmt]
quente (morno)	varm	['varm]
está frio	det er kaldt	[de ær 'kalt]
frio (adj)	kald	['kal]
sol (m)	sol (m/f)	['sʊl]
brilhar (vi)	å skinne	[ɔ 'şinə]
de sol, ensolarado	solrik	['sʊl͵rik]
nascer (vi)	å gå opp	[ɔ 'gɔ ɔp]
pôr-se (vr)	å gå ned	[ɔ 'gɔ ne]
nuvem (f)	sky (m)	['şy]
nublado (adj)	skyet	['şy:ət]
nuvem (f) preta	regnsky (m/f)	['ræjn͵şy]
escuro, cinzento (adj)	mørk	['mœrk]
chuva (f)	regn (n)	['ræjn]
está a chover	det regner	[de 'ræjnər]
chuvoso (adj)	regnværs-	['ræjn͵væş-]
chuviscar (vi)	å småregne	[ɔ 'smo:ræjnə]
chuva (f) torrencial	piskende regn (n)	['piskenə ͵ræjn]
aguaceiro (m)	styrtregn (n)	['sty:t͵ræjn]
forte (chuva, etc.)	kraftig, sterk	['krafti], ['stærk]
poça (f)	vannpytt (m)	['van͵pʏt]
molhar-se (vr)	å bli våt	[ɔ 'bli 'vɔt]
nevoeiro (m)	tåke (m/f)	['to:kə]
de nevoeiro	tåke	['to:kə]
neve (f)	snø (m)	['snø]
está nevando	det snør	[de 'snør]

207. Tempo extremo. Catástrofes naturais

trovoada (f)	tordenvær (n)	['tʊrdən͵vær]
relâmpago (m)	lyn (n)	['lyn]
relampejar (vi)	å glimte	[ɔ 'glimtə]
trovão (m)	torden (m)	['tʊrdən]
trovejar (vi)	å tordne	[ɔ 'tʊrdnə]
está trovejando	det tordner	[de 'tʊrdnər]
granizo (m)	hagle (m/f)	['haglə]
está caindo granizo	det hagler	[de 'haglər]
inundar (vt)	å oversvømme	[ɔ 'ɔvə͵svœmə]
inundação (f)	oversvømmelse (m)	['ɔvə͵svœməlsə]
terremoto (m)	jordskjelv (n)	['juːr͵sɛlv]
abalo, tremor (m)	skjelv (n)	['sɛlv]
epicentro (m)	episenter (n)	[ɛpi'sɛntər]
erupção (f)	utbrudd (n)	['ʉt͵brʉd]
lava (f)	lava (m)	['lɑvɑ]
tornado (m)	skypumpe (m/f)	['sy͵pʉmpə]
tornado (m)	tornado (m)	[tʊː'nɑdʉ]
tufão (m)	tyfon (m)	[ty'fʊn]
furacão (m)	orkan (m)	[ɔr'kan]
tempestade (f)	storm (m)	['stɔrm]
tsunami (m)	tsunami (m)	[tsʉ'nami]
ciclone (m)	syklon (m)	[sy'klun]
mau tempo (m)	uvær (n)	['ʉː͵vær]
incêndio (m)	brann (m)	['bran]
catástrofe (f)	katastrofe (m)	[kata'strofə]
meteorito (m)	meteoritt (m)	[meteʉ'rit]
avalanche (f)	lavine (m)	[la'vinə]
deslizamento (m) de neve	snøskred, snøras (n)	['snø͵skred], ['snørɑs]
nevasca (f)	snøstorm (m)	['snø͵stɔrm]
tempestade (f) de neve	snøstorm (m)	['snø͵stɔrm]

208. Ruídos. Sons

silêncio (m)	stillhet (m/f)	['stil͵het]
som (m)	lyd (m)	['lyd]
ruído, barulho (m)	støy (m)	['støj]
fazer barulho	å støye	[ɔ 'støjə]
ruidoso, barulhento (adj)	støyende	['støjənə]
alto	høylytt	['højlʏt]
alto (ex. voz ~a)	høy	['høj]
constante (ruído, etc.)	konstant	[kʊn'stant]

grito (m)	skrik (n)	['skrik]
gritar (vi)	å skrike	[ɔ 'skrikə]
sussurro (m)	hvisking (m/f)	['viskiŋ]
sussurrar (vi, vt)	å hviske	[ɔ 'viskə]

latido (m)	gjøing (m/f)	['jøːiŋ]
latir (vi)	å gjø	[ɔ 'jø]

gemido (m)	stønn (n)	['stœn]
gemer (vi)	å stønne	[ɔ 'stœnə]
tosse (f)	hoste (m)	['hʊstə]
tossir (vi)	å hoste	[ɔ 'hʊstə]

assobio (m)	plystring (m/f)	['plʏstriŋ]
assobiar (vi)	å plystre	[ɔ 'plʏstrə]
batida (f)	knakk (m/n)	['knak]
bater (à porta)	å knakke	[ɔ 'knakə]

estalar (vi)	å knake	[ɔ 'knakə]
estalido (m)	knak (n)	['knak]

sirene (f)	sirene (m/f)	[si'renə]
apito (m)	fløyte (m/f)	['fløjtə]
apitar (vi)	å tute	[ɔ 'tʉtə]
buzina (f)	tut (n)	['tʉt]
buzinar (vi)	å tute	[ɔ 'tʉtə]

209. Inverno

inverno (m)	vinter (m)	['vintər]
de inverno	vinter-	['vintər-]
no inverno	om vinteren	[ɔm 'vinterən]

neve (f)	snø (m)	['snø]
está nevando	det snør	[de 'snør]
queda (f) de neve	snøfall (n)	['snø,fal]
amontoado (m) de neve	snødrive (m/f)	['snø,drive]

floco (m) de neve	snøfnugg (n)	['snø,fnʉg]
bola (f) de neve	snøball (m)	['snø,bal]
boneco (m) de neve	snømann (m)	['snø,man]
sincelo (m)	istapp (m)	['is,tap]

dezembro (m)	desember (m)	[de'sɛmbər]
janeiro (m)	januar (m)	['janʉ,ar]
fevereiro (m)	februar (m)	['febrʉ,ar]

gelo (m)	frost (m/f)	['frɔst]
gelado (tempo ~)	frost	['frɔst]

abaixo de zero	under null	['ʉnər nʉl]
primeira geada (f)	lett frost (m)	['let 'frɔst]
geada (f) branca	rimfrost (m)	['rim,frɔst]
frio (m)	kulde (m/f)	['kʉlə]

está frio	**det er kaldt**	[de ær 'kɑlt]
casaco (m) de pele	**pels** (m), **pelskåpe** (m/f)	['pɛls], ['pɛls͵koːpə]
mitenes (f pl)	**votter** (m pl)	['vɔtər]
adoecer (vi)	**å bli syk**	[ɔ 'bli 'syk]
resfriado (m)	**forkjølelse** (m)	[fɔr'çœləlsə]
ficar resfriado	**å forkjøle seg**	[ɔ fɔr'çœlə sæj]
gelo (m)	**is** (m)	['is]
gelo (m) na estrada	**islag** (n)	['is͵lɑg]
congelar-se (vr)	**å fryse til**	[ɔ 'frysə til]
bloco (m) de gelo	**isflak** (n)	['is͵flɑk]
esqui (m)	**ski** (m/f pl)	['şi]
esquiador (m)	**skigåer** (m)	['şi͵goər]
esquiar (vi)	**å gå på ski**	[ɔ 'gɔ pɔ 'şi]
patinar (vi)	**å gå på skøyter**	[ɔ 'gɔ pɔ 'şøjtər]

Fauna

210. Mamíferos. Predadores

predador (m)	rovdyr (n)	['rɔv‚dyr]
tigre (m)	tiger (m)	['tigər]
leão (m)	løve (m/f)	['løve]
lobo (m)	ulv (m)	['ʉlv]
raposa (f)	rev (m)	['rev]
jaguar (m)	jaguar (m)	[jagʉ'ar]
leopardo (m)	leopard (m)	[leʉ'pard]
chita (f)	gepard (m)	[ge'pard]
pantera (f)	panter (m)	['pantər]
puma (m)	puma (m)	['pʉma]
leopardo-das-neves (m)	snøleopard (m)	['snø leʉ'pard]
lince (m)	gaupe (m/f)	['gaʉpe]
coiote (m)	coyote, prærieulv (m)	[kɔ'jote], ['præri‚ʉlv]
chacal (m)	sjakal (m)	[ʂa'kal]
hiena (f)	hyene (m)	[hy'ene]

211. Animais selvagens

animal (m)	dyr (n)	['dyr]
besta (f)	best, udyr (n)	['bɛst], ['ʉ‚dyr]
esquilo (m)	ekorn (n)	['ɛkʉːn]
ouriço (m)	pinnsvin (n)	['pin‚svin]
lebre (f)	hare (m)	['harə]
coelho (m)	kanin (m)	[ka'nin]
texugo (m)	grevling (m)	['grɛvliŋ]
guaxinim (m)	vaskebjørn (m)	['vaske‚bjœːn]
hamster (m)	hamster (m)	['hamstər]
marmota (f)	murmeldyr (n)	['mʉrmel‚dyr]
toupeira (f)	muldvarp (m)	['mʉl‚varp]
rato (m)	mus (m/f)	['mʉs]
ratazana (f)	rotte (m/f)	['rɔtə]
morcego (m)	flaggermus (m/f)	['flagər‚mʉs]
arminho (m)	røyskatt (m)	['røjskat]
zibelina (f)	sobel (m)	['sʉbəl]
marta (f)	mår (m)	['mɔr]
doninha (f)	snømus (m/f)	['snø‚mʉs]
visom (m)	mink (m)	['mink]

castor (m)	bever (m)	['bevər]
lontra (f)	oter (m)	['ʊtər]
cavalo (m)	hest (m)	['hɛst]
alce (m)	elg (m)	['ɛlg]
veado (m)	hjort (m)	['jɔːt]
camelo (m)	kamel (m)	[ka'mel]
bisão (m)	bison (m)	['bisɔn]
auroque (m)	urokse (m)	['ʉrˌʊksə]
búfalo (m)	bøffel (m)	['bøfəl]
zebra (f)	sebra (m)	['sebra]
antílope (m)	antilope (m)	[anti'lʊpə]
corça (f)	rådyr (n)	['rɔˌdyr]
gamo (m)	dåhjort, dådyr (n)	['dɔˌjɔːt], ['dɔˌdyr]
camurça (f)	gemse (m)	['gɛmsə]
javali (m)	villsvin (n)	['vilˌsvin]
baleia (f)	hval (m)	['val]
foca (f)	sel (m)	['sel]
morsa (f)	hvalross (m)	['valˌrɔs]
urso-marinho (m)	pelssel (m)	['pɛlsˌsel]
golfinho (m)	delfin (m)	[dɛl'fin]
urso (m)	bjørn (m)	['bjœːɳ]
urso (m) polar	isbjørn (m)	['isˌbjœːɳ]
panda (m)	panda (m)	['panda]
macaco (m)	ape (m/f)	['ape]
chimpanzé (m)	sjimpanse (m)	[ʂim'pansə]
orangotango (m)	orangutang (m)	[ʊ'raŋgʉˌtaŋ]
gorila (m)	gorilla (m)	[gɔ'rila]
macaco (m)	makak (m)	[ma'kak]
gibão (m)	gibbon (m)	['gibʊn]
elefante (m)	elefant (m)	[ɛle'fant]
rinoceronte (m)	neshorn (n)	['nesˌhuːɳ]
girafa (f)	sjiraff (m)	[ʂi'raf]
hipopótamo (m)	flodhest (m)	['flʊdˌhɛst]
canguru (m)	kenguru (m)	['kɛŋgʉrʉ]
coala (m)	koala (m)	[kʊ'ala]
mangusto (m)	mangust, mungo (m)	[maŋ'gʉst], ['mʉŋgu]
chinchila (f)	chinchilla (m)	[ʂin'ʂila]
cangambá (f)	skunk (m)	['skunk]
porco-espinho (m)	hulepinnsvin (n)	['hʉləˌpinnsvin]

212. Animais domésticos

gata (f)	katt (m)	['kat]
gato (m) macho	hannkatt (m)	['hanˌkat]
cão (m)	hund (m)	['hʉn]

cavalo (m)	hest (m)	['hɛst]
garanhão (m)	hingst (m)	['hiŋst]
égua (f)	hoppe, merr (m/f)	['hɔpə], ['mɛr]
vaca (f)	ku (f)	['kʉ]
touro (m)	tyr (m)	['tyr]
boi (m)	okse (m)	['ɔksə]
ovelha (f)	sau (m)	['saʉ]
carneiro (m)	vær, saubukk (m)	['vær], ['saʉˌbʉk]
cabra (f)	geit (m/f)	['jæjt]
bode (m)	geitebukk (m)	['jæjtəˌbʉk]
burro (m)	esel (n)	['ɛsəl]
mula (f)	muldyr (n)	['mʉlˌdyr]
porco (m)	svin (n)	['svin]
leitão (m)	gris (m)	['gris]
coelho (m)	kanin (m)	[ka'nin]
galinha (f)	høne (m/f)	['hønə]
galo (m)	hane (m)	['hanə]
pata (f), pato (m)	and (m/f)	['an]
pato (m)	andrik (m)	['andrik]
ganso (m)	gås (m/f)	['gɔs]
peru (m)	kalkunhane (m)	[kal'kʉnˌhanə]
perua (f)	kalkunhøne (m/f)	[kal'kʉnˌhønə]
animais (m pl) domésticos	husdyr (n pl)	['hʉsˌdyr]
domesticado (adj)	tam	['tam]
domesticar (vt)	å temme	[ɔ 'tɛmə]
criar (vt)	å avle, å oppdrette	[ɔ 'avlə], [ɔ 'ɔpˌdrɛtə]
fazenda (f)	farm, gård (m)	['farm], ['gɔːr]
aves (f pl) domésticas	fjærfe (n)	['fjærˌfɛ]
gado (m)	kveg (n)	['kvɛg]
rebanho (m), manada (f)	flokk, bøling (m)	['flɔk], ['bøliŋ]
estábulo (m)	stall (m)	['stal]
chiqueiro (m)	grisehus (n)	['grisəˌhʉs]
estábulo (m)	kufjøs (m/n)	['kuˌfjøs]
coelheira (f)	kaninbur (n)	[ka'ninˌbʉr]
galinheiro (m)	hønsehus (n)	['hønsəˌhʉs]

213. Cães. Raças de cães

cão (m)	hund (m)	['hʉn]
cão pastor (m)	fårehund (m)	['foːrəˌhʉn]
pastor-alemão (m)	schäferhund (m)	['ʂɛfærˌhʉn]
poodle (m)	puddel (m)	['pʉdəl]
linguicinha (m)	dachshund (m)	['daʂˌhʉn]
buldogue (m)	bulldogg (m)	['bʉlˌdɔg]

boxer (m)	bokser (m)	['bɔksər]
mastim (m)	mastiff (m)	[mɑs'tif]
rottweiler (m)	rottweiler (m)	['rɔt‚væjlər]
dóberman (m)	dobermann (m)	['dɔbermɑn]

basset (m)	basset (m)	['basɛt]
pastor inglês (m)	bobtail (m)	['bɔbtɛjl]
dálmata (m)	dalmatiner (m)	[dalmɑ'tinər]
cocker spaniel (m)	cocker spaniel (m)	['kɔker ‚spaniəl]

| terra-nova (m) | newfoundlandshund (m) | [njʉ'fawnd‚ lənds 'hʉn] |
| são-bernardo (m) | sankt bernhardshund (m) | [‚sankt 'bɛ:ŋads‚hʉn] |

husky (m) siberiano	husky (m)	['hɑski]
Chow-chow (m)	chihuahua (m)	[tʂi'vɑvɑ]
spitz alemão (m)	spisshund (m)	['spis‚hʉn]
pug (m)	mops (m)	['mɔps]

214. Sons produzidos pelos animais

latido (m)	gjøing (m/f)	['jø:iŋ]
latir (vi)	å gjø	[ɔ 'jø]
miar (vi)	å mjaue	[ɔ 'mjaʊe]
ronronar (vi)	å spinne	[ɔ 'spinə]

mugir (vaca)	å raute	[ɔ 'raʊtə]
bramir (touro)	å belje, å brøle	[ɔ 'belje], [ɔ 'brøle]
rosnar (vi)	å knurre	[ɔ 'knʉrə]

uivo (m)	hyl (n)	['hyl]
uivar (vi)	å hyle	[ɔ 'hylə]
ganir (vi)	å klynke	[ɔ 'klʏnkə]

balir (vi)	å breke	[ɔ 'brekə]
grunhir (vi)	å grynte	[ɔ 'grʏntə]
guinchar (vi)	å hvine	[ɔ 'vinə]

coaxar (sapo)	å kvekke	[ɔ 'kvɛkə]
zumbir (inseto)	å surre	[ɔ 'sʉrə]
ziziar (vi)	å gnisse	[ɔ 'gnisə]

215. Animais jovens

cria (f), filhote (m)	unge (m)	['ʉŋə]
gatinho (m)	kattunge (m)	['kat‚ʉŋə]
ratinho (m)	museunge (m)	['mʉsə‚ʉŋə]
cachorro (m)	valp (m)	['valp]

filhote (m) de lebre	hareunge (m)	['harə‚ʉŋə]
coelhinho (m)	kaninunge (m)	[kɑ'nin‚ʉŋə]
lobinho (m)	ulvunge (m)	['ʉlv‚ʉŋə]
filhote (m) de raposa	revevalp (m)	['revə‚valp]

filhote (m) de urso	bjørnunge (m)	['bjœːn̩ˌʉŋə]
filhote (m) de leão	løveunge (m)	['løvəˌʉŋə]
filhote (m) de tigre	tigerunge (m)	['tigərˌʉŋə]
filhote (m) de elefante	elefantunge (m)	[ɛle'fantˌʉŋə]

leitão (m)	gris (m)	['gris]
bezerro (m)	kalv (m)	['kalv]
cabrito (m)	kje (n), geitekilling (m)	['çe], ['jæjtəˌçiliŋ]
cordeiro (m)	lam (n)	['lam]
filhote (m) de veado	hjortekalv (m)	['jɔːtəˌkalv]
cria (f) de camelo	kamelunge (m)	[ka'melˌʉŋə]

| filhote (m) de serpente | slangeyngel (m) | ['ṣlaŋəˌyŋəl] |
| filhote (m) de rã | froskeunge (m) | ['frɔskəˌʉŋə] |

cria (f) de ave	fugleunge (m)	['fʉləˌʉŋə]
pinto (m)	kylling (m)	['çyliŋ]
patinho (m)	andunge (m)	['anˌʉŋə]

216. Pássaros

pássaro (m), ave (f)	fugl (m)	['fʉl]
pombo (m)	due (m/f)	['dʉə]
pardal (m)	spurv (m)	['spʉrv]
chapim-real (m)	kjøttmeis (m/f)	['çœtˌmæjs]
pega-rabuda (f)	skjære (m/f)	['ṣærə]

corvo (m)	ravn (m)	['ravn]
gralha-cinzenta (f)	kråke (m)	['kroːkə]
gralha-de-nuca-cinzenta (f)	kaie (m/f)	['kajə]
gralha-calva (f)	kornkråke (m/f)	['kʊːn̩ˌkroːkə]

pato (m)	and (m/f)	['an]
ganso (m)	gås (m/f)	['gɔs]
faisão (m)	fasan (m)	[fa'san]

águia (f)	ørn (m/f)	['œːn̩]
açor (m)	hauk (m)	['haʊk]
falcão (m)	falk (m)	['falk]
abutre (m)	gribb (m)	['grib]
condor (m)	kondor (m)	[kʊn'dʊr]

cisne (m)	svane (m/f)	['svanə]
grou (m)	trane (m/f)	['tranə]
cegonha (f)	stork (m)	['stɔrk]

papagaio (m)	papegøye (m)	[pape'gøjə]
beija-flor (m)	kolibri (m)	[kʊ'libri]
pavão (m)	påfugl (m)	['pɔˌfʉl]

avestruz (m)	struts (m)	['strʉts]
garça (f)	hegre (m)	['hæjrə]
flamingo (m)	flamingo (m)	[fla'mingʊ]
pelicano (m)	pelikan (m)	[peli'kan]

rouxinol (m)	**nattergal** (m)	['nɑtər,gɑl]
andorinha (f)	**svale** (m/f)	['svɑlə]

tordo-zornal (m)	**trost** (m)	['trʊst]
tordo-músico (m)	**måltrost** (m)	['moːl,trʊst]
melro-preto (m)	**svarttrost** (m)	['svɑː,trʊst]

andorinhão (m)	**tårnseiler** (m), **tårnsvale** (m/f)	['tɔːn̩,sæjlə], ['tɔːn̩svɑlə]
cotovia (f)	**lerke** (m/f)	['lærkə]
codorna (f)	**vaktel** (m)	['vɑktəl]

pica-pau (m)	**hakkespett** (m)	['hɑkə,spɛt]
cuco (m)	**gjøk, gauk** (m)	['jøk], ['gaʊk]
coruja (f)	**ugle** (m/f)	['ʉglə]
bufo-real (m)	**hubro** (m)	['hʉbrʊ]
tetraz-grande (m)	**storfugl** (m)	['stʊr,fʉl]
tetraz-lira (m)	**orrfugl** (m)	['ɔr,fʉl]
perdiz-cinzenta (f)	**rapphøne** (m/f)	['rɑp,hønə]

estorninho (m)	**stær** (m)	['stær]
canário (m)	**kanarifugl** (m)	[kɑ'nɑri,fʉl]
galinha-do-mato (f)	**jerpe** (m/f)	['jærpə]
tentilhão (m)	**bokfink** (m)	['bʊk,fink]
dom-fafe (m)	**dompap** (m)	['dʊmpɑp]

gaivota (f)	**måke** (m/f)	['moːkə]
albatroz (m)	**albatross** (m)	['ɑlbɑ,trɔs]
pinguim (m)	**pingvin** (m)	[piŋ'vin]

217. Pássaros. Canto e sons

cantar (vi)	**å synge**	[ɔ 'sʏŋə]
gritar, chamar (vi)	**å skrike**	[ɔ 'skrikə]
cantar (o galo)	**å gale**	[ɔ 'gɑlə]
cocorocó (m)	**kykeliky**	[kykəli'kyː]

cacarejar (vi)	**å kakle**	[ɔ 'kɑklə]
crocitar (vi)	**å krae**	[ɔ 'krɑə]
grasnar (vi)	**å snadre, å rappe**	[ɔ 'snɑdrə], [ɔ 'rɑpə]
piar (vi)	**å pipe**	[ɔ 'pipə]
chilrear, gorjear (vi)	**å kvitre**	[ɔ 'kvitrə]

218. Peixes. Animais marinhos

brema (f)	**brasme** (m/f)	['brɑsmə]
carpa (f)	**karpe** (m)	['kɑrpə]
perca (f)	**åbor** (m)	['obɔr]
siluro (m)	**malle** (m)	['mɑlə]
lúcio (m)	**gjedde** (m/f)	['jɛdə]

salmão (m)	**laks** (m)	['lɑks]
esturjão (m)	**stør** (m)	['stør]

arenque (m)	sild (m/f)	['sil]
salmão (m) do Atlântico	atlanterhavslaks (m)	[at'lantərhafs,laks]
cavala, sarda (f)	makrell (m)	[ma'krɛl]
solha (f), linguado (m)	rødspette (m/f)	['rø,spɛtə]

lúcio perca (m)	gjørs (m)	['jø:ʂ]
bacalhau (m)	torsk (m)	['toʂk]
atum (m)	tunfisk (m)	['tʉn,fisk]
truta (f)	ørret (m)	['øret]

enguia (f)	ål (m)	['ɔl]
raia (f) elétrica	elektrisk rokke (m/f)	[ɛ'lektrisk ,rɔkə]
moreia (f)	murene (m)	[mʉ'rɛnə]
piranha (f)	piraja (m)	[pi'raja]

tubarão (m)	hai (m)	['haj]
golfinho (m)	delfin (m)	[dɛl'fin]
baleia (f)	hval (m)	['val]

caranguejo (m)	krabbe (m)	['krabə]
água-viva (f)	manet (m/f), meduse (m)	['manet], [me'dʉsə]
polvo (m)	blekksprut (m)	['blek,sprʉt]

estrela-do-mar (f)	sjøstjerne (m/f)	['ʂø,stjæ:ɳə]
ouriço-do-mar (m)	sjøpinnsvin (n)	['ʂø:'pin,svin]
cavalo-marinho (m)	sjøhest (m)	['ʂø,hɛst]

ostra (f)	østers (m)	['østəʂ]
camarão (m)	reke (m/f)	['rekə]
lagosta (f)	hummer (m)	['hʉmər]
lagosta (f)	langust (m)	[laŋ'gʉst]

219. Anfíbios. Répteis

cobra (f)	slange (m)	['ʂlaŋə]
venenoso (adj)	giftig	['jifti]

víbora (f)	hoggorm, huggorm (m)	['hʉg,ɔrm], ['hʉg,ɔrm]
naja (f)	kobra (m)	['kʉbra]
píton (m)	pyton (m)	['pytɔn]
jiboia (f)	boaslange (m)	['bɔa,ʂlaŋə]

cobra-de-água (f)	snok (m)	['snʉk]
cascavel (f)	klapperslange (m)	['klapə,ʂlaŋə]
anaconda (f)	anakonda (m)	[ana'kɔnda]

lagarto (m)	øgle (m/f)	['øglə]
iguana (f)	iguan (m)	[igʉ'an]
varano (m)	varan (n)	[va'ran]
salamandra (f)	salamander (m)	[sala'mandər]
camaleão (m)	kameleon (m)	[kaməle'ʉn]
escorpião (m)	skorpion (m)	[skɔrpi'ʉn]
tartaruga (f)	skilpadde (m/f)	['ʂil,padə]
rã (f)	frosk (m)	['frɔsk]

sapo (m)	padde (m/f)	['pɑdə]
crocodilo (m)	krokodille (m)	[krʊkəˈdilə]

220. Insetos

inseto (m)	insekt (n)	['insɛkt]
borboleta (f)	sommerfugl (m)	['sɔmərˌfʉl]
formiga (f)	maur (m)	['maʊr]
mosca (f)	flue (m/f)	['flʉə]
mosquito (m)	mygg (m)	['mʏg]
escaravelho (m)	bille (m)	['bilə]

vespa (f)	veps (m)	['vɛps]
abelha (f)	bie (m/f)	['biə]
mamangaba (f)	humle (m/f)	['hʉmlə]
moscardo (m)	brems (m)	['brɛms]

aranha (f)	edderkopp (m)	['ɛdərˌkɔp]
teia (f) de aranha	edderkoppnett (n)	['ɛdərkɔpˌnɛt]

libélula (f)	øyenstikker (m)	['øjənˌstikər]
gafanhoto (m)	gresshoppe (m/f)	['grɛsˌhɔpə]
traça (f)	nattsvermer (m)	['natˌsværmər]

barata (f)	kakerlakk (m)	[kɑkəˈlɑk]
carrapato (m)	flått, midd (m)	['flɔt], ['mid]
pulga (f)	loppe (f)	['lɔpə]
borrachudo (m)	knott (m)	['knɔt]

gafanhoto (m)	vandgresshoppe (m/f)	['vɑn 'grɛsˌhɔpə]
caracol (m)	snegl (m)	['snæjl]
grilo (m)	siriss (m)	['siˌris]
pirilampo, vaga-lume (m)	ildflue (m/f), lysbille (m)	['ilˌflʉə], ['lysˌbilə]
joaninha (f)	marihøne (m/f)	['mariˌhønə]
besouro (m)	oldenborre (f)	['ɔldənˌbɔrə]

sanguessuga (f)	igle (m/f)	['iglə]
lagarta (f)	sommerfugllarve (m/f)	['sɔmərfʉlˌlarvə]
minhoca (f)	meitemark (m)	['mæjtəˌmɑrk]
larva (f)	larve (m/f)	['lɑrvə]

221. Animais. Partes do corpo

bico (m)	nebb (n)	['nɛb]
asas (f pl)	vinger (m pl)	['viŋər]
pata (f)	fot (m)	['fʊt]
plumagem (f)	fjærdrakt (m/f)	['fjærˌdrɑkt]
pena, pluma (f)	fjær (m/f)	['fjær]
crista (f)	fjærtopp (m)	['fjæːˌtɔp]

brânquias, guelras (f pl)	gjeller (m/f pl)	['jɛlər]
ovas (f pl)	rogn (m/f)	['rɔŋn]

larva (f)	**larve** (m/f)	['lɑrvə]
barbatana (f)	**finne** (m)	['finə]
escama (f)	**skjell** (n)	['ʂɛl]

presa (f)	**hoggtann** (m/f)	['hɔgˌtan]
pata (f)	**pote** (m)	['poːtə]
focinho (m)	**snute** (m/f)	['snʉtə]
boca (f)	**kjeft** (m)	['çɛft]
cauda (f), rabo (m)	**hale** (m)	['hɑlə]
bigodes (m pl)	**værhår** (n)	['værˌhɔr]

casco (m)	**klov, hov** (m)	['klɔv], ['hɔv]
corno (m)	**horn** (n)	['hʊːɳ]

carapaça (f)	**ryggskjold** (n)	['rʏgˌʂɔl]
concha (f)	**skall** (n)	['skɑl]
casca (f) de ovo	**eggeskall** (n)	['ɛgəˌskɑl]

pelo (m)	**pels** (m)	['pɛls]
pele (f), couro (m)	**skinn** (n)	['ʂin]

222. Ações dos animais

voar (vi)	**å fly**	[ɔ 'fly]
dar voltas	**å kretse**	[ɔ 'krɛtsə]

voar (para longe)	**å fly bort**	[ɔ 'fly ˌbʊːʈ]
bater as asas	**å flakse**	[ɔ 'flɑksə]

bicar (vi)	**å pikke**	[ɔ 'pikə]
incubar (vt)	**å ruge på eggene**	[ɔ 'rʉgə pɔ 'ɛgenə]

sair do ovo	**å klekkes**	[ɔ 'klekəs]
fazer o ninho	**å bygge reir**	[ɔ 'bʏgə 'ræir]

rastejar (vi)	**å krype**	[ɔ 'krypə]
picar (vt)	**å stikke**	[ɔ 'stikə]
morder (cachorro, etc.)	**å bite**	[ɔ 'bitə]

cheirar (vt)	**å snuse**	[ɔ 'snʉsə]
latir (vi)	**å gjø**	[ɔ 'jø]
silvar (vi)	**å hvese**	[ɔ 'vesə]

assustar (vt)	**å skremme**	[ɔ 'skrɛmə]
atacar (vt)	**å overfalle**	[ɔ 'ɔvərˌfalə]

roer (vt)	**å gnage**	[ɔ 'gnɑgə]
arranhar (vt)	**å klore**	[ɔ 'klɔrə]
esconder-se (vr)	**å gjemme seg**	[ɔ 'jɛmə sæj]

brincar (vi)	**å leke**	[ɔ 'lekə]
caçar (vi)	**å jage**	[ɔ 'jɑgə]
hibernar (vi)	**å ligge i dvale**	[ɔ 'ligə i 'dvɑlə]
extinguir-se (vr)	**å dø ut**	[ɔ 'dø ʉt]

223. Animais. Habitats

hábitat (m)	**habitat** (n)	[habi'tat]
migração (f)	**migrasjon** (m)	[migra'ʂʉn]
montanha (f)	**fjell** (n)	['fjɛl]
recife (m)	**rev** (n)	['rev]
falésia (f)	**klippe** (m)	['klipə]
floresta (f)	**skog** (m)	['skʊg]
selva (f)	**jungel** (m)	['jʉŋəl]
savana (f)	**savanne** (m)	[sa'vanə]
tundra (f)	**tundra** (m)	['tʉndra]
estepe (f)	**steppe** (m)	['stɛpə]
deserto (m)	**ørken** (m)	['œrkən]
oásis (m)	**oase** (m)	[ʊ'asə]
mar (m)	**hav** (n)	['hav]
lago (m)	**innsjø** (m)	['in'ʂø]
oceano (m)	**verdenshav** (n)	[værdəns'hav]
pântano (m)	**myr** (m/f)	['myr]
de água doce	**ferskvanns-**	['fæʂkˌvans-]
lagoa (f)	**dam** (m)	['dam]
rio (m)	**elv** (m/f)	['ɛlv]
toca (f) do urso	**hi** (n)	['hi]
ninho (m)	**reir** (n)	['ræjr]
buraco (m) de árvore	**trehull** (n)	['treˌhʉl]
toca (f)	**hule** (m/f)	['hʉlə]
formigueiro (m)	**maurtue** (m/f)	['maʊːˌtʉə]

224. Cuidados com os animais

jardim (m) zoológico	**zoo, dyrepark** (m)	['sʊː], [dyrə'park]
reserva (f) natural	**naturreservat** (n)	[na'tʉr resɛr'vat]
viveiro (m)	**oppdretter** (m)	['ɔpˌdrɛtər]
jaula (f) de ar livre	**voliere** (m)	[vɔ'ljer]
jaula, gaiola (f)	**bur** (n)	['bʉr]
casinha (f) de cachorro	**kennel** (m)	['kɛnəl]
pombal (m)	**duehus** (n)	['dʉəˌhʉs]
aquário (m)	**akvarium** (n)	[a'kvarium]
delfinário (m)	**delfinarium** (n)	[dɛlfi'narium]
criar (vt)	**å avle, å oppdrette**	[ɔ 'avlə], [ɔ 'ɔpˌdrɛtə]
cria (f)	**avkom** (n)	['avˌkɔm]
domesticar (vt)	**å temme**	[ɔ 'tɛmə]
adestrar (vt)	**å dressere**	[ɔ drɛ'serə]
ração (f)	**fôr** (n)	['fʉr]
alimentar (vt)	**å utfore**	[ɔ 'ʉtˌforə]

loja (f) de animais	dyrebutikk (m)	['dyrəbʉ'tik]
focinheira (m)	munnkurv (m)	['mʉnˌkʉrv]
coleira (f)	halsbånd (n)	['halsˌbɔn]
nome (do animal)	navn (n)	['navn]
pedigree (m)	stamtavle (m/f)	['stamˌtavlə]

225. Animais. Diversos

alcateia (f)	flokk (m)	['flɔk]
bando (pássaros)	flokk (m)	['flɔk]
cardume (peixes)	stim (m/n)	['stim]
manada (cavalos)	flokk (m)	['flɔk]

| macho (m) | hann (m) | ['han] |
| fêmea (f) | hunn (m) | ['hʉn] |

faminto (adj)	sulten	['sʉltən]
selvagem (adj)	vill	['vil]
perigoso (adj)	farlig	['faːˌli]

226. Cavalos

| cavalo (m) | hest (m) | ['hɛst] |
| raça (f) | rase (m) | ['rasə] |

| potro (m) | føll (n) | ['føl] |
| égua (f) | hoppe, merr (m/f) | ['hɔpə], ['mɛr] |

mustangue (m)	mustang (m)	['mʉstaŋ]
pônei (m)	ponni (m)	['pɔni]
cavalo (m) de tiro	kaldblodshest (m)	['kalblʉdsˌhɛst]

| crina (f) | man (m/f) | ['man] |
| rabo (m) | hale (m) | ['halə] |

casco (m)	hov (m)	['hɔv]
ferradura (f)	hestesko (m)	['hɛstəˌskʉ]
ferrar (vt)	å sko	[ɔ 'skʉː]
ferreiro (m)	smed, hovslager (m)	['sme], ['hɔfsˌlagər]

sela (f)	sal (m)	['sal]
estribo (m)	stigbøyle (m)	['stigˌbøjlə]
brida (f)	bissel (n)	['bisəl]
rédeas (f pl)	tømmer (m pl)	['tœmər]
chicote (m)	pisk (m)	['pisk]

cavaleiro (m)	rytter (m)	['rʏtər]
colocar sela	å sale	[ɔ 'salə]
montar no cavalo	å stige opp på hesten	[ɔ 'stiːə ɔp pɔ 'hɛstən]

| galope (m) | galopp (m) | [ga'lɔp] |
| galopar (vi) | å galoppere | [ɔ galo'perə] |

trote (m)	**trav** (n)	['trɑv]
a trote	**i trav**	[i 'trɑv]
ir a trote	**å trave**	[ɔ 'trɑvə]
cavalo (m) de corrida	**veddeløpshest** (m)	['vɛdeˌløps hɛst]
corridas (f pl)	**hesteveddeløp** (n)	['hɛstə 'vedeˌløp]
estábulo (m)	**stall** (m)	['stɑl]
alimentar (vt)	**å utfore**	[ɔ 'ʉtˌforə]
feno (m)	**høy** (n)	['høj]
dar água	**å vanne**	[ɔ 'vɑnə]
limpar (vt)	**å børste**	[ɔ 'bøʂtə]
carroça (f)	**hestevogn** (m/f)	['hɛstəˌvɔŋn]
pastar (vi)	**å beite**	[ɔ 'bæjtə]
relinchar (vi)	**å vrinske, å knegge**	[ɔ 'vrinskə], [ɔ 'knɛgə]
dar um coice	**å sparke bakut**	[ɔ 'spɑrkə 'bɑkˌʉt]

Flora

227. Árvores

árvore (f)	tre (n)	['trɛ]
decídua (adj)	løv-	['løv-]
conífera (adj)	bar-	['bɑr-]
perene (adj)	eviggrønt	['ɛviˌɡrœnt]
macieira (f)	epletre (n)	['ɛpləˌtrɛ]
pereira (f)	pæretre (n)	['pæːrəˌtrɛ]
cerejeira (f)	morelltre (n)	[mʊ'rɛlˌtrɛ]
ginjeira (f)	kirsebærtre (n)	['çiʂəbæːrˌtrɛ]
ameixeira (f)	plommetre (n)	['plʊməˌtrɛ]
bétula (f)	bjørk (f)	['bjœrk]
carvalho (m)	eik (f)	['æjk]
tília (f)	lind (m/f)	['lin]
choupo-tremedor (m)	osp (m/f)	['ɔsp]
bordo (m)	lønn (m/f)	['lœn]
espruce (m)	gran (m/f)	['ɡran]
pinheiro (m)	furu (m/f)	['fʉrʉ]
alerce, lariço (m)	lerk (m)	['lærk]
abeto (m)	edelgran (m/f)	['ɛdəlˌɡran]
cedro (m)	seder (m)	['sedər]
choupo, álamo (m)	poppel (m)	['pɔpəl]
tramazeira (f)	rogn (m/f)	['rɔŋn]
salgueiro (m)	pil (m/f)	['pil]
amieiro (m)	or, older (m/f)	['ʊr], ['ɔldər]
faia (f)	bøk (m)	['bøk]
ulmeiro, olmo (m)	alm (m)	['alm]
freixo (m/f)	ask (m/f)	['ask]
castanheiro (m)	kastanjetre (n)	[ka'stanjeˌtrɛ]
magnólia (f)	magnolia (m)	[maŋ'nʉlia]
palmeira (f)	palme (m)	['palmə]
cipreste (m)	sypress (m)	[sʏ'prɛs]
mangue (m)	mangrove (m)	[maŋ'ɡrʊvə]
embondeiro, baobá (m)	apebrødtre (n)	['apebrøˌtrɛ]
eucalipto (m)	eukalyptus (m)	[ɛvka'lyptʉs]
sequoia (f)	sequoia (m)	['sekˌvɔja]

228. Arbustos

arbusto (m)	busk (m)	['bʉsk]
arbusto (m), moita (f)	busk (m)	['bʉsk]

videira (f)	vinranke (m)	['vin‚rankə]
vinhedo (m)	vinmark (m/f)	['vin‚mark]

framboeseira (f)	bringebærbusk (m)	['briŋə‚bær busk]
groselheira-negra (f)	solbærbusk (m)	['sulbær‚busk]
groselheira-vermelha (f)	ripsbusk (m)	['rips‚busk]
groselheira (f) espinhosa	stikkelsbærbusk (m)	['stikəlsbær‚busk]

acácia (f)	akasie (m)	[a'kasiə]
bérberis (f)	berberis (m)	['bærberis]
jasmim (m)	sjasmin (m)	[şas'min]

junípero (m)	einer (m)	['æjnər]
roseira (f)	rosenbusk (m)	['rusən‚busk]
roseira (f) brava	steinnype (m/f)	['stæjn‚nypə]

229. Cogumelos

cogumelo (m)	sopp (m)	['sɔp]
cogumelo (m) comestível	spiselig sopp (m)	['spisəli ‚sɔp]
cogumelo (m) venenoso	giftig sopp (m)	['jifti ‚sɔp]
chapéu (m)	hatt (m)	['hat]
pé, caule (m)	stilk (m)	['stilk]

boleto, porcino (m)	steinsopp (m)	['stæjn‚sɔp]
boleto (m) alaranjado	rødskrubb (m/n)	['rø‚skrub]
boleto (m) de bétula	brunskrubb (m/n)	['brun‚skrub]
cantarelo (m)	kantarell (m)	[kanta'rel]
rússula (f)	kremle (m/f)	['krɛmlə]

morchella (f)	morkel (m)	['mɔrkəl]
agário-das-moscas (m)	fluesopp (m)	['fluə‚sɔp]
cicuta (f) verde	grønn fluesopp (m)	['grœn 'fluə‚sɔp]

230. Frutos. Bagas

fruta (f)	frukt (m/f)	['frukt]
frutas (f pl)	frukter (m/f pl)	['fruktər]
maçã (f)	eple (n)	['ɛplə]
pera (f)	pære (m/f)	['pærə]
ameixa (f)	plomme (m/f)	['plumə]

morango (m)	jordbær (n)	['ju:r‚bær]
ginja (f)	kirsebær (n)	['çişə‚bær]
cereja (f)	morell (m)	[mu'rɛl]
uva (f)	drue (m)	['druə]

framboesa (f)	bringebær (n)	['briŋə‚bær]
groselha (f) negra	solbær (n)	['sul‚bær]
groselha (f) vermelha	rips (m)	['rips]
groselha (f) espinhosa	stikkelsbær (n)	['stikəls‚bær]
oxicoco (m)	tranebær (n)	['tranə‚bær]

laranja (f)	appelsin (m)	[apel'sin]
tangerina (f)	mandarin (m)	[manda'rin]
abacaxi (m)	ananas (m)	['ananas]
banana (f)	banan (m)	[ba'nan]
tâmara (f)	daddel (m)	['dadəl]

limão (m)	sitron (m)	[si'trʊn]
damasco (m)	aprikos (m)	[apri'kʊs]
pêssego (m)	fersken (m)	['fæʂkən]
quiuí (m)	kiwi (m)	['kivi]
toranja (f)	grapefrukt (m/f)	['grɛjp‚frʉkt]

baga (f)	bær (n)	['bær]
bagas (f pl)	bær (n pl)	['bær]
arando (m) vermelho	tyttebær (n)	['tʏtə‚bær]
morango-silvestre (m)	markjordbær (n)	['mark juːr‚bær]
mirtilo (m)	blåbær (n)	['blɔ‚bær]

231. Flores. Plantas

flor (f)	blomst (m)	['blɔmst]
buquê (m) de flores	bukett (m)	[bʉ'kɛt]

rosa (f)	rose (m/f)	['rʊsə]
tulipa (f)	tulipan (m)	[tʉli'pan]
cravo (m)	nellik (m)	['nɛlik]
gladíolo (m)	gladiolus (m)	[gladi'ɔlʉs]

centáurea (f)	kornblomst (m)	['kʊːn‚blɔmst]
campainha (f)	blåklokke (m/f)	['blɔ‚klɔkə]
dente-de-leão (m)	løvetann (m/f)	['løvə‚tan]
camomila (f)	kamille (m)	[ka'milə]

aloé (m)	aloe (m)	['alʊe]
cacto (m)	kaktus (m)	['kaktʉs]
fícus (m)	gummiplante (m/f)	['gʉmi‚plantə]

lírio (m)	lilje (m)	['liljə]
gerânio (m)	geranium (m)	[ge'ranium]
jacinto (m)	hyasint (m)	[hia'sint]

mimosa (f)	mimose (m/f)	[mi'mɔsə]
narciso (m)	narsiss (m)	[na'ʂis]
capuchinha (f)	blomkarse (m)	['blɔm‚kaʂə]

orquídea (f)	orkidé (m)	[ɔrki'de]
peônia (f)	peon, pion (m)	[pe'ʊn], [pi'ʊn]
violeta (f)	fiol (m)	[fi'ʊl]

amor-perfeito (m)	stemorsblomst (m)	['stemʊʂ‚blɔmst]
não-me-esqueças (m)	forglemmegei (m)	['fɔr'gleməˌjæj]
margarida (f)	tusenfryd (m)	['tʉsən‚fryd]
papoula (f)	valmue (m)	['valmʉe]
cânhamo (m)	hamp (m)	['hamp]

hortelã, menta (f)	mynte (m/f)	['mʏntə]
lírio-do-vale (m)	liljekonvall (m)	['liljə kɔn'val]
campânula-branca (f)	snøklokke (m/f)	['snøˌklɔkə]

urtiga (f)	nesle (m/f)	['nɛslə]
azedinha (f)	syre (m/f)	['syrə]
nenúfar (m)	nøkkerose (m/f)	['nøkəˌrʉse]
samambaia (f)	bregne (m/f)	['brɛjnə]
líquen (m)	lav (m/n)	['lav]

estufa (f)	drivhus (n)	['drivˌhʉs]
gramado (m)	gressplen (m)	['grɛsˌplen]
canteiro (m) de flores	blomsterbed (n)	['blɔmstərˌbed]

planta (f)	plante (m/f), vekst (m)	['plantə], ['vɛkst]
grama (f)	gras (n)	['gras]
folha (f) de grama	grasstrå (n)	['grasˌstrɔ]

folha (f)	blad (n)	['bla]
pétala (f)	kronblad (n)	['krɔnˌbla]
talo (m)	stilk (m)	['stilk]
tubérculo (m)	rotknoll (m)	['rʊtˌknɔl]

| broto, rebento (m) | spire (m/f) | ['spirə] |
| espinho (m) | torn (m) | ['tʉːn] |

florescer (vi)	å blomstre	[ɔ 'blɔmstrə]
murchar (vi)	å visne	[ɔ 'visnə]
cheiro (m)	lukt (m/f)	['lʉkt]
cortar (flores)	å skjære av	[ɔ 'ʂæːrə aː]
colher (uma flor)	å plukke	[ɔ 'plʉkə]

232. Cereais, grãos

grão (m)	korn (n)	['kʉːɳ]
cereais (plantas)	cerealer (n pl)	[sere'alər]
espiga (f)	aks (n)	['aks]

trigo (m)	hvete (m)	['vetə]
centeio (m)	rug (m)	['rʉg]
aveia (f)	havre (m)	['havrə]

| painço (m) | hirse (m) | ['hiʂə] |
| cevada (f) | bygg (m/n) | ['bʏg] |

milho (m)	mais (m)	['mais]
arroz (m)	ris (m)	['ris]
trigo-sarraceno (m)	bokhvete (m)	['bʉkˌvetə]

ervilha (f)	ert (m/f)	['æːt]
feijão (m) roxo	bønne (m/f)	['bœnə]
soja (f)	soya (m)	['sɔja]
lentilha (f)	linse (m/f)	['linsə]
feijão (m)	bønner (m/f pl)	['bœnər]

233. Vegetais. Verduras

vegetais (m pl)	**grønnsaker** (m pl)	['grœn,sakər]
verdura (f)	**grønnsaker** (m pl)	['grœn,sakər]
tomate (m)	**tomat** (m)	[tʊ'mat]
pepino (m)	**agurk** (m)	[a'gɵrk]
cenoura (f)	**gulrot** (m/f)	['gɵl,rʊt]
batata (f)	**potet** (m/f)	[pʊ'tet]
cebola (f)	**løk** (m)	['løk]
alho (m)	**hvitløk** (m)	['vit,løk]
couve (f)	**kål** (m)	['kɔl]
couve-flor (f)	**blomkål** (m)	['blɔm,kɔl]
couve-de-bruxelas (f)	**rosenkål** (m)	['rʊsən,kɔl]
brócolis (m pl)	**brokkoli** (m)	['brɔkɔli]
beterraba (f)	**rødbete** (m/f)	['rø,betə]
berinjela (f)	**aubergine** (m)	[ɔbɛr'ʂin]
abobrinha (f)	**squash** (m)	['skvɔʂ]
abóbora (f)	**gresskar** (n)	['grɛskɑr]
nabo (m)	**nepe** (m/f)	['nepə]
salsa (f)	**persille** (m/f)	[pæ'ʂilə]
endro, aneto (m)	**dill** (m)	['dil]
alface (f)	**salat** (m)	[sɑ'lat]
aipo (m)	**selleri** (m/n)	[sɛle,ri]
aspargo (m)	**asparges** (m)	[a'sparʂəs]
espinafre (m)	**spinat** (m)	[spi'nat]
ervilha (f)	**erter** (m pl)	['æːtər]
feijão (~ soja, etc.)	**bønner** (m/f pl)	['bœnər]
milho (m)	**mais** (m)	['mais]
feijão (m) roxo	**bønne** (m/f)	['bœnə]
pimentão (m)	**pepper** (m)	['pɛpər]
rabanete (m)	**reddik** (m)	['rɛdik]
alcachofra (f)	**artisjokk** (m)	[,ɑːʈi'ʂɔk]

GEOGRAFIA REGIONAL

Países. Nacionalidades

Europa (f)	Europa	[ɛʉ'rʊpɑ]
União (f) Europeia	Den Europeiske Union	[den ɛʉrʊ'pɛiskə ʉni'ɔn]
europeu (m)	europeer (m)	[ɛʉrʊ'peər]
europeu (adj)	europeisk	[ɛʉrʊ'pɛisk]
Áustria (f)	Østerrike	['østə,rikə]
austríaco (m)	østerriker (m)	['østə,rikər]
austríaca (f)	østerriksk kvinne (m/f)	['østə,riksk ,kvinə]
austríaco (adj)	østerriksk	['østə,riksk]
Grã-Bretanha (f)	Storbritannia	['stʊr bri,tɑniɑ]
Inglaterra (f)	England	['ɛŋlɑn]
inglês (m)	brite (m)	['britə]
inglesa (f)	brite (m)	['britə]
inglês (adj)	engelsk, britisk	['ɛŋelsk], ['britisk]
Bélgica (f)	Belgia	['bɛlgiɑ]
belga (m)	belgier (m)	['bɛlgiər]
belga (f)	belgisk kvinne (m/f)	['bɛlgisk ,kvinə]
belga (adj)	belgisk	['bɛlgisk]
Alemanha (f)	Tyskland	['tʏsklɑn]
alemão (m)	tysker (m)	['tʏskər]
alemã (f)	tysk kvinne (m/f)	['tʏsk ,kvinə]
alemão (adj)	tysk	['tʏsk]
Países Baixos (m pl)	Nederland	['nedə,[ɑn]
Holanda (f)	Holland	['hɔlɑn]
holandês (m)	hollender (m)	['hɔ,lendər]
holandesa (f)	hollandsk kvinne (m/f)	['hɔ,lɑnsk ,kvinə]
holandês (adj)	hollandsk	['hɔ,lɑnsk]
Grécia (f)	Hellas	['hɛlɑs]
grego (m)	greker (m)	['grekər]
grega (f)	gresk kvinne (m/f)	['grɛsk ,kvinə]
grego (adj)	gresk	['grɛsk]
Dinamarca (f)	Danmark	['dɑnmɑrk]
dinamarquês (m)	danske (m)	['dɑnskə]
dinamarquesa (f)	dansk kvinne (m/f)	['dɑnsk ,kvinə]
dinamarquês (adj)	dansk	['dɑnsk]
Irlanda (f)	Irland	['irlɑn]
irlandês (m)	irlender, irlending (m)	['ir,lenər], ['ir,leniŋ]

irlandesa (f)	**irsk kvinne** (m/f)	['iːʂk ˌkvinə]
irlandês (adj)	**irsk**	['iːʂk]
Islândia (f)	**Island**	['islɑn]
islandês (m)	**islending** (m)	['isˌleniŋ]
islandesa (f)	**islandsk kvinne** (m/f)	['isˌlɑnsk ˌkvinə]
islandês (adj)	**islandsk**	['isˌlɑnsk]
Espanha (f)	**Spania**	['spɑniɑ]
espanhol (m)	**spanier** (m)	['spɑniər]
espanhola (f)	**spansk kvinne** (m/f)	['spɑnsk ˌkvinə]
espanhol (adj)	**spansk**	['spɑnsk]
Itália (f)	**Italia**	[i'tɑliɑ]
italiano (m)	**italiener** (m)	[itɑ'ljɛnər]
italiana (f)	**italiensk kvinne** (m/f)	[itɑ'ljɛnsk ˌkvinə]
italiano (adj)	**italiensk**	[itɑ'ljɛnsk]
Chipre (m)	**Kypros**	['kyprʊs]
cipriota (m)	**kypriot** (m)	[kypri'ʊt]
cipriota (f)	**kypriotisk kvinne** (m/f)	[kypri'ʊtisk ˌkvinə]
cipriota (adj)	**kypriotisk**	[kypri'ʊtisk]
Malta (f)	**Malta**	['mɑltɑ]
maltês (m)	**malteser** (m)	[mɑl'tesər]
maltesa (f)	**maltesisk kvinne** (m/f)	[mɑl'tesisk ˌkvinə]
maltês (adj)	**maltesisk**	[mɑl'tesisk]
Noruega (f)	**Norge**	['nɔrgə]
norueguês (m)	**nordmann** (m)	['nuːrmɑn]
norueguesa (f)	**norsk kvinne** (m/f)	['nɔʂk ˌkvinə]
norueguês (adj)	**norsk**	['nɔʂk]
Portugal (m)	**Portugal**	[pɔːʈʉ'gɑl]
português (m)	**portugiser** (m)	[pɔːʈʉ'gisər]
portuguesa (f)	**portugisisk kvinne** (m/f)	[pɔːʈʉ'gisisk ˌkvinə]
português (adj)	**portugisisk**	[pɔːʈʉ'gisisk]
Finlândia (f)	**Finland**	['finlɑn]
finlandês (m)	**finne** (m)	['finə]
finlandesa (f)	**finsk kvinne** (m/f)	['finsk ˌkvinə]
finlandês (adj)	**finsk**	['finsk]
França (f)	**Frankrike**	['frɑnkrikə]
francês (m)	**franskmann** (m)	['frɑnskˌmɑn]
francesa (f)	**fransk kvinne** (m/f)	['frɑnsk ˌkvinə]
francês (adj)	**fransk**	['frɑnsk]
Suécia (f)	**Sverige**	['sværiə]
sueco (m)	**svenske** (m)	['svɛnskə]
sueca (f)	**svensk kvinne** (m/f)	['svɛnsk ˌkvinə]
sueco (adj)	**svensk**	['svɛnsk]
Suíça (f)	**Sveits**	['svæjts]
suíço (m)	**sveitser** (m)	['svæjtsər]
suíça (f)	**sveitsisk kvinne** (m/f)	['svæjtsisk ˌkvinə]

suíço (adj)	sveitsisk	['svæjtsisk]
Escócia (f)	Skottland	['skɔtlɑn]
escocês (m)	skotte (m)	['skɔtə]
escocesa (f)	skotsk kvinne (m/f)	['skɔtsk ˌkvinə]
escocês (adj)	skotsk	['skɔtsk]

Vaticano (m)	Vatikanet	['vɑtiˌkɑne]
Liechtenstein (m)	Liechtenstein	['lihtɛnʂtæjn]
Luxemburgo (m)	Luxembourg	['lʉksɛmˌbʉrg]
Mônaco (m)	Monaco	[mʉ'nɑkʉ]

235. Europa Central e de Leste

Albânia (f)	Albania	[ɑl'bɑniɑ]
albanês (m)	albaner (m)	[ɑl'bɑnər]
albanesa (f)	albansk kvinne (m)	[ɑl'bɑnsk ˌkvinə]
albanês (adj)	albansk	[ɑl'bɑnsk]

Bulgária (f)	Bulgaria	[bʉl'gɑriɑ]
búlgaro (m)	bulgarer (m)	[bʉl'gɑrər]
búlgara (f)	bulgarsk kvinne (m/f)	[bʉl'gɑʂk ˌkvinə]
búlgaro (adj)	bulgarsk	[bʉl'gɑʂk]

Hungria (f)	Ungarn	['ʉŋɑːɳ]
húngaro (m)	ungarer (m)	['ʉŋɑrər]
húngara (f)	ungarsk kvinne (m/f)	['ʉŋɑʂk ˌkvinə]
húngaro (adj)	ungarsk	['ʉŋɑʂk]

Letônia (f)	Latvia	['lɑtviɑ]
letão (m)	latvier (m)	['lɑtviər]
letã (f)	latvisk kvinne (m/f)	['lɑtvisk ˌkvinə]
letão (adj)	latvisk	['lɑtvisk]

Lituânia (f)	Litauen	['liˌtɑʋən]
lituano (m)	litauer (m)	['liˌtɑʋər]
lituana (f)	litauisk kvinne (m/f)	['liˌtɑʋisk ˌkvinə]
lituano (adj)	litauisk	['liˌtɑʋisk]

Polônia (f)	Polen	['pʉlen]
polonês (m)	polakk (m)	[pʉ'lɑk]
polonesa (f)	polsk kvinne (m/f)	['pʉlsk ˌkvinə]
polonês (adj)	polsk	['pʉlsk]

Romênia (f)	Romania	[rʉ'mɑniɑ]
romeno (m)	rumener (m)	[rʉ'menər]
romena (f)	rumensk kvinne (m/f)	[rʉ'mɛnsk ˌkvinə]
romeno (adj)	rumensk	[rʉ'mɛnsk]

Sérvia (f)	Serbia	['særbiɑ]
sérvio (m)	serber (m)	['særbər]
sérvia (f)	serbisk kvinne (m/f)	['særbisk ˌkvinə]
sérvio (adj)	serbisk	['særbisk]
Eslováquia (f)	Slovakia	[ʂlʉ'vɑkiɑ]
eslovaco (m)	slovak (m)	[ʂlʉ'vɑk]

| eslovaca (f) | slovakisk kvinne (m/f) | [ʂlʊ'vakisk ˌkvinə] |
| eslovaco (adj) | slovakisk | [ʂlʊ'vakisk] |

Croácia (f)	Kroatia	[krʊ'atia]
croata (m)	kroat (m)	[krʊ'at]
croata (f)	kroatisk kvinne (m/f)	[krʊ'atisk ˌkvinə]
croata (adj)	kroatisk	[krʊ'atisk]

República (f) Checa	Tsjekkia	['tʂɛkija]
checo (m)	tsjekker (m)	['tʂɛkər]
checa (f)	tsjekkisk kvinne (m/f)	['tʂɛkisk ˌkvinə]
checo (adj)	tsjekkisk	['tʂɛkisk]

Estônia (f)	Estland	['ɛstlan]
estônio (m)	estlender (m)	['ɛstˌlendər]
estônia (f)	estisk kvinne (m/f)	['ɛstisk ˌkvinə]
estônio (adj)	estisk	['ɛstisk]

Bósnia e Herzegovina (f)	Bosnia-Hercegovina	['bɔsnia hersegɔˌvina]
Macedônia (f)	Makedonia	[make'dɔnia]
Eslovênia (f)	Slovenia	[ʂlʊ'venia]
Montenegro (m)	Montenegro	['mɔntəˌnɛgrʊ]

236. Países da ex-URSS

Azerbaijão (m)	Aserbajdsjan	[aserbajd'ʂan]
azeri (m)	aserbajdsjaner (m)	[aserbajd'ʂanər]
azeri (f)	aserbajdsjansk kvinne (m)	[aserbajd'ʂansk ˌkvinə]
azeri, azerbaijano (adj)	aserbajdsjansk	[aserbajd'ʂansk]

Armênia (f)	Armenia	[ar'menia]
armênio (m)	armener (m)	[ar'menər]
armênia (f)	armensk kvinne (m)	[ar'mensk ˌkvinə]
armênio (adj)	armensk	[ar'mensk]

Belarus	Hviterussland	['vitəˌrʊslan]
bielorrusso (m)	hviterusser (m)	['vitəˌrʊsər]
bielorrussa (f)	hviterussisk kvinne (m/f)	['vitəˌrʊsisk ˌkvinə]
bielorrusso (adj)	hviterussisk	['vitəˌrʊsisk]

Geórgia (f)	Georgia	[ge'ɔrgia]
georgiano (m)	georgier (m)	[ge'ɔrgiər]
georgiana (f)	georgisk kvinne (m/f)	[ge'ɔrgisk ˌkvinə]
georgiano (adj)	georgisk	[ge'ɔrgisk]

Cazaquistão (m)	Kasakhstan	[ka'sakˌstan]
cazaque (m)	kasakh (m)	[ka'sak]
cazaque (f)	kasakhisk kvinne (m/f)	[ka'sakisk ˌkvinə]
cazaque (adj)	kasakhisk	[ka'sakisk]

Quirguistão (m)	Kirgisistan	[kir'gisiˌstan]
quirguiz (m)	kirgiser (m)	[kir'gisər]
quirguiz (f)	kirgisisk kvinne (m/f)	[kir'gisisk ˌkvinə]
quirguiz (adj)	kirgisisk	[kir'gisisk]

Moldávia (f)	Moldova	[mɔl'dɔva]
moldavo (m)	moldover (m)	[mɔl'dɔvər]
moldava (f)	moldovsk kvinne (m/f)	[mɔl'dɔvsk ˌkvinə]
moldavo (adj)	moldovsk	[mɔl'dɔvsk]

Rússia (f)	Russland	['rʉslan]
russo (m)	russer (m)	['rʉsər]
russa (f)	russisk kvinne (m/f)	['rʉsisk ˌkvinə]
russo (adj)	russisk	['rʉsisk]

Tajiquistão (m)	Tadsjikistan	[ta'dʂikiˌstan]
tajique (m)	tadsjik, tadsjiker (m)	[ta'dʂik], [ta'dʂikər]
tajique (f)	tadsjikisk kvinne (m/f)	[ta'dʂikisk ˌkvinə]
tajique (adj)	tadsjikisk	[ta'dʂikisk]

Turquemenistão (m)	Turkmenistan	[tʉrk'meniˌstan]
turcomeno (m)	turkmen (m)	[tʉrk'men]
turcomena (f)	turkmensk kvinne (m/f)	[tʉrk'mensk ˌkvinə]
turcomeno (adj)	turkmensk	[tʉrk'mensk]

Uzbequistão (f)	Usbekistan	[ʉs'bekiˌstan]
uzbeque (m)	usbek, usbeker (m)	[ʉs'bek], [ʉs'bekər]
uzbeque (f)	usbekisk kvinne (m/f)	[ʉs'bekisk ˌkvinə]
uzbeque (adj)	usbekisk	[ʉs'bekisk]

Ucrânia (f)	Ukraina	[ʉkra'ina]
ucraniano (m)	ukrainer (m)	[ʉkra'inər]
ucraniana (f)	ukrainsk kvinne (m/f)	[ʉkra'insk ˌkvinə]
ucraniano (adj)	ukrainsk	[ʉkra'insk]

237. Asia

| Ásia (f) | Asia | ['asia] |
| asiático (adj) | asiatisk | [asi'atisk] |

Vietnã (m)	Vietnam	['vjɛtnam]
vietnamita (m)	vietnameser (m)	[vjɛtna'mesər]
vietnamita (f)	vietnamesisk kvinne (m/f)	[vjɛtna'mesisk ˌkvinə]
vietnamita (adj)	vietnamesisk	[vjɛtna'mesisk]

Índia (f)	India	['india]
indiano (m)	inder (m)	['indər]
indiana (f)	indisk kvinne (m/f)	['indisk ˌkvinə]
indiano (adj)	indisk	['indisk]

Israel (m)	Israel	['israel]
israelense (m)	israeler (m)	[isra'elər]
israelita (f)	israelsk kvinne (m/f)	[isra'elsk ˌkvinə]
israelense (adj)	israelsk	[isra'elsk]

judeu (m)	jøde (m)	['jødə]
judia (f)	jødisk kvinne (m/f)	['jødisk ˌkvinə]
judeu (adj)	jødisk	['jødisk]
China (f)	Kina	['çina]

chinês (m)	kineser (m)	[çi'nesər]
chinesa (f)	kinesisk kvinne (m/f)	[çi'nesisk ˌkvinə]
chinês (adj)	kinesisk	[çi'nesisk]

coreano (m)	koreaner (m)	[kʊre'anər]
coreana (f)	koreansk kvinne (m/f)	[kʊre'ansk ˌkvinə]
coreano (adj)	koreansk	[kʊre'ansk]

Líbano (m)	Libanon	['libanɔn]
libanês (m)	libaneser (m)	[liba'nesər]
libanesa (f)	libanesisk kvinne (m/f)	[liba'nesisk ˌkvinə]
libanês (adj)	libanesisk	[liba'nesisk]

Mongólia (f)	Mongolia	[mʊŋ'gulia]
mongol (m)	mongol (m)	[mʊŋ'gul]
mongol (f)	mongolsk kvinne (m/f)	[mʊn'gɔlsk ˌkvinə]
mongol (adj)	mongolsk	[mʊn'gɔlsk]

Malásia (f)	Malaysia	[ma'lajsia]
malaio (m)	malayer (m)	[ma'lajər]
malaia (f)	malayisk kvinne (m/f)	[ma'lajisk ˌkvinə]
malaio (adj)	malayisk	[ma'lajisk]

Paquistão (m)	Pakistan	['pakiˌstan]
paquistanês (m)	pakistaner (m)	[paki'stanər]
paquistanesa (f)	pakistansk kvinne (m/f)	[paki'stansk ˌkvinə]
paquistanês (adj)	pakistansk	[paki'stansk]

Arábia (f) Saudita	Saudi-Arabia	['saʊdi a'rabia]
árabe (m)	araber (m)	[a'rabər]
árabe (f)	arabisk kvinne (m)	[a'rabisk ˌkvinə]
árabe (adj)	arabisk	[a'rabisk]

Tailândia (f)	Thailand	['tajlan]
tailandês (m)	thailender (m)	['tajlendər]
tailandesa (f)	thailandsk kvinne (m/f)	['tajlansk ˌkvinə]
tailandês (adj)	thailandsk	['tajlansk]

Taiwan (m)	Taiwan	['tajˌvan]
taiwanês (m)	taiwaner (m)	[taj'vanər]
taiwanesa (f)	taiwansk kvinne (m/f)	[taj'vansk ˌkvinə]
taiwanês (adj)	taiwansk	[taj'vansk]

Turquia (f)	Tyrkia	[tyrkia]
turco (m)	tyrker (m)	['tyrkər]
turca (f)	tyrkisk kvinne (m/f)	['tyrkisk ˌkvinə]
turco (adj)	tyrkisk	['tyrkisk]

Japão (m)	Japan	['japan]
japonês (m)	japaner (m)	[ja'panər]
japonesa (f)	japansk kvinne (m/f)	['japansk ˌkvinə]
japonês (adj)	japansk	['japansk]

Afeganistão (m)	Afghanistan	[af'ganiˌstan]
Bangladesh (m)	Bangladesh	[bangla'dɛs]
Indonésia (f)	Indonesia	[indʊ'nesia]

Jordânia (f)	Jordan	['jɔrdɑn]
Iraque (m)	Irak	['irɑk]
Irã (m)	Iran	['irɑn]
Camboja (f)	Kambodsja	[kɑm'bɔdʂɑ]
Kuwait (m)	Kuwait	['kʉvɑjt]

Laos (m)	Laos	['lɑɔs]
Birmânia (f)	Myanmar	['mjænmɑ]
Nepal (m)	Nepal	['nepɑl]
Emirados Árabes Unidos	Forente Arabiske Emiratene	[fɔ'rentə ɑ'rɑbiskə ɛmi'rɑtenə]

Síria (f)	Syria	['syriɑ]
Palestina (f)	Palestina	[pɑle'stinɑ]
Coreia (f) do Sul	Sør-Korea	['sør kʉ‚reɑ]
Coreia (f) do Norte	Nord-Korea	['nʉːr kʉ'rɛɑ]

238. América do Norte

Estados Unidos da América	Amerikas Forente Stater	[ɑ'merikɑs fɔ'rentə 'stɑtər]
americano (m)	amerikaner (m)	[ɑmeri'kɑnər]
americana (f)	amerikansk kvinne (m)	[ɑmeri'kɑnsk ‚kvinə]
americano (adj)	amerikansk	[ɑmeri'kɑnsk]

Canadá (m)	Canada	['kɑnɑdɑ]
canadense (m)	kanadier (m)	[kɑ'nɑdiər]
canadense (f)	kanadisk kvinne (m/f)	[kɑ'nɑdisk ‚kvinə]
canadense (adj)	kanadisk	[kɑ'nɑdisk]

México (m)	Mexico	['mɛksikʉ]
mexicano (m)	meksikaner (m)	[mɛksi'kɑnər]
mexicana (f)	meksikansk kvinne (m/f)	[mɛksi'kɑnsk ‚kvinə]
mexicano (adj)	meksikansk	[mɛksi'kɑnsk]

239. América Central do Sul

Argentina (f)	Argentina	[ɑrgɛn'tinɑ]
argentino (m)	argentiner (m)	[ɑrgɛn'tinər]
argentina (f)	argentinsk kvinne (m)	[ɑrgɛn'tinsk ‚kvinə]
argentino (adj)	argentinsk	[ɑrgɛn'tinsk]

Brasil (m)	Brasilia	[brɑ'siliɑ]
brasileiro (m)	brasilianer (m)	[brɑsili'ɑnər]
brasileira (f)	brasiliansk kvinne (m/f)	[brɑsili'ɑnsk ‚kvinə]
brasileiro (adj)	brasiliansk	[brɑsili'ɑnsk]

Colômbia (f)	Colombia	[kɔ'lʉmbiɑ]
colombiano (m)	colombianer (m)	[kɔlʉmbi'ɑnər]
colombiana (f)	colombiansk kvinne (m/f)	[kɔlʉmbi'ɑnsk ‚kvinə]
colombiano (adj)	colombiansk	[kɔlʉmbi'ɑnsk]
Cuba (f)	Cuba	['kʉbɑ]
cubano (m)	kubaner (m)	[kʉ'bɑnər]

cubana (f)	**kubansk kvinne** (m/f)	[kʉ'bɑnsk ˌkvinə]
cubano (adj)	**kubansk**	[kʉ'bɑnsk]
Chile (m)	**Chile**	['tʂilə]
chileno (m)	**chilener** (m)	[tʂi'lenər]
chilena (f)	**chilensk kvinne** (m/f)	[tʂi'lensk ˌkvinə]
chileno (adj)	**chilensk**	[tʂi'lensk]
Bolívia (f)	**Bolivia**	[bɔ'liviɑ]
Venezuela (f)	**Venezuela**	[venesʉ'ɛlɑ]
Paraguai (m)	**Paraguay**	[pɑrɑg'wɑj]
Peru (m)	**Peru**	[pe'ru:]
Suriname (m)	**Surinam**	['sʉriˌnɑm]
Uruguai (m)	**Uruguay**	[ʉrygʉ'ɑj]
Equador (m)	**Ecuador**	[ɛkʉɑ'dɔr]
Bahamas (f pl)	**Bahamas**	[bɑ'hɑmɑs]
Haiti (m)	**Haiti**	[hɑ'iti]
República Dominicana	**Dominikanske Republikken**	[dʉmini'kɑnskə repʉ'blikən]
Panamá (m)	**Panama**	['pɑnɑmɑ]
Jamaica (f)	**Jamaica**	[ʂɑ'mɑjkɑ]

240. Africa

Egito (m)	**Egypt**	[ɛ'gypt]
egípcio (m)	**egypter** (m)	[ɛ'gyptər]
egípcia (f)	**egyptisk kvinne** (m/f)	[ɛ'gyptisk ˌkvinə]
egípcio (adj)	**egyptisk**	[ɛ'gyptisk]
Marrocos	**Marokko**	[mɑ'rɔkʉ]
marroquino (m)	**marokkaner** (m)	[mɑrɔ'kɑnər]
marroquina (f)	**marokkansk kvinne** (m/f)	[mɑrɔ'kɑnsk ˌkvinə]
marroquino (adj)	**marokkansk**	[mɑrɔ'kɑnsk]
Tunísia (f)	**Tunisia**	['tʉ'nisiɑ]
tunisiano (m)	**tuneser** (m)	[tʉ'nesər]
tunisiana (f)	**tunesisk kvinne** (m/f)	[tʉ'nesisk ˌkvinə]
tunisiano (adj)	**tunesisk**	[tʉ'nesisk]
Gana (f)	**Ghana**	['gɑnɑ]
Zanzibar (m)	**Zanzibar**	['sɑnsibɑr]
Quênia (f)	**Kenya**	['kenyɑ]
Líbia (f)	**Libya**	['libiɑ]
Madagascar (m)	**Madagaskar**	[mɑdɑ'gɑskɑr]
Namíbia (f)	**Namibia**	[nɑ'mibiɑ]
Senegal (m)	**Senegal**	[sene'gɑl]
Tanzânia (f)	**Tanzania**	['tɑnsɑˌniɑ]
África (f) do Sul	**Republikken Sør-Afrika**	[repʉ'bliken 'sørˌɑfrikɑ]
africano (m)	**afrikaner** (m)	[ɑfri'kɑnər]
africana (f)	**afrikansk kvinne** (m)	[ɑfri'kɑnsk ˌkvinə]
africano (adj)	**afrikansk**	[ɑfri'kɑnsk]

241. Austrália. Oceania

Austrália (f)	Australia	[aʊˈstralia]
australiano (m)	australier (m)	[aʊˈstraliər]
australiana (f)	australsk kvinne (m/f)	[aʊˈstralsk ˌkvinə]
australiano (adj)	australsk	[aʊˈstralsk]
Nova Zelândia (f)	New Zealand	[njʉˈselan]
neozelandês (m)	newzealender (m)	[njʉˈselendər]
neozelandesa (f)	newzealandsk kvinne (m/f)	[njʉˈselansk ˌkvinə]
neozelandês (adj)	newzealandsk	[njʉˈselansk]
Tasmânia (f)	Tasmania	[tasˈmania]
Polinésia (f) Francesa	Fransk Polynesia	[ˈfransk pɔlyˈnesia]

242. Cidades

Amesterdã, Amsterdã	Amsterdam	[ˈamstɛrˌdam]
Ancara	Ankara	[ˈankara]
Atenas	Athen, Aten	[aˈten]
Bagdade	Bagdad	[ˈbagdad]
Bancoque	Bangkok	[ˈbankɔk]
Barcelona	Barcelona	[barsəˈluna]
Beirute	Beirut	[ˈbæjˌrʉt]
Berlim	Berlin	[berˈlin]
Bonn	Bonn	[ˈbɔn]
Bordéus	Bordeaux	[bɔrˈdɔː]
Bratislava	Bratislava	[bratiˈslava]
Bruxelas	Brussel	[ˈbrʉsɛl]
Bucareste	Bukarest	[bʉkaˈrɛst]
Budapeste	Budapest	[ˈbʉdapɛst]
Cairo	Kairo	[ˈkajrʉ]
Calcutá	Calcutta	[kalˈkʉta]
Chicago	Chicago	[ɕiˈkagʉ]
Cidade do México	Mexico City	[ˈmɛksikʉ ˈsiti]
Copenhague	København	[ˈɕøbənˌhavn]
Dar es Salaam	Dar-es-Salaam	[ˈdaresaˌlam]
Deli	Delhi	[ˈdɛli]
Dubai	Dubai	[ˈdʉbaj]
Dublim	Dublin	[ˈdøblin]
Düsseldorf	Düsseldorf	[ˈdʉsəlˌdɔrf]
Estocolmo	Stockholm	[ˈstɔkhɔlm]
Florença	Firenze	[fiˈrɛnsə]
Frankfurt	Frankfurt	[ˈfrankfʉːt]
Genebra	Genève	[ɕeˈnɛv]
Haia	Haag	[ˈhag]
Hamburgo	Hamburg	[ˈhambʉrg]
Hanói	Hanoi	[ˈhanɔj]

Havana	**Havana**	[ha'vana]
Helsinque	**Helsinki**	['hɛlsinki]
Hiroshima	**Hiroshima**	[hirʊ'ʂima]
Hong Kong	**Hongkong**	['hɔnˌkɔŋ]
Istambul	**Istanbul**	['istanbʉl]
Jerusalém	**Jerusalem**	[je'rʉsalem]
Kiev, Quieve	**Kiev**	['kiːef]
Kuala Lumpur	**Kuala Lumpur**	[kʉ'ala 'lʉmpʉr]
Lion	**Lyon**	[li'ɔn]
Lisboa	**Lisboa**	['lisbʊa]
Londres	**London**	['lɔndɔn]
Los Angeles	**Los Angeles**	[ˌlɔsˈændʒələs]
Madrid	**Madrid**	[ma'drid]
Marselha	**Marseille**	[mar'sɛj]
Miami	**Miami**	[ma'jami]
Montreal	**Montreal**	[mɔntri'ɔl]
Moscou	**Moskva**	[mɔ'skva]
Mumbai	**Bombay**	['bɔmbɛj]
Munique	**München**	['mʉnhən]
Nairóbi	**Nairobi**	[naj'rʊbi]
Nápoles	**Napoli**	['napʊli]
Nice	**Nice**	['nis]
Nova York	**New York**	[njʉ 'jork]
Oslo	**Oslo**	['ɔʂlʊ]
Ottawa	**Ottawa**	['ɔtava]
Paris	**Paris**	[pa'ris]
Pequim	**Peking, Beijing**	['pekiŋ], ['bɛjʒin]
Praga	**Praha**	['praha]
Rio de Janeiro	**Rio de Janeiro**	['riu de ʂa'næjrʊ]
Roma	**Roma**	['rʊma]
São Petersburgo	**Sankt Petersburg**	[ˌsankt 'petɛʂˌbʉrg]
Seul	**Seoul**	[se'uːl]
Singapura	**Singapore**	['siŋa'pɔr]
Sydney	**Sydney**	['sidni]
Taipé	**Taipei**	['tajpæj]
Tóquio	**Tokyo**	['tɔkiʊ]
Toronto	**Toronto**	[tɔ'rɔntʊ]
Varsóvia	**Warszawa**	[va'ʂava]
Veneza	**Venezia**	[ve'netsia]
Viena	**Wien**	['vin]
Washington	**Washington**	['vɔʂiŋtən]
Xangai	**Shanghai**	['ʂaŋhaj]

243. Política. Governo. Parte 1

política (f)	**politikk** (m)	[pʊli'tik]
político (adj)	**politisk**	[pʊ'litisk]

político (m)	politiker (m)	[pʊ'litikər]
estado (m)	stat (m)	['stɑt]
cidadão (m)	statsborger (m)	['stɑts,bɔrgər]
cidadania (f)	statsborgerskap (n)	['stɑtsbɔrgə,skɑp]

| brasão (m) de armas | riksvåpen (n) | ['riks,vɔpən] |
| hino (m) nacional | nasjonalsang (m) | [nɑsʉ'nɑl,sɑŋ] |

governo (m)	regjering (m/f)	[rɛ'jeriŋ]
Chefe (m) de Estado	landets leder (m)	['lɑnɛts ,ledər]
parlamento (m)	parlament (n)	[pɑ:[ɑ'mɛnt]
partido (m)	parti (n)	[pɑ:'ți]

| capitalismo (m) | kapitalisme (n) | [kɑpitɑ'lismə] |
| capitalista (adj) | kapitalistisk | [kɑpitɑ'listisk] |

| socialismo (m) | sosialisme (m) | [sʊsiɑ'lismə] |
| socialista (adj) | sosialistisk | [sʊsiɑ'listisk] |

comunismo (m)	kommunisme (m)	[kʊmʉ'nismə]
comunista (adj)	kommunistisk	[kʊmʉ'nistisk]
comunista (m)	kommunist (m)	[kʊmʉ'nist]

democracia (f)	demokrati (n)	[demʊkrɑ'ti]
democrata (m)	demokrat (m)	[demʊ'krat]
democrático (adj)	demokratisk	[demʊ'kratisk]
Partido (m) Democrático	demokratisk parti (n)	[demʊ'kratisk pɑ:'ți]

| liberal (m) | liberaler (m) | [libə'rɑlər] |
| liberal (adj) | liberal | [libə'rɑl] |

| conservador (m) | konservativ (m) | [kʊn'sɛrvɑ,tiv] |
| conservador (adj) | konservativ | [kʊn'sɛrvɑ,tiv] |

república (f)	republikk (m)	[repʉ'blik]
republicano (m)	republikaner (m)	[repʉbli'kɑnər]
Partido (m) Republicano	republikanske parti (n)	[repʉbli'kɑnskə pɑ:'ți]

eleições (f pl)	valg (n)	['vɑlg]
eleger (vt)	å velge	[ɔ 'vɛlgə]
eleitor (m)	velger (m)	['vɛlgər]
campanha (f) eleitoral	valgkampanje (m)	['vɑlg kɑm'pɑnjə]

votação (f)	avstemning, votering (m)	['ɑf,stɛmniŋ], ['vɔteriŋ]
votar (vi)	å stemme	[ɔ 'stɛmə]
sufrágio (m)	stemmerett (m)	['stɛmə,rɛt]

candidato (m)	kandidat (m)	[kɑndi'dɑt]
candidatar-se (vi)	å kandidere	[ɔ kɑndi'derə]
campanha (f)	kampanje (m)	[kɑm'pɑnjə]

| da oposição | opposisjons- | [ɔpʊsi'sʉns-] |
| oposição (f) | opposisjon (m) | [ɔpʊsi'sʉn] |

| visita (f) | besøk (n) | [be'søk] |
| visita (f) oficial | offisielt besøk (n) | [ɔfi'sjɛlt be'søk] |

internacional (adj)	internasjonal	['intɛːɳɑʂʉˌnɑl]
negociações (f pl)	forhandlinger (m pl)	[fɔrˈhɑndliŋər]
negociar (vi)	å forhandle	[ɔ fɔrˈhɑndlə]

244. Política. Governo. Parte 2

sociedade (f)	samfunn (n)	['sɑmˌfʉn]
constituição (f)	grunnlov (m)	['grʉnˌlɔv]
poder (ir para o ~)	makt (m)	['mɑkt]
corrupção (f)	korrupsjon (m)	[kʉrʉpˈʂʉn]

lei (f)	lov (m)	['lɔv]
legal (adj)	lovlig	['lɔvli]

justeza (f)	rettferdighet (m)	[rɛtˈfærdiˌhet]
justo (adj)	rettferdig	[rɛtˈfærdi]

comitê (m)	komité (m)	[kʉmiˈte]
projeto-lei (m)	lovforslag (n)	['lɔvˌfɔʂlɑg]
orçamento (m)	budsjett (n)	[bʉdˈʂɛt]
política (f)	politikk (m)	[pʉliˈtik]
reforma (f)	reform (m/f)	[rɛˈfɔrm]
radical (adj)	radikal	[rɑdiˈkɑl]

força (f)	kraft (m/f)	['krɑft]
poderoso (adj)	mektig	['mɛkti]
partidário (m)	tilhenger (m)	['tilˌhɛŋər]
influência (f)	innflytelse (m)	['inˌflytəlse]

regime (m)	regime (n)	[rɛˈʂimə]
conflito (m)	konflikt (m)	[kʉnˈflikt]
conspiração (f)	sammensvergelse (m)	['sɑmənˌsværgəlsə]
provocação (f)	provokasjon (m)	[prʉvʉkaˈʂʉn]

derrubar (vt)	å styrte	[ɔ 'styːʈə]
derrube (m), queda (f)	styrting (m/f)	['styːʈiŋ]
revolução (f)	revolusjon (m)	[revʉlʉˈʂʉn]

golpe (m) de Estado	statskupp (n)	['stɑtsˌkʉp]
golpe (m) militar	militærkupp (n)	[miliˈtærˌkʉp]

crise (f)	krise (m/f)	['krisə]
recessão (f) econômica	økonomisk nedgang (m)	[økʉˈnɔmisk 'nedˌgɑŋ]
manifestante (m)	demonstrant (m)	[demɔnˈstrɑnt]
manifestação (f)	demonstrasjon (m)	[demɔnstraˈʂʉn]
lei (f) marcial	krigstilstand (m)	['krigstilˌstɑn]
base (f) militar	militærbase (m)	[miliˈtærˌbɑsə]

estabilidade (f)	stabilitet (m)	[stɑbiliˈtet]
estável (adj)	stabil	[stɑˈbil]

exploração (f)	utbytting (m/f)	['ʉtˌbytiŋ]
explorar (vt)	å utbytte	[ɔ 'ʉtˌbytə]
racismo (m)	rasisme (m)	[rɑˈsismə]

racista (m)	rasist (m)	[ra'sist]
fascismo (m)	fascisme (m)	[fa'ṣismə]
fascista (m)	fascist (m)	[fa'ṣist]

245. Países. Diversos

estrangeiro (m)	utlending (m)	['ʉt͜leniŋ]
estrangeiro (adj)	utenlandsk	['ʉtən͜lansk]
no estrangeiro	i utlandet	[i 'ʉt͜lanə]

emigrante (m)	emigrant (m)	[ɛmi'grant]
emigração (f)	emigrasjon (m)	[ɛmigra'ṣʊn]
emigrar (vi)	å emigrere	[ɔ emi'grɛrə]

Ocidente (m)	Vesten	['vɛstən]
Oriente (m)	Østen	['østən]
Extremo Oriente (m)	Det fjerne østen	['de 'fjæːŋə ͜østɛn]
civilização (f)	sivilisasjon (m)	[sivilisa'ṣʊn]
humanidade (f)	menneskehet (m)	['mɛnəske͜het]
mundo (m)	verden (m)	['væɾdən]
paz (f)	fred (m)	['frɛd]
mundial (adj)	verdens-	['væɾdəns-]

pátria (f)	fedreland (n)	['fædrə͜lan]
povo (população)	folk (n)	['fɔlk]
população (f)	befolkning (m)	[be'fɔlkniŋ]
gente (f)	folk (n)	['fɔlk]
nação (f)	nasjon (m)	[na'ṣʊn]
geração (f)	generasjon (m)	[genera'ṣʊn]
território (m)	territorium (n)	[tɛri'tʉrium]
região (f)	region (m)	[rɛgi'ʊn]
estado (m)	delstat (m)	['del͜stat]

tradição (f)	tradisjon (m)	[tradi'ṣʊn]
costume (m)	skikk, sedvane (m)	['ṣik], ['sɛd͜vanə]
ecologia (f)	økologi (m)	[økʊlʊ'gi]

índio (m)	indianer (m)	[indi'anər]
cigano (m)	sigøyner (m)	[si'gøjnər]
cigana (f)	sigøynerske (m/f)	[si'gøjnəṣkə]
cigano (adj)	sigøynersk	[si'gøjnəṣk]

império (m)	imperium, keiserrike (n)	['im'perium], ['kæjsə͜rike]
colônia (f)	koloni (m)	[kʊlu'ni]
escravidão (f)	slaveri (n)	[slavɛ'ri]
invasão (f)	invasjon (m)	[inva'ṣʊn]
fome (f)	hungersnød (m/f)	['hʉŋɛṣ͜nød]

246. Grupos religiosos mais importantes. Confissões

| religião (f) | religion (m) | [religi'ʊn] |
| religioso (adj) | religiøs | [reli'gjøs] |

crença (f)	tro (m)	['trʊ]
crer (vt)	å tro	[ɔ 'trʊ]
crente (m)	troende (m)	['trʊenə]
ateísmo (m)	ateisme (m)	[ate'ismə]
ateu (m)	ateist (m)	[ate'ist]
cristianismo (m)	kristendom (m)	['kristən͵dɔm]
cristão (m)	kristen (m)	['kristən]
cristão (adj)	kristelig	['kristəli]
catolicismo (m)	katolisisme (m)	[katʊli'sismə]
católico (m)	katolikk (m)	[katʊ'lik]
católico (adj)	katolsk	[ka'tʊlsk]
protestantismo (m)	protestantisme (m)	[prʊtɛstan'tismə]
Igreja (f) Protestante	den protestantiske kirke	[den prʊtɛ'stantiskə ͵çirkə]
protestante (m)	protestant (m)	[prʊtɛ'stant]
ortodoxia (f)	ortodoksi (m)	[ɔ:tʊdʊk'si]
Igreja (f) Ortodoxa	den ortodokse kirke	[den ɔ:tʊ'dɔksə ͵çirkə]
ortodoxo (m)	ortodoks (n)	[ɔ:tʊ'dɔks]
presbiterianismo (m)	presbyterianisme (m)	[prɛsbytæriɑ'nismə]
Igreja (f) Presbiteriana	den presbyterianske kirke	[den prɛsbyteri'ɑnskə ͵çirkə]
presbiteriano (m)	presbyterianer (m)	[prɛsbytæri'ɑnər]
luteranismo (m)	lutherdom (m)	[lʉtər'dɔm]
luterano (m)	lutheraner (m)	[lʉte'rɑnər]
Igreja (f) Batista	baptisme (m)	[bɑp'tismə]
batista (m)	baptist (m)	[bɑp'tist]
Igreja (f) Anglicana	den anglikanske kirke	[den aŋli'kɑnskə ͵çirkə]
anglicano (m)	anglikaner (m)	[aŋli'kɑnər]
mormonismo (m)	mormonisme (m)	[mɔrmɔ'nismə]
mórmon (m)	mormon (m)	[mʊr'mʊn]
Judaísmo (m)	judaisme (m)	['jʉdɑ͵ismə]
judeu (m)	judeer (m)	['jʉ'deər]
budismo (m)	buddhisme (m)	[bʉ'dismə]
budista (m)	buddhist (m)	[bʉ'dist]
hinduísmo (m)	hinduisme (m)	[hindʉ'ismə]
hindu (m)	hindu (m)	['hindʉ]
Islã (m)	islam	['islɑm]
muçulmano (m)	muslim (m)	[mʉ'slim]
muçulmano (adj)	muslimsk	[mʉ'slimsk]
xiismo (m)	sjiisme (m)	[ʂi'ismə]
xiita (m)	sjiitt (m)	[ʂi'it]
sunismo (m)	sunnisme (m)	[sʉ'nismə]
sunita (m)	sunnimuslim (m)	['sʉni mʉs͵lim]

247. Religiões. Padres

padre (m)	**prest** (m)	['prɛst]
Papa (m)	**Paven**	['pɑvən]
monge (m)	**munk** (m)	['mʉnk]
freira (f)	**nonne** (m/f)	['nɔnə]
pastor (m)	**pastor** (m)	['pɑstʊr]
abade (m)	**abbed** (m)	['ɑbed]
vigário (m)	**sogneprest** (m)	['sɔŋnəˌprɛst]
bispo (m)	**biskop** (m)	['biskɔp]
cardeal (m)	**kardinal** (m)	[kɑːɖi'nɑl]
pregador (m)	**predikant** (m)	[prɛdi'kɑnt]
sermão (m)	**preken** (m)	['prɛkən]
paroquianos (pl)	**menighet** (m/f)	['meniˌhet]
crente (m)	**troende** (m)	['trʊenə]
ateu (m)	**ateist** (m)	[ɑte'ist]

248. Fé. Cristianismo. Islão

Adão	**Adam**	['ɑdɑm]
Eva	**Eva**	['ɛvɑ]
Deus (m)	**Gud** (m)	['gʉd]
Senhor (m)	**Herren**	['hæːrən]
Todo Poderoso (m)	**Den Allmektige**	[den ɑl'mɛktiə]
pecado (m)	**synd** (m/f)	['sʏn]
pecar (vi)	**å synde**	[ɔ 'sʏnə]
pecador (m)	**synder** (m)	['sʏnər]
pecadora (f)	**synderinne** (m)	['sʏnəˌrinə]
inferno (m)	**helvete** (n)	['hɛlvetə]
paraíso (m)	**paradis** (n)	['pɑrɑˌdis]
Jesus	**Jesus**	['jesʉs]
Jesus Cristo	**Jesus Kristus**	['jesʉs ˌkristʉs]
Espírito (m) Santo	**Den Hellige Ånd**	[dən 'hɛliə ˌon]
Salvador (m)	**Frelseren**	['frelserən]
Virgem Maria (f)	**Jomfru Maria**	['jɔmfrʉ mɑˌriɑ]
Diabo (m)	**Djevel** (m)	['djevəl]
diabólico (adj)	**djevelsk**	['djevəlsk]
Satanás (m)	**Satan**	['sɑtɑn]
satânico (adj)	**satanisk**	[sɑ'tɑnisk]
anjo (m)	**engel** (m)	['ɛŋəl]
anjo (m) da guarda	**skytsengel** (m)	['ʂytsˌɛŋəl]
angelical	**engle-**	['ɛŋlə-]

apóstolo (m)	**apostel** (m)	[a'pɔstəl]
arcanjo (m)	**erkeengel** (m)	['ærkəˌæŋəl]
anticristo (m)	**Antikrist**	['antiˌkrist]

Igreja (f)	**kirken** (m)	['çirkən]
Bíblia (f)	**bibel** (m)	['bibəl]
bíblico (adj)	**bibelsk**	['bibəlsk]

Velho Testamento (m)	**Det Gamle Testamente**	[de 'gamlə tɛsta'mentə]
Novo Testamento (m)	**Det Nye Testamente**	[de 'nye tɛsta'mentə]
Evangelho (m)	**evangelium** (n)	[ɛvan'gelium]
Sagradas Escrituras (f pl)	**Den Hellige Skrift**	[dən 'hɛliə ˌskrift]
Céu (sete céus)	**Himmerike** (n)	['himəˌrikə]

mandamento (m)	**bud** (n)	['bʉd]
profeta (m)	**profet** (m)	[prʊ'fet]
profecia (f)	**profeti** (m)	[prʊfe'ti]

Alá (m)	**Allah**	['ala]
Maomé (m)	**Muhammed**	[mʉ'hamed]
Alcorão (m)	**Koranen**	[kʊ'ranən]

mesquita (f)	**moské** (m)	[mʊ'ske]
mulá (m)	**mulla** (m)	['mʉla]
oração (f)	**bønn** (m)	['bœn]
rezar, orar (vi)	**å be**	[ɔ 'be]

peregrinação (f)	**pilegrimsreise** (m/f)	['piləgrimsˌræjsə]
peregrino (m)	**pilegrim** (m)	['piləgrim]
Meca (f)	**Mekka**	['mɛka]

igreja (f)	**kirke** (m/f)	['çirkə]
templo (m)	**tempel** (n)	['tɛmpəl]
catedral (f)	**katedral** (m)	[kate'dral]
gótico (adj)	**gotisk**	['gotisk]
sinagoga (f)	**synagoge** (m)	[syna'gʊgə]
mesquita (f)	**moské** (m)	[mʊ'ske]

capela (f)	**kapell** (n)	[ka'pɛl]
abadia (f)	**abbedi** (n)	['abedi]
convento (m)	**kloster** (n)	['klɔstər]
monastério (m)	**kloster** (n)	['klɔstər]

sino (m)	**klokke** (m/f)	['klɔkə]
campanário (m)	**klokketårn** (n)	['klɔkəˌto:n]
repicar (vi)	**å ringe**	[ɔ 'riŋə]

cruz (f)	**kors** (n)	['kɔ:ʂ]
cúpula (f)	**kuppel** (m)	['kʉpəl]
ícone (m)	**ikon** (m/n)	[i'kʊn]

alma (f)	**sjel** (m)	['ʂɛl]
destino (m)	**skjebne** (m)	['ʂɛbnə]
mal (m)	**ondskap** (n)	['ʊnˌskap]
bem (m)	**godhet** (m)	['gʊˌhet]
vampiro (m)	**vampyr** (m)	[vam'pyr]

bruxa (f)	heks (m)	['hɛks]
demônio (m)	demon (m)	[de'mʊn]
espírito (m)	ånd (m)	['ɔn]
redenção (f)	forløsning (m/f)	[fɔ:'[øsniŋ]
redimir (vt)	å sone	[ɔ 'sʊnə]
missa (f)	gudstjeneste (m)	['gʉts‚tjenɛstə]
celebrar a missa	å holde gudstjeneste	[ɔ 'hɔldə 'gʉts‚tjenɛstə]
confissão (f)	skriftemål (n)	['skriftə‚mɔl]
confessar-se (vr)	å skrifte	[ɔ 'skriftə]
santo (m)	helgen (m)	['hɛlgən]
sagrado (adj)	hellig	['hɛli]
água (f) benta	vievann (n)	['viə‚vɑn]
ritual (m)	ritual (n)	[ritʉ'ɑl]
ritual (adj)	rituell	[ritʉ'ɛl]
sacrifício (m)	ofring (m/f)	['ɔfriŋ]
superstição (f)	overtro (m)	['ɔvə‚trʊ]
supersticioso (adj)	overtroisk	['ɔvə‚trʊisk]
vida (f) após a morte	livet etter dette	['livə ‚ɛtər 'dɛtə]
vida (f) eterna	det evige liv	[de ‚eviə 'liv]

TEMAS DIVERSOS

249. Várias palavras úteis

ajuda (f)	hjelp (m)	['jɛlp]
barreira (f)	hinder (n)	['hindər]
base (f)	basis (n)	['bɑsis]
categoria (f)	kategori (m)	[kategʉ'ri]
causa (f)	årsak (m/f)	['oːˌsɑk]
coincidência (f)	sammenfall (n)	['samənˌfɑl]
coisa (f)	ting (m)	['tiŋ]
começo, início (m)	begynnelse (m)	[be'jinəlsə]
cômodo (ex. poltrona ~a)	bekvem	[be'kvem]
comparação (f)	sammenlikning (m)	['samənˌlikniŋ]
compensação (f)	kompensasjon (m)	[kʊmpɛnsa'ʂʉn]
crescimento (m)	vekst (m)	['vɛkst]
desenvolvimento (m)	utvikling (m/f)	['ʉtˌvikliŋ]
diferença (f)	skilnad, forskjell (m)	['ʂilnad], ['foːʂɛl]
efeito (m)	effekt (m)	[ɛ'fɛkt]
elemento (m)	element (n)	[ɛle'mɛnt]
equilíbrio (m)	balanse (m)	[ba'lansə]
erro (m)	feil (m)	['fæjl]
esforço (m)	anstrengelse (m)	['anˌstrɛŋəlsə]
estilo (m)	stil (m)	['stil]
exemplo (m)	eksempel (n)	[ɛk'sɛmpəl]
fato (m)	faktum (n)	['faktum]
fim (m)	slutt (m)	['ʂlʉt]
forma (f)	form (m/f)	['form]
frequente (adj)	hyppig	['hypi]
fundo (ex. ~ verde)	bakgrunn (m)	['bakˌgrʉn]
gênero (tipo)	slags (n)	['ʂlaks]
grau (m)	grad (m)	['grad]
ideal (m)	ideal (n)	[ide'al]
labirinto (m)	labyrint (m)	[laby'rint]
modo (m)	måte (m)	['moːtə]
momento (m)	moment (n)	[mɔ'mɛnt]
objeto (m)	objekt (n)	[ɔb'jɛkt]
obstáculo (m)	hindring (m/f)	['hindriŋ]
original (m)	original (m)	[ɔrigi'nal]
padrão (adj)	standard-	['stanˌdar-]
padrão (m)	standard (m)	['stanˌdar]
paragem (pausa)	stopp (m), hvile (m/f)	['stɔp], ['vilə]
parte (f)	del (m)	['del]

partícula (f)	partikel (m)	[pɑː'ʈikəl]
pausa (f)	pause (m)	['paʊsə]
posição (f)	posisjon (m)	[pɔsi'ʂʊn]
princípio (m)	prinsipp (n)	[prin'sip]

problema (m)	problem (n)	[prʊ'blem]
processo (m)	prosess (m)	[prʊ'sɛs]
progresso (m)	fremskritt (n)	['frɛmˌskrit]
propriedade (qualidade)	egenskap (m)	['ɛgənˌskɑp]

reação (f)	reaksjon (m)	[rɛak'ʂʊn]
risco (m)	risiko (m)	['risikʊ]
ritmo (m)	tempo (n)	['tɛmpʊ]
segredo (m)	hemmelighet (m/f)	['hɛməliˌhet]
série (f)	serie (m)	['seriə]

sistema (m)	system (n)	[sɤ'stem]
situação (f)	situasjon (m)	[situa'ʂʊn]
solução (f)	løsning (m)	['løsniŋ]
tabela (f)	tabell (m)	[ta'bɛl]
termo (ex. ~ técnico)	term (m)	['tɛrm]

tipo (m)	type (m)	['typə]
urgente (adj)	omgående	['ɔmˌgɔːnə]
urgentemente	omgående	['ɔmˌgɔːnə]
utilidade (f)	nytte (m/f)	['nɤtə]

variante (f)	variant (m)	[vari'ant]
variedade (f)	valg (n)	['valg]
verdade (f)	sannhet (m)	['sanˌhet]
vez (f)	tur (m)	['tʉr]
zona (f)	sone (m/f)	['sʊnə]

250. Modificadores. Adjetivos. Parte 1

aberto (adj)	åpen	['ɔpən]
afetuoso (adj)	øm	['øm]
afiado (adj)	skarp	['skarp]
agradável (adj)	trivelig, behagelig	['trivli], [be'hagli]
agradecido (adj)	takknemlig	[tak'nɛmli]

alegre (adj)	glad, munter	['gla], ['mʊntər]
alto (ex. voz ~a)	høy	['høj]
amargo (adj)	bitter	['bitər]
amplo (adj)	rommelig	['rʊmeli]
antigo (adj)	oldtidens, antikkens	['ɔlˌtidəns], [an'tikəns]

apertado (sapatos ~s)	trange	['traŋə]
apropriado (adj)	egnet	['æjnət]
arriscado (adj)	risikabel	[risi'kabəl]
artificial (adj)	kunstig	['kʉnsti]

azedo (adj)	sur	['sʉr]
baixo (voz ~a)	lav	['lav]

barato (adj)	billig	['bili]
belo (adj)	vakker	['vɑkər]

bom (adj)	bra	['brɑ]
bondoso (adj)	god	['gʊ]
bonito (adj)	vakker	['vɑkər]
bronzeado (adj)	solbrent	['sʊl,brɛnt]
burro, estúpido (adj)	dum	['dɵm]

calmo (adj)	rolig	['rʊli]
cansado (adj)	trett	['trɛt]
cansativo (adj)	trøttende	['trœtɛnə]
carinhoso (adj)	omsorgsfull	['ɔm,sɔrgsfɵl]
caro (adj)	dyr	['dyr]

cego (adj)	blind	['blin]
central (adj)	sentral	[sɛn'trɑl]
cerrado (ex. nevoeiro ~)	tykk	['tʏk]
cheio (xícara ~a)	full	['fɵl]

civil (adj)	sivil	[si'vil]
clandestino (adj)	hemmelig	['hɛməli]
claro (explicação ~a)	klar	['klɑr]
claro (pálido)	lys	['lys]

compatível (adj)	forenelig	[fɔ'renli]
comum, normal (adj)	vanlig	['vɑnli]
congelado (adj)	frossen, dypfryst	['frɔsən], ['dyp,frʏst]
conjunto (adj)	felles	['fɛləs]
considerável (adj)	betydelig	[be'tydəli]

contente (adj)	nøgd, tilfreds	['nøgd], [til'frɛds]
contínuo (adj)	langvarig	['lɑŋ,vɑri]
contrário (ex. o efeito ~)	motsatt	['mʊt,sɑt]
correto (resposta ~a)	riktig	['rikti]
cru (não cozinhado)	rå	['rɔ]

curto (adj)	kort	['kʊːt]
de curta duração	kortvarig	['kʊːt,vɑri]
de sol, ensolarado	solrik	['sʊl,rik]
de trás	bak-	['bɑk-]
denso (fumaça ~a)	tykk	['tʏk]

desanuviado (adj)	skyfri	['ʂy,fri]
descuidado (adj)	slurvet	['ʂlɵrvət]
diferente (adj)	ulike	['ɵlikə]
difícil (decisão)	svær	['svær]
difícil, complexo (adj)	komplisert	[kɵmpli'sɛːt]

direito (lado ~)	høyre	['højrə]
distante (adj)	fjern	['fjæːn̩]
diverso (adj)	forskjellig	[fɔ'ʂɛli]
doce (açucarado)	søt	['søt]
doce (água)	fersk-	['fæʂk-]
doente (adj)	syk	['syk]
duro (material ~)	hard	['hɑr]

| educado (adj) | høflig | ['høfli] |
| encantador (agradável) | snill | ['snil] |

enigmático (adj)	mystisk	['mʏstisk]
enorme (adj)	enorm	[ɛ'nɔrm]
escuro (quarto ~)	mørk	['mœrk]
especial (adj)	spesial	[spesi'al]
esquerdo (lado ~)	venstre	['vɛnstrə]

estrangeiro (adj)	utenlandsk	['ʉtən‚lansk]
estreito (adj)	smal	['smal]
exato (montante ~)	presis, eksakt	[prɛ'sis], [ɛk'sakt]
excelente (adj)	utmerket	['ʉt‚mærkət]
excessivo (adj)	overdreven	['ɔve‚drevən]

externo (adj)	ytre	['ytrə]
fácil (adj)	lett	['let]
faminto (adj)	sulten	['sʉltən]
fechado (adj)	stengt	['stɛŋt]
feliz (adj)	lykkelig	['lʏkəli]

fértil (terreno ~)	fruktbar	['frʉkt‚bar]
forte (pessoa ~)	sterk	['stærk]
fraco (luz ~a)	svak	['svak]
frágil (adj)	skjør	['şør]
fresco (pão ~)	fersk	['fæşk]

fresco (tempo ~)	kjølig	['çœli]
frio (adj)	kald	['kal]
gordo (alimentos ~s)	fet	['fet]
gostoso, saboroso (adj)	lekker	['lekər]

grande (adj)	stor	['stʊr]
gratuito, grátis (adj)	gratis	['gratis]
grosso (camada ~a)	tykk	['tʏk]
hostil (adj)	fiendtlig	['fjɛntli]

251. Modificadores. Adjetivos. Parte 2

igual (adj)	samme, lik	['samə], ['lik]
imóvel (adj)	ubevegelig, urørlig	[ʉbe'vɛgli], [ʉ'rø:[i]
importante (adj)	viktig	['vikti]
impossível (adj)	umulig	[ʉ'mʉli]
incompreensível (adj)	uforståelig	[ʉfɔ'ştɔeli]

indigente (muito pobre)	utfattig	['ʉt‚fati]
indispensável (adj)	nødvendig	['nød‚vɛndi]
inexperiente (adj)	uerfaren	[ʉer'farən]
infantil (adj)	barne-	['ba:ŋə-]

ininterrupto (adj)	uavbrutt	[ʉ:'av‚brʉt]
insignificante (adj)	ubetydelig	[ʉbe'tydəli]
inteiro (completo)	hel	['hel]
inteligente (adj)	klok	['klʊk]

interno (adj)	indre	['indrə]
jovem (adj)	ung	['ʉŋ]
largo (caminho ~)	bred	['bre]
legal (adj)	lovlig	['lovli]
leve (adj)	lett	['let]

limitado (adj)	begrenset	[be'grɛnsət]
limpo (adj)	ren	['ren]
líquido (adj)	flytende	['flytnə]
liso (adj)	glatt	['glat]
liso (superfície ~a)	jevn	['jɛvn]

livre (adj)	fri	['fri]
longo (ex. cabelo ~)	lang	['laŋ]
maduro (ex. fruto ~)	moden	['mʉdən]
magro (adj)	slank, tynn	['ʂlank], ['tʏn]
mais próximo (adj)	nærmeste	['nærmɛstə]

mais recente (adj)	forrige	['foriə]
mate (adj)	matt	['mat]
mau (adj)	dårlig	['doːli]
meticuloso (adj)	nøyaktig	['nøjakti]
míope (adj)	nærsynt	['næˌʂʏnt]

mole (adj)	bløt	['bløt]
molhado (adj)	våt	['vɔt]
moreno (adj)	mørkhudet	['mœrkˌhʉdət]
morto (adj)	død	['dø]
muito magro (adj)	benete, mager	['benetə], ['magər]

não difícil (adj)	lett	['let]
não é clara (adj)	uklar	['ʉˌklar]
não muito grande (adj)	liten, ikke stor	['litən], [ˌikə 'stʊr]
natal (país ~)	hjem-	['jɛm-]
necessário (adj)	nødvendig	['nødˌvɛndi]

negativo (resposta ~a)	negativ	['negaˌtiv]
nervoso (adj)	nervøs	[nær'vøs]
normal (adj)	normal	[nɔr'mal]
novo (adj)	ny	['ny]
o mais importante (adj)	viktigste	['viktigstə]

obrigatório (adj)	obligatorisk	[ɔbliga'tʊrisk]
original (incomum)	original	[ɔrigi'nal]
passado (adj)	forrige	['foriə]
pequeno (adj)	liten	['litən]
perigoso (adj)	farlig	['faːli]

permanente (adj)	fast, permanent	['fast], ['pɛrmaˌnɛnt]
perto (adj)	nær	['nær]
pesado (adj)	tung	['tʉŋ]
pessoal (adj)	personlig	[pæ'ʂʊnli]
plano (ex. ecrã ~ a)	flat	['flat]

| pobre (adj) | fattig | ['fati] |
| pontual (adj) | punktlig | ['pʉnktli] |

possível (adj)	**mulig**	['mʉli]
pouco fundo (adj)	**grunn**	['grʉn]
presente (ex. momento ~)	**nåværende**	['nɔˌværenə]

prévio (adj)	**foregående**	['fɔrəˌgoːŋə]
primeiro (principal)	**hoved-, prinsipal**	['hɔvəd-], ['prinsiˌpal]
principal (adj)	**hoved-**	['hɔvəd-]
privado (adj)	**privat**	[pri'vɑt]

provável (adj)	**sannsynlig**	[sɑn'sʏnli]
próximo (adj)	**nær**	['nær]
público (adj)	**offentlig**	['ɔfentli]
quente (cálido)	**het, varm**	['het], ['vɑrm]

quente (morno)	**varm**	['vɑrm]
rápido (adj)	**hastig**	['hɑsti]
raro (adj)	**sjelden**	['ʂɛlən]
remoto, longínquo (adj)	**fjern**	['fjæːŋ]
reto (linha ~a)	**rett**	['rɛt]

salgado (adj)	**salt**	['sɑlt]
satisfeito (adj)	**fornøyd, tilfreds**	[fɔr'nøjd], [til'frɛds]
seco (roupa ~a)	**tørr**	['tœr]
seguinte (adj)	**neste**	['nɛstə]
seguro (não perigoso)	**sikker**	['sikər]

similar (adj)	**lik**	['lik]
simples (fácil)	**enkel**	['ɛnkəl]
soberbo, perfeito (adj)	**utmerket**	['ʉtˌmærkət]
sólido (parede ~a)	**solid, holdbar**	[sʉ'lid], ['hɔlˌbɑr]
sombrio (adj)	**mørk**	['mœrk]

sujo (adj)	**skitten**	['ʂitən]
superior (adj)	**høyest**	['højɛst]
suplementar (adj)	**ytterligere**	['ytəˌljərə]
tranquilo (adj)	**rolig**	['rʉli]

transparente (adj)	**transparent**	['trɑnspaˌrɑŋ]
triste (pessoa)	**sørgmodig**	[sør'mʉdi]
triste (um ar ~)	**trist**	['trist]
último (adj)	**sist**	['sist]
úmido (adj)	**fuktig**	['fʉkti]

único (adj)	**unik**	[ʉ'nik]
usado (adj)	**brukt, secondhand**	['brʉkt], ['sekɔnˌhɛn]
vazio (meio ~)	**tom**	['tɔm]
velho (adj)	**gammel**	['gaməl]
vizinho (adj)	**nabo-**	['nɑbʉ-]

500 VERBOS PRINCIPAIS

252. Verbos A-B

abraçar (vt)	å omfavne	[ɔ 'ɔmˌfavnə]
abrir (vt)	å åpne	[ɔ 'ɔpnə]
acalmar (vt)	å berolige	[ɔ be'rʊliə]
acariciar (vt)	å stryke	[ɔ 'strykə]
acenar (com a mão)	å vinke	[ɔ 'vinkə]
acender (~ uma fogueira)	å tenne	[ɔ 'tɛnə]
achar (vt)	å tro	[ɔ 'trʊ]
acompanhar (vt)	å følge	[ɔ 'følə]
aconselhar (vt)	å råde	[ɔ 'roːdə]
acordar, despertar (vt)	å vekke	[ɔ 'vɛkə]
acrescentar (vt)	å tilføye	[ɔ 'tilˌføjə]
acusar (vt)	å anklage	[ɔ 'anˌklagə]
adestrar (vt)	å dressere	[ɔ drɛ'serə]
adivinhar (vt)	å gjette	[ɔ 'jɛtə]
admirar (vt)	å beundre	[ɔ be'ʉndrə]
adorar (~ fazer)	å elske	[ɔ 'ɛlskə]
advertir (vt)	å advare	[ɔ 'adˌvarə]
afirmar (vt)	å påstå	[ɔ 'pɔˌstɔ]
afogar-se (vr)	å drukne	[ɔ 'drʉknə]
afugentar (vt)	å jage bort	[ɔ 'jagə 'bʊːt]
agir (vi)	å handle	[ɔ 'handlə]
agitar, sacudir (vt)	å riste	[ɔ 'ristə]
agradecer (vt)	å takke	[ɔ 'takə]
ajudar (vt)	å hjelpe	[ɔ 'jɛlpə]
alcançar (objetivos)	å oppnå	[ɔ 'ɔpnɔ]
alimentar (dar comida)	å mate	[ɔ 'matə]
almoçar (vi)	å spise lunsj	[ɔ 'spisə ˌlʉnʂ]
alugar (~ o barco, etc.)	å leie	[ɔ 'læjə]
alugar (~ um apartamento)	å leie	[ɔ 'læjə]
amar (pessoa)	å elske	[ɔ 'ɛlskə]
amarrar (vt)	å binde	[ɔ 'binə]
ameaçar (vt)	å true	[ɔ 'trʉə]
amputar (vt)	å amputere	[ɔ ampʉ'terə]
anotar (escrever)	å notere	[ɔ nʊ'terə]
anotar (escrever)	å skrive ned	[ɔ 'skrivə ne]
anular, cancelar (vt)	å avlyse, å annullere	[ɔ 'avˌlysə], [ɔ anʉ'lerə]
apagar (com apagador, etc.)	å viske ut	[ɔ 'viskə ʉt]
apagar (um incêndio)	å slokke	[ɔ 'sløkə]

apaixonar-se ...	å forelske seg i ...	[ɔ fɔ'rɛlskə sæj i ...]
aparecer (vi)	å dukke opp	[ɔ 'dʉkə ɔp]
aplaudir (vi)	å applaudere	[ɔ aplaʉ'derə]
apoiar (vt)	å støtte	[ɔ 'stœtə]
apontar para ...	å sikte på ...	[ɔ 'siktə pɔ ...]
apresentar	å presentere	[ɔ presen'terə]
(alguém a alguém)		
apresentar (Gostaria de ~)	å presentere	[ɔ presen'terə]
apressar (vt)	å skynde	[ɔ 'ʂynə]
apressar-se (vr)	å skynde seg	[ɔ 'ʂynə sæj]
aproximar-se (vr)	å nærme seg	[ɔ 'nærmə sæj]
aquecer (vt)	å varme	[ɔ 'varmə]
arrancar (vt)	å rive av	[ɔ 'rive ɑ:]
arranhar (vt)	å klore	[ɔ 'klɔrə]
arrepender-se (vr)	å beklage	[ɔ be'klagə]
arriscar (vt)	å risikere	[ɔ risi'kerə]
arrumar, limpar (vt)	å rydde	[ɔ 'rʏdə]
aspirar a ...	å aspirere	[ɔ aspi'rerə]
assinar (vt)	å underskrive	[ɔ 'ʉnəˌʂkrivə]
assistir (vt)	å assistere	[ɔ asi'sterə]
atacar (vt)	å angripe	[ɔ 'anˌgripə]
atar (vt)	å binde fast	[ɔ 'binə 'fast]
atracar (vi)	å fortøye	[ɔ fɔ:'ʈøjə]
aumentar (vi)	å øke	[ɔ 'økə]
aumentar (vt)	å øke	[ɔ 'økə]
avançar (vi)	å gå framover	[ɔ 'gɔ ˌfram'ɔvər]
avistar (vt)	å bemerke	[ɔ be'mærkə]
baixar (guindaste, etc.)	å heise ned	[ɔ 'hæjsə ne]
barbear-se (vr)	å barbere seg	[ɔ bar'berə sæj]
basear-se (vr)	å være basert på ...	[ɔ 'værə ba'sɛ:ʈ pɔ ...]
bastar (vi)	å være nok	[ɔ 'værə ˌnɔk]
bater (à porta)	å knakke	[ɔ 'knakə]
bater (espancar)	å slå	[ɔ 'ʂlɔ]
bater-se (vr)	å slåss	[ɔ 'ʂlɔs]
beber, tomar (vt)	å drikke	[ɔ 'drikə]
brilhar (vi)	å skinne	[ɔ 'ʂinə]
brincar, jogar (vi, vt)	å leke	[ɔ 'lekə]
buscar (vt)	å søke ...	[ɔ 'søkə ...]

253. Verbos C-D

caçar (vi)	å jage	[ɔ 'jɑgə]
calar-se (parar de falar)	å slutte å snakke	[ɔ 'ʂlʉtə ɔ 'snakə]
calcular (vt)	å telle	[ɔ 'tɛlə]
carregar (o caminhão, etc.)	å laste	[ɔ 'lastə]
carregar (uma arma)	å lade	[ɔ 'ladə]

casar-se (vr)	à gifte seg	[ɔ 'jiftə sæj]
causar (vt)	à forårsake	[ɔ fɔrɔ:'şakə]
cavar (vt)	à grave	[ɔ 'gravə]

ceder (não resistir)	à gi etter	[ɔ 'ji 'ɛtər]
cegar, ofuscar (vt)	à blende	[ɔ 'blenə]
censurar (vt)	à bebreide	[ɔ be'bræjdə]
chamar (~ por socorro)	à tilkalle	[ɔ 'til‚kalə]

chamar (alguém para ...)	à kalle	[ɔ 'kalə]
chegar (a algum lugar)	à nå	[ɔ 'nɔ:]
chegar (vi)	à ankomme	[ɔ 'an‚kɔmə]
cheirar (~ uma flor)	à lukte	[ɔ 'lʉktə]

cheirar (tem o cheiro)	à lukte	[ɔ 'lʉktə]
chorar (vi)	à gråte	[ɔ 'gro:tə]
citar (vt)	à sitere	[ɔ si'terə]
colher (flores)	à plukke	[ɔ 'plʉkə]

colocar (vt)	à legge	[ɔ 'legə]
combater (vi, vt)	à kjempe	[ɔ 'çɛmpə]
começar (vt)	à begynne	[ɔ be'jinə]
comer (vt)	à spise	[ɔ 'spisə]
comparar (vt)	à sammenlikne	[ɔ 'samən‚liknə]

compensar (vt)	à kompensere	[ɔ kʉmpen'serə]
competir (vi)	à konkurrere	[ɔ kʉnkʉ'rerə]
complicar (vt)	à komplisere	[ɔ kʉmpli'serə]
compor (~ música)	à komponere	[ɔ kʉmpʉ'nerə]

comportar-se (vr)	à oppføre seg	[ɔ 'ɔp‚førə sæj]
comprar (vt)	à kjøpe	[ɔ 'çœ:pə]
comprometer (vt)	à kompromittere	[ɔ kʉmprʉmi'terə]
concentrar-se (vr)	à konsentrere seg	[ɔ kʉnsen'trerə sæj]
concordar (dizer "sim")	à samtykke	[ɔ 'sam‚tykə]

condecorar (dar medalha)	à belønne	[ɔ be'lœnə]
confessar-se (vr)	à tilstå	[ɔ 'til‚stɔ]
confiar (vt)	à stole på	[ɔ 'stʉlə pɔ]
confundir (equivocar-se)	à forveksle	[ɔ fɔr'vɛkşlə]
conhecer (vt)	à kjenne	[ɔ 'çɛnə]

conhecer-se (vr)	à stifte bekjentskap med ...	[ɔ 'stiftə be'çɛn‚skap me ...]
consertar (vt)	à bringe orden	[ɔ 'briŋə 'ɔrdən]
consultar ...	à konsultere	[ɔ kʉnsʉl'terə]
contagiar-se com ...	à bli smittet	[ɔ 'bli 'smitət]

contar (vt)	à fortelle	[ɔ fɔ:'ţɛlə]
contar com ...	à regne med ...	[ɔ 'rɛjnə me ...]
continuar (vt)	à fortsette	[ɔ 'fɔrt‚şɛtə]
contratar (vt)	à ansette	[ɔ 'an‚şɛtə]

controlar (vt)	à kontrollere	[ɔ kʉntrɔ'lerə]
convencer (vt)	à overbevise	[ɔ 'ɔverbe‚visə]
convidar (vt)	à innby, à invitere	[ɔ 'inby], [ɔ invi'terə]
cooperar (vi)	à samarbeide	[ɔ 'samar‚bæjdə]

coordenar (vt)	å koordinere	[ɔ kɔːdi'nerə]
corar (vi)	å rødme	[ɔ 'rødmə]
correr (vi)	å løpe	[ɔ 'løpə]
corrigir (~ um erro)	å rette	[ɔ 'rɛtə]
cortar (com um machado)	å hugge av	[ɔ 'hɵɡə ɑː]
cortar (com uma faca)	å skjære av	[ɔ 'şæːrə ɑː]
cozinhar (vt)	å lage	[ɔ 'lagə]
crer (pensar)	å tro	[ɔ 'trɵ]
criar (vt)	å opprette	[ɔ 'ɔp,rɛtə]
cultivar (~ plantas)	å avle	[ɔ 'avlə]
cuspir (vi)	å spytte	[ɔ 'spʏtə]
custar (vt)	å koste	[ɔ 'kɔstə]
dar (vt)	å gi	[ɔ 'ji]
dar banho, lavar (vt)	å bade	[ɔ 'badə]
datar (vi)	å datere seg	[ɔ da'terə sæj]
decidir (vt)	å beslutte	[ɔ be'şlɵtə]
decorar (enfeitar)	å pryde	[ɔ 'prʏdə]
dedicar (vt)	å tilegne	[ɔ 'til,egnə]
defender (vt)	å forsvare	[ɔ fɔ'şvarə]
defender-se (vr)	å forsvare seg	[ɔ fɔ'şvarə sæj]
deixar (~ a mulher)	å forlate, å etterlate	[ɔ fɔ'latə], [ɔ ɛtə'latə]
deixar (esquecer)	å glemme	[ɔ 'glemə]
deixar (permitir)	å tillate	[ɔ 'ti,latə]
deixar cair (vt)	å tappe	[ɔ 'tapə]
denominar (vt)	å kalle	[ɔ 'kalə]
denunciar (vt)	å angi	[ɔ 'an,ji]
depender de ...	å avhenge av ...	[ɔ 'av,heŋə ɑː ...]
derramar (~ líquido)	å spille	[ɔ 'spilə]
derramar-se (vr)	å bli spilt	[ɔ 'bli 'spilt]
desaparecer (vi)	å forsvinne	[ɔ fɔ'şvinə]
desatar (vt)	å løse opp	[ɔ 'løsə ɔp]
desatracar (vi)	å kaste loss	[ɔ 'kastə lɔs]
descansar (um pouco)	å hvile	[ɔ 'vilə]
descer (para baixo)	å gå ned	[ɔ 'gɔ ne]
descobrir (novas terras)	å oppdage	[ɔ 'ɔp,dagə]
descolar (avião)	å løfte	[ɔ 'lœftə]
desculpar (vt)	å unnskylde	[ɔ 'ɵn,şylə]
desculpar-se (vr)	å unnskylde seg	[ɔ 'ɵn,şylə sæj]
desejar (vt)	å ønske	[ɔ 'ønskə]
desempenhar (papel)	å spille	[ɔ 'spilə]
desligar (vt)	å slokke	[ɔ 'şløkə]
desprezar (vt)	å forakte	[ɔ fɔ'raktə]
destruir (documentos, etc.)	å ødelegge	[ɔ 'ødə,legə]
dever (vi)	å måtte	[ɔ 'moːtə]
devolver (vt)	å sende tilbake	[ɔ 'sɛnə til'bakə]
direcionar (vt)	å vise vei	[ɔ 'visə væj]

dirigir (~ um carro)	å kjøre bil	[ɔ 'çœ:rə ˌbil]
dirigir (~ uma empresa)	å styre, å lede	[ɔ 'styrə], [ɔ 'ledə]
dirigir-se (a um auditório, etc.)	å tiltale	[ɔ 'tilˌtalə]
discutir (notícias, etc.)	å diskutere	[ɔ diskʉ'terə]
disparar, atirar (vi)	å skyte	[ɔ 'ʂytə]
distribuir (folhetos, etc.)	å dele ut	[ɔ 'delə ʉt]
distribuir (vt)	å dele ut	[ɔ 'delə ʉt]
divertir (vt)	å underholde	[ɔ 'ʉnərˌhɔlə]
divertir-se (vr)	å more seg	[ɔ 'mʊrə sæj]
dividir (mat.)	å dividere	[ɔ divi'derə]
dizer (vt)	å si	[ɔ 'si]
dobrar (vt)	å fordoble	[ɔ for'dɔblə]
duvidar (vt)	å tvile	[ɔ 'tvilə]

254. Verbos E-J

elaborar (uma lista)	å sammenstille	[ɔ 'samənˌstilə]
elevar-se acima de ...	å rage over	[ɔ 'rage 'ɔvər]
eliminar (um obstáculo)	å fjerne	[ɔ 'fjæ:ɳə]
embrulhar (com papel)	å pakke inn	[ɔ 'pakə in]
emergir (submarino)	å dykke opp	[ɔ 'dʏkə ɔp]
emitir (~ cheiro)	å spre, å sprede	[ɔ 'sprej], [ɔ 'spredə]
empreender (vt)	å foreta	[ɔ 'forəˌta]
empurrar (vt)	å skubbe, å støte	[ɔ 'skʉbə], [ɔ 'støtə]
encabeçar (vt)	å lede	[ɔ 'ledə]
encher (~ a garrafa, etc.)	å fylle	[ɔ 'fʏlə]
encontrar (achar)	å finne	[ɔ 'finə]
enganar (vt)	å fuske	[ɔ 'fʉskə]
ensinar (vt)	å undervise	[ɔ 'ʉnərˌvisə]
entediar-se (vr)	å kjede seg	[ɔ 'çedə sæj]
entender (vt)	å forstå	[ɔ fɔ'stɔ]
entrar (na sala, etc.)	å komme inn	[ɔ 'kɔmə in]
enviar (uma carta)	å sende	[ɔ 'sɛnə]
equipar (vt)	å utstyre	[ɔ 'ʉtˌstyrə]
errar (enganar-se)	å gjøre feil	[ɔ 'jørə ˌfæjl]
escolher (vt)	å velge	[ɔ 'vɛlgə]
esconder (vt)	å gjemme	[ɔ 'jɛmə]
escrever (vt)	å skrive	[ɔ 'skrivə]
escutar (vt)	å lye, å lytte	[ɔ 'lye], [ɔ 'lʏtə]
escutar atrás da porta	å tyvlytte	[ɔ 'tyvˌlʏtə]
esmagar (um inseto, etc.)	å knuse	[ɔ 'knʉsə]
esperar (aguardar)	å vente	[ɔ 'vɛntə]
esperar (contar com)	å forvente	[ɔ fɔr'vɛntə]
esperar (ter esperança)	å håpe	[ɔ 'hɔ:pə]
espreitar (vi)	å kikke	[ɔ 'çikə]

esquecer (vt)	å glemme	[ɔ 'glemə]
estar	å ligge	[ɔ 'ligə]
estar convencido	å være overbevist	[ɔ 'værə 'ɔvərbe‚vist]
estar deitado	å ligge	[ɔ 'ligə]
estar perplexo	å være forvirret	[ɔ 'værə for'virət]
estar preocupado	å bekymre seg	[ɔ be'çymrə sæj]
estar sentado	å sitte	[ɔ 'sitə]
estremecer (vi)	å gyse	[ɔ 'jisə]
estudar (vt)	å studere	[ɔ stʉ'derə]
evitar (~ o perigo)	å unngå	[ɔ 'ʉŋ‚gɔ]
examinar (~ uma proposta)	å undersøke	[ɔ 'ʉnə‚søkə]
exigir (vt)	å kreve	[ɔ 'krevə]
existir (vi)	å eksistere	[ɔ ɛksi'sterə]
explicar (vt)	å forklare	[ɔ for'klarə]
expressar (vt)	å uttrykke	[ɔ 'ʉt‚rʏkə]
expulsar (~ da escola, etc.)	å uteslutte	[ɔ 'ʉtə‚slʉtə]
facilitar (vt)	å lette	[ɔ 'letə]
falar com ...	å tale med ...	[ɔ 'talə me ...]
faltar (a la escuela, etc.)	å skulke	[ɔ 'skʉlkə]
fascinar (vt)	å sjarmere	[ɔ 'ʂar‚merə]
fatigar (vt)	å trette	[ɔ 'trɛtə]
fazer (vt)	å gjøre	[ɔ 'jørə]
fazer lembrar	å påminne	[ɔ 'po‚minə]
fazer piadas	å spøke	[ɔ 'spøkə]
fazer publicidade	å reklamere	[ɔ rɛkla'merə]
fazer uma tentativa	å forsøke	[ɔ fɔ'ʂøkə]
fechar (vt)	å lukke	[ɔ 'lʉkə]
felicitar (vt)	å gratulere	[ɔ gratʉ'lerə]
ficar cansado	å bli trett	[ɔ 'bli 'trɛt]
ficar em silêncio	å tie	[ɔ 'tie]
ficar pensativo	å gruble	[ɔ 'grʉblə]
forçar (vt)	å tvinge	[ɔ 'tviŋə]
formar (vt)	å danne, å forme	[ɔ 'danə], [ɔ 'fɔrmə]
gabar-se (vr)	å prale	[ɔ 'pralə]
garantir (vt)	å garantere	[ɔ garan'terə]
gostar (apreciar)	å like	[ɔ 'likə]
gritar (vi)	å skrike	[ɔ 'skrikə]
guardar (fotos, etc.)	å beholde	[ɔ be'hɔlə]
guardar (no armário, etc.)	å stue unna	[ɔ 'stʉə 'ʉna]
guerrear (vt)	å være i krig	[ɔ 'værə i ‚krig]
herdar (vt)	å arve	[ɔ 'arvə]
iluminar (vt)	å belyse	[ɔ be'lysə]
imaginar (vt)	å forestille seg	[ɔ 'fɔrə‚stilə sæj]
imitar (vt)	å imitere	[ɔ imi'terə]
implorar (vt)	å bønnefalle	[ɔ 'bœnə‚falə]
importar (vt)	å importere	[ɔ impɔː'terə]

indicar (~ o caminho)	å peke	[ɔ 'pekə]
indignar-se (vr)	å bli indignert	[ɔ 'bli indi'gnɛːt̩]
infetar, contagiar (vt)	å smitte	[ɔ 'smitə]
influenciar (vt)	å påvirke	[ɔ 'poˌvirkə]
informar (~ a policia)	å meddele	[ɔ 'mɛdˌdelə]
informar (vt)	å informere	[ɔ infɔr'merə]
informar-se (~ sobre)	å få vite	[ɔ 'fɔ 'vitə]
inscrever (na lista)	å skrive inn	[ɔ 'skrivə in]
inserir (vt)	å sette inn	[ɔ 'sɛtə in]
insinuar (vt)	å insinuere	[ɔ insinʉ'erə]
insistir (vi)	å insistere	[ɔ insi'sterə]
inspirar (vt)	å inspirere	[ɔ inspi'rerə]
instruir (ensinar)	å instruere	[ɔ instrʉ'erə]
insultar (vt)	å fornærme	[ɔ fɔ:'ŋærmə]
interessar (vt)	å interessere	[ɔ intəre'serə]
interessar-se (vr)	å interessere seg	[ɔ intəre'serə sæj]
intervir (vi)	å intervenere	[ɔ intərve'nerə]
invejar (vt)	å misunne	[ɔ 'misˌʉnə]
inventar (vt)	å oppfinne	[ɔ 'ɔpˌfinə]
ir (a pé)	å gå	[ɔ 'gɔ]
ir (de carro, etc.)	å kjøre	[ɔ 'çœːrə]
ir nadar	å bade	[ɔ 'bɑdə]
ir para a cama	å gå til sengs	[ɔ 'gɔ til 'sɛŋs]
irritar (vt)	å irritere	[ɔ iri'terə]
irritar-se (vr)	å bli irritert	[ɔ 'bli iri'tɛːt̩]
isolar (vt)	å isolere	[ɔ isʉ'lerə]
jantar (vi)	å spise middag	[ɔ 'spisə 'miˌdɑ]
jogar, atirar (vt)	å kaste	[ɔ 'kɑstə]
juntar, unir (vt)	å forene	[ɔ fɔ'renə]
juntar-se a ...	å tilslutte seg ...	[ɔ 'tilˌslʉtə sæj ...]

255. Verbos L-P

lançar (novo projeto, etc.)	å starte	[ɔ 'stɑːt̩ə]
lavar (vt)	å vaske	[ɔ 'vɑskə]
lavar a roupa	å vaske	[ɔ 'vɑskə]
lavar-se (vr)	å vaske seg	[ɔ 'vɑskə sæj]
lembrar (vt)	å huske	[ɔ 'hʉskə]
ler (vt)	å lese	[ɔ 'lesə]
levantar-se (vr)	å stå opp	[ɔ 'stɔ: ɔp]
levar (ex. leva isso daqui)	å fjerne	[ɔ 'fjæːɳə]
libertar (cidade, etc.)	å befri	[ɔ be'fri]
ligar (~ o radio, etc.)	å slå på	[ɔ 'slɔ po]
limitar (vt)	å begrense	[ɔ be'grɛnsə]
limpar (eliminar sujeira)	å rense	[ɔ 'rɛnsə]
limpar (tirar o calcário, etc.)	å rengjøre	[ɔ rɛn'jørə]

lisonjear (vt)	å smigre	[ɔ 'smigrə]
livrar-se de ...	å bli kvitt ...	[ɔ 'bli 'kvit ...]
lutar (combater)	å kjempe	[ɔ 'çɛmpə]
lutar (esporte)	å bryte	[ɔ 'brytə]

marcar (com lápis, etc.)	å markere	[ɔ mar'kerə]
matar (vt)	å døde, å myrde	[ɔ 'dødə], [ɔ 'mʏːḓə]
memorizar (vt)	å memorere	[ɔ memʊ'rerə]
mencionar (vt)	å omtale, å nevne	[ɔ 'ɔmˌtalə], [ɔ 'nɛvnə]

mentir (vi)	å lyve	[ɔ 'lyvə]
merecer (vt)	å fortjene	[ɔ fɔ'tjenə]
mergulhar (vi)	å dykke	[ɔ 'dʏkə]
misturar (vt)	å blande	[ɔ 'blɑnə]

morar (vt)	å bo	[ɔ 'bʊ]
mostrar (vt)	å vise	[ɔ 'visə]
mover (vt)	å flytte	[ɔ 'flʏtə]
mudar (modificar)	å endre	[ɔ 'ɛndrə]

multiplicar (mat.)	å multiplisere	[ɔ mʉltipli'serə]
nadar (vi)	å svømme	[ɔ 'svœmə]
negar (vt)	å fornekte	[ɔ fɔː'ŋɛktə]
negociar (vi)	å forhandle	[ɔ for'hɑndlə]

nomear (função)	å utnevne	[ɔ 'ʉtˌnɛvnə]
obedecer (vt)	å underordne seg	[ɔ 'ʉnərˌɔrdnə sæj]
objetar (vt)	å innvende	[ɔ 'inˌvɛnə]
observar (vt)	å observere	[ɔ ɔbsɛr'verə]

ofender (vt)	å fornærme	[ɔ fɔː'ŋærmə]
olhar (vt)	å se	[ɔ 'se]
omitir (vt)	å utelate	[ɔ 'ʉtəˌlɑtə]
ordenar (mil.)	å beordre	[ɔ be'ɔrdrə]

organizar (evento, etc.)	å arrangere	[ɔ arɑŋ'şerə]
ousar (vt)	å våge	[ɔ 'voːgə]
ouvir (vt)	å høre	[ɔ 'hørə]
pagar (vt)	å betale	[ɔ be'talə]

parar (para descansar)	å stoppe	[ɔ 'stɔpə]
parar, cessar (vt)	å slutte	[ɔ 'şlʉtə]
parecer-se (vr)	å ligne, å likne	[ɔ 'linə], [ɔ 'liknə]
participar (vi)	å delta	[ɔ 'dɛltɑ]
partir (~ para o estrangeiro)	å afrejse	[ɔ 'afˌræjsə]

passar (vt)	å passere	[ɔ pa'serə]
passar a ferro	å stryke	[ɔ 'strykə]
pecar (vi)	å synde	[ɔ 'sʏnə]
pedir (comida)	å bestille	[ɔ be'stilə]

pedir (um favor, etc.)	å be	[ɔ 'be]
pegar (tomar com a mão)	å fange	[ɔ 'fɑŋə]
pegar (tomar)	å ta	[ɔ 'ta]
pendurar (cortinas, etc.)	å henge	[ɔ 'hɛŋə]
penetrar (vt)	å trenge inn	[ɔ 'trɛŋə in]

pensar (vi, vt)	å tenke	[ɔ 'tɛnkə]
pentear-se (vr)	å kamme	[ɔ 'kamə]
perceber (ver)	å bemerke	[ɔ be'mærkə]
perder (o guarda-chuva, etc.)	å miste	[ɔ 'mistə]

perdoar (vt)	å tilgi	[ɔ 'til.ji]
permitir (vt)	å tillate	[ɔ 'ti.latə]
pertencer a ...	å tilhøre ...	[ɔ 'til.hørə ...]
perturbar (vt)	å forstyrre	[ɔ fo'ʂtʏrə]

pesar (ter o peso)	å veie	[ɔ 'væjə]
pescar (vt)	å fiske	[ɔ 'fiskə]
planejar (vt)	å planlegge	[ɔ 'plan.legə]
poder (~ fazer algo)	å kunne	[ɔ 'kʉnə]

pôr (posicionar)	å plassere	[ɔ pla'serə]
possuir (uma casa, etc.)	å besidde, å eie	[ɔ bɛ'sidə], [ɔ 'æjə]
predominar (vi, vt)	å dominere	[ɔ dʉmi'nerə]
preferir (vt)	å foretrekke	[ɔ 'forə.trɛkə]

preocupar (vt)	å bekymre, å uroe	[ɔ be'çymrə], [ɔ 'ʉːrʉə]
preocupar-se (vr)	å uroe seg	[ɔ 'ʉːrʉə sæj]
preparar (vt)	å forberede	[ɔ 'forbə.redə]
preservar (ex. ~ a paz)	å bevare	[ɔ be'varə]

prever (vt)	å forutse	[ɔ 'forʉt.sə]
privar (vt)	å berøve	[ɔ be'røvə]
proibir (vt)	å forby	[ɔ for'by]
projetar, criar (vt)	å prosjektere	[ɔ prʉʂɛk'terə]
prometer (vt)	å love	[ɔ 'lovə]

pronunciar (vt)	å uttale	[ɔ 'ʉt.talə]
propor (vt)	å foreslå	[ɔ 'forə.ʂlɔ]
proteger (a natureza)	å beskytte	[ɔ be'ʂytə]
protestar (vi)	å protestere	[ɔ prʉte'sterə]

provar (~ a teoria, etc.)	å bevise	[ɔ be'visə]
provocar (vt)	å provosere	[ɔ prʉvʉ'serə]
punir, castigar (vt)	å straffe	[ɔ 'strafə]
puxar (vt)	å trekke	[ɔ 'trɛkə]

256. Verbos Q-Z

quebrar (vt)	å bryte	[ɔ 'brytə]
queimar (vt)	å brenne	[ɔ 'brɛnə]
queixar-se (vr)	å klage	[ɔ 'klagə]
querer (desejar)	å ville	[ɔ 'vilə]

rachar-se (vr)	å sprekke	[ɔ 'sprɛkə]
ralhar, repreender (vt)	å skjelle	[ɔ 'ʂɛːlə]
realizar (vt)	å realisere	[ɔ reali'serə]
recomendar (vt)	å anbefale	[ɔ 'anbe.falə]
reconhecer (identificar)	å gjenkjenne	[ɔ 'jen.çɛnə]
reconhecer (o erro)	å erkjenne	[ɔ ær'çɛnə]

recordar, lembrar (vt)	å huske	[ɔ 'hʉskə]
recuperar-se (vr)	å bli frisk	[ɔ 'bli 'frisk]
recusar (~ alguém)	å avslå	[ɔ 'af‚slɔ]
reduzir (vt)	å minske	[ɔ 'minskə]
refazer (vt)	å gjøre om	[ɔ 'jørə ɔm]
reforçar (vt)	å styrke	[ɔ 'styrkə]
refrear (vt)	å avholde	[ɔ 'av‚hɔlə]
regar (plantas)	å vanne	[ɔ 'vɑnə]
remover (~ uma mancha)	å fjerne	[ɔ 'fjæːŋə]
reparar (vt)	å reparere	[ɔ repɑ'rerə]
repetir (dizer outra vez)	å gjenta	[ɔ 'jɛntɑ]
reportar (vt)	å rapportere	[ɔ rapɔː'terə]
reservar (~ um quarto)	å reservere	[ɔ resɛr'verə]
resolver (o conflito)	å løse	[ɔ 'løsə]
resolver (um problema)	å løse	[ɔ 'løsə]
respirar (vi)	å ånde	[ɔ 'ɔŋdə]
responder (vt)	å svare	[ɔ 'svɑrə]
rezar, orar (vi)	å be	[ɔ 'be]
rir (vi)	å le, å skratte	[ɔ 'le], [ɔ 'skrɑtə]
romper-se (corda, etc.)	å gå i stykker	[ɔ 'gɔ i 'stʏkər]
roubar (vt)	å stjele	[ɔ 'stjelə]
saber (vt)	å vite	[ɔ 'vitə]
sair (~ de casa)	å gå ut	[ɔ 'gɔ ʉt]
sair (ser publicado)	å komme ut	[ɔ 'kɔmə ʉt]
salvar (resgatar)	å redde	[ɔ 'rɛdə]
satisfazer (vt)	å tilfredsstille	[ɔ 'tilfrɛds‚stilə]
saudar (vt)	å hilse	[ɔ 'hilsə]
secar (vt)	å tørke	[ɔ 'tœrkə]
seguir (~ alguém)	å følge etter ...	[ɔ 'følə 'ɛtər ...]
selecionar (vt)	å velge ut	[ɔ 'vɛlgə ʉt]
semear (vt)	å så	[ɔ 'sɔ]
sentar-se (vr)	å sette seg	[ɔ 'sɛtə sæj]
sentenciar (vt)	å dømme	[ɔ 'dœmə]
sentir (vt)	å kjenne	[ɔ 'çɛnə]
ser diferente	å skille seg fra ...	[ɔ 'ʃilə sæj frɑ ...]
ser indispensável	å være nødvendig	[ɔ 'værə 'nød‚vɛndi]
ser necessário	å være behøv	[ɔ 'værə bə'høv]
ser preservado	å bevares	[ɔ be'vɑrəs]
ser, estar	å være	[ɔ 'værə]
servir (restaurant, etc.)	å betjene	[ɔ be'tjenə]
servir (roupa, caber)	å passe	[ɔ 'pɑsə]
significar (palavra, etc.)	å bety	[ɔ 'bety]
significar (vt)	å bety	[ɔ 'bety]
simplificar (vt)	å forenkle	[ɔ fo'rɛnklə]
sofrer (vt)	å lide	[ɔ 'lidə]
sonhar (~ com)	å drømme	[ɔ 'drœmə]

sonhar (ver sonhos)	å drømme	[ɔ 'drœmə]
soprar (vi)	å blåse	[ɔ 'blɔːsə]
sorrir (vi)	å smile	[ɔ 'smilə]
subestimar (vt)	å undervurdere	[ɔ 'ʉnərvʉːˌderə]
sublinhar (vt)	å understreke	[ɔ 'ʉneˌstrekə]
sujar-se (vr)	å skitne seg til	[ɔ 'şitnə sæj til]
superestimar (vt)	å overvurdere	[ɔ 'ɔvervʉːˌderə]
supor (vt)	å anta, å formode	[ɔ 'anˌta], [ɔ fɔr'mʉdə]
suportar (as dores)	å tåle	[ɔ 'toːlə]
surpreender (vt)	å forundre	[ɔ fɔ'rʉndrə]
surpreender-se (vr)	å bli forundret	[ɔ 'bli fɔ'rʉndrət]
suspeitar (vt)	å mistenke	[ɔ 'misˌtɛnkə]
suspirar (vi)	å sukke	[ɔ 'sʉkə]
tentar (~ fazer)	å prøve	[ɔ 'prøvə]
ter (vt)	å ha	[ɔ 'ha]
ter medo	å frykte	[ɔ 'frʏktə]
terminar (vt)	å slutte	[ɔ 'şlʉtə]
tirar (vt)	å ta ned	[ɔ 'ta ne]
tirar cópias	å kopiere	[ɔ kʉ'pjerə]
tirar fotos, fotografar	å fotografere	[ɔ fotogra'ferə]
tirar uma conclusão	å konkludere	[ɔ kʉnklʉ'derə]
tocar (com as mãos)	å røre	[ɔ 'rørə]
tomar café da manhã	å spise frokost	[ɔ 'spisə ˌfrʉkɔst]
tomar emprestado	å låne	[ɔ 'loːnə]
tornar-se (ex. ~ conhecido)	å bli	[ɔ 'bli]
trabalhar (vi)	å arbeide	[ɔ 'arˌbæjdə]
traduzir (vt)	å oversette	[ɔ 'ɔvəˌsɛtə]
transformar (vt)	å transformere	[ɔ transfɔr'merə]
tratar (a doença)	å behandle	[ɔ be'handlə]
trazer (vt)	å bringe	[ɔ 'briŋə]
treinar (vt)	å trene	[ɔ 'trenə]
treinar-se (vr)	å trene	[ɔ 'trenə]
tremer (de frio)	å skjelve	[ɔ 'şɛlvə]
trocar (vt)	å utveksle	[ɔ 'ʉtˌvɛkslə]
trocar, mudar (vt)	å veksle	[ɔ 'vɛkslə]
usar (uma palavra, etc.)	å anvende	[ɔ 'anˌvɛnə]
utilizar (vt)	å anvende	[ɔ 'anˌvɛnə]
vacinar (vt)	å vaksinere	[ɔ vaksi'nerə]
vender (vt)	å selge	[ɔ 'sɛlə]
verter (encher)	å helle opp	[ɔ 'hɛlə ɔp]
vingar (vt)	å hevne	[ɔ 'hɛvnə]
virar (~ para a direita)	å svinge	[ɔ 'sviŋə]
virar (pedra, etc.)	å vende	[ɔ 'vɛnə]
virar as costas	å vende seg bort	[ɔ 'vɛnə sæj bʉːt]
viver (vi)	å leve	[ɔ 'levə]
voar (vi)	å fly	[ɔ 'fly]

voltar (vi)	**å komme tilbake**	[ɔ 'kɔmə til'bɑkə]
votar (vi)	**å stemme**	[ɔ 'stɛmə]
zangar (vt)	**å gjøre sint**	[ɔ 'jørə ˌsint]
zangar-se com …	**å være vred på …**	[ɔ 'værə vred pɔ …]
zombar (vt)	**å håne**	[ɔ 'hoːnə]

www.ingramcontent.com/pod-product-compliance
Lightning Source LLC
Chambersburg PA
CBHW062052080426

42734CB00012B/2628